康德美學思想研究

朱志榮———著

謹以此書紀念我的母親

初版序

朱志榮同志是我的博士研究生，1994 年 12 月通過博士論文的答辯，取得復旦大學文學博士學位。他學習努力，知識面廣博，中西美學和文藝理論都具有較為扎實的基礎，曾經發表過論文多篇，有的論文國內報刊曾予以轉載，引起了一定的注意。他的論著《中國藝術哲學》已由東北師範大學出版社出版。

他的博士論文《康德美學思想研究》，有的內容已作為單篇論文陸續在《外國美學》、《復旦學報》等刊物發表，全文即將由安徽人民出版社出版。他要我寫篇序。作為他的導師，我看到他讀博士學位期間的學習成果能夠面世，由衷地為他感到高興，於是欣然命筆。

作者認為，康德是西方美學中關鍵性的人物，不僅承上啟下，而且西方美學中各種重大的問題，差不多都是到了康德才得到深入的開掘和系統的闡述。因此，他力爭從掌握到的第一手材料出發，盡可能對康德本人的著作以及與康德有關的著作進行閱讀、分析和整理，從而爭取對康德美學思想有一個比較系統、全面的理解。從目前的論文來看，他基本上達到了目的。

首先，他探討了康德美學思想與前人美學思想的關係，從柏拉圖、亞里斯多德開始，追溯了西方美學思想的古典傳統，同時又對文藝復興以來的各種新的思潮，特別是英國經驗主義和大陸理性主義對康德的影響，作了比較深入的分析。這樣，康德的美學思想，就有了比較深厚的淵源，而且在此基礎上，康德前後期的美學思想的演變也可以看得更為清晰。這一點，我認為是本文的一個特點。

其次，康德的美學思想不僅與其哲學思想密不可分，而且就是他哲學思想中不可分割的一個部分。作者對此很重視，他從康德的哲學方法談起，然後談到他的美學方法。康德曾經否定美學能夠用他的先驗方法研究，因而曾經拒絕美學可以成為他的先驗哲學的組成部分。後來受到他人的影響，康德方才放棄了這個想法，承認審美判斷雖然是單稱判斷，但也具有普遍性和必然性，因而也符合先驗哲學的要求。對於康德的這一轉變，志榮同志作了較為精當的闡釋和分析。

當然，這篇論文也有一些值得進一步討論的地方，例如審美判斷原來是四個契機，志榮同志接受了一些西方學者的研究方法，合併為三個契機。這有其正確的地方，但對康德所強調的普遍性與必然性的區別這一點，卻未能得到很好的闡發。另外，葉秀山先生指出他忽視了對於「合規律性」的探討，也值得注意。

全文資料翔實，論證清楚，邏輯性嚴密，每個問題都經過自己的思考，見解獨特，文筆也簡潔、洗練。凡此，都是本文的長處，並曾受到答辯委員們的普遍好評。因此，我認為這是一篇比較優秀的論文。

現在，志榮同志正在從事美學原理和西方文論的教學工作，他打算把康德美學繼續研究下去，初步確定了《康德與西方現代美學》的選題。我對此表示支持和鼓勵，也相信志榮同志能夠不懈努力，取得更大的進步。

蔣孔陽

1997 年 4 月

目　次

導言

　　伊曼努爾・康德是德國著名的哲學家，1724 年出生於東普魯士的哥尼斯堡的一個虔敬派的平民家庭之中。在少年時代，他便對科學和哲學產生了興趣，並矢志於這方面的研究，當時適值啟蒙運動時代，歐洲社會普遍重視科學和文化。他在當時的腓特烈公學接受了嚴格的教育，然後進入哥尼斯堡大學學習物理學、數學、地理學、哲學和神學，並獲得了對拉丁文經典作家的深刻認識和運用拉丁文寫作的本領，為他以後用作為當時規定的標準文字的拉丁文的寫作打下了基礎。大學畢業後，他當了 9 年的家庭教師，其間，他利用空餘時間和主人家的藏書，繼續對哲學進行研究。1755 年，康德以題為《論火》的學位論文獲得了碩士學位，並以《對形而上學認識論基本原理的新解釋》這篇論文求得講師資格。其後，他先後三次申請教授職位，終於在 1770 年 46 歲時當上了哥尼斯堡大學邏輯學和形而上學編內教授。這種坎坷的經歷對康德來說是一種磨難，同時也迫使他不懈地鑽研和思考，因而從一定程度上說是造就了他。他最後一次的答辯論文《論感性世界和知性世界的形式與原則》基本上奠定了《純粹理性批判》的基礎，也拉開了批判哲學的序幕。因此，一般都以 1770 年作為劃分康德前批判和批判哲學時期的分界線。

　　康德生活的時代是一個開始崇尚理性的時代，從笛卡爾到萊布尼茨—沃爾夫學派的理性主義思想對康德產生了深刻的影響，其構造體系的風氣也影響了康德。由於對美學的重視，康德在 18 世紀60 年代前後閱讀了大量的英國經驗主義的著作。《對美感和崇高感

的觀察》正是這個時期的產物。它明顯地繼承了英國經驗主義的成果。這正是康德通過休謨懷疑論思想破除獨斷論的直接契機，從而使他的先驗哲學能夠兼顧到經驗內容，把知識和美看成是先驗與經驗的統一，並且進而建立了二律背反的思辨方式。康德批判時期的先驗辯證論的研究方法，正是在此基礎上形成的。這也使得康德的批判哲學體系在當時能夠獨佔鰲頭。同時，受狂飆突進運動的影響，康德開始重視人的情感和天才問題，主張人的感受力與創造力的統一，在更大程度上強調了主體的能動作用。

康德早年從事自然科學研究，對天文學和力學均有相當的貢獻，有些論題至今仍為科學家感興趣。在任編外講師期間，他講授了邏輯學、形而上學、數學、自然地理、力學和倫理學。在整個前批判時期，他對批判時期涉及的幾個基本領域逐一進行過探討。《對形而上學認識論基本原理的新解釋》（1755 年）、《三段論四格的詭辯》（1762 年）涉及認識論問題，《對美感和崇高感的觀察》（1764年）涉及美學問題，《對自然神論和道德原則的判明性研究》（1764年）涉及倫理學和宗教，《試對樂觀主義作若干考察》（1759 年）、《證明上帝的唯一可能的根據》（1762 年）、《通靈者之夢》（1766年）涉及宗教。它們為批判時期的探討和批判哲學的系統化、理論化奠定了堅實的基礎。

康德批判時期的美學思想，許多是在《對美感和崇高感的觀察》的基礎上闡述的。《判斷力批判》中的對審美判斷的分析所涉及的心理分析部分，正是繼續了《觀察》對審美情感的研究。其「美是道德的象徵」的說法，也與《觀察》強調美與道德相聯繫的一面有關，只不過在先驗辯證論的體系中，美與道德的關係變得更明晰、更精密罷了。至於《判斷力批判》所闡述的美感與崇高感的區別，更是對《觀察》中思想的繼承和發展。《觀察》中的思想受伯克影響較大。康德在《判斷力批判》中對伯克的批評，也基本上適用於《觀察》，這就是：「作為心理學的解釋，對於我們心靈現象的這些

分析是極為精細的,而且為經驗人類學的令人喜愛的研究提供了豐富的資料」,但「我們肯定就不能指望其他人贊同我們所下的審美判斷」[1]。即他認為伯克的美學思想缺乏先天法則作為普遍性的東西,而在我看來《觀察》也有同樣的不足。

《觀察》一書雖然頗多牽強和龐雜,顯得幼稚,但已經是一部系統的美學專著,具有獨立的科學價值和意義,是《判斷力批判》一書的先導,也是康德美學歷程中的重要文獻。《判斷力批判》中很多精湛的思想,都是對《觀察》的繼承和發展,從中可見兩者之間在思想淵源和邏輯上的一脈相承。伯克對康德的影響,在前批判與批判時期是一貫的。當然兩者之間的差異也是明顯的,《觀察》多直觀描述,更具趣味性;《判斷力批判》則主要為其哲學體系服務,揚棄了早年的許多不成熟想法。不過,《觀察》中的一些被後期放棄了的思想,也有著獨立的學術價值。

康德美學對於他的哲學體系至關重要。康德哲學體系的目的在於評判主體的心靈能力。根據傳統分法,人的心靈能力分為知、情、意三個部分,它們形成一個完整的系統。在《純粹理性批判》的第一版,康德曾認為人的情感能力是不能評判的,他批評鮑姆嘉通將審美判斷從屬於確定的先天法則的錯誤。這樣一來,人的心靈能力就不能完整地接受評判,他的前兩大批判所涉及的領域即自然和道德、必然和自由的闡述,勢必有不少無法統一的方面,因而引發了許多責難。後來,通過目的論的研究,康德把合目的性作為一種思維方式,運用在審美判斷上,認為在合目的性的原則下,自然和藝術被視為一個活生生的有機整體。當自然被視為一個有機整體時,它是合目的性的,而藝術當其形式合目的性時又如同出自自然,是渾然天成的。審美判斷力的先天原則,乃是它的主觀合目的性。康德是運用純粹理性來評判和確立他的目的性原則,並且指出它的用

1　康德《判斷力批判》上卷,見曹俊峰譯《康德美學文集》,北京師範大學出版社 2003 年版,第 528－529 頁;參宗譯本第 120 頁。

途的。一旦發現了判斷力的這種先天原則，《判斷力批判》便被納入了批判哲學的體系之中。康德對心靈能力的考察，便形成了一個知、情、意統一的系統。在這個系統中，情感還是認知和意志的橋樑。通過這座橋樑，康德將前兩大批判與感性直觀世界聯繫了起來，並且使自然與自由領域在審美的範圍內得以協調。《判斷力批判》在理論形態上是《純粹理性批判》的展開，又最終服務於《實踐理性批判》所研究的道德境界。

在康德的哲學體系中，其宗教觀與美學觀的關係也是很獨特的。康德的宗教觀從前批判到批判時期經歷了既一以貫之，又不斷發展的歷程。他的宗教觀是一種道德神學，其功能與審美判斷力有相通之處，解決人們的「期望」問題，是通向自由之路。在思維方式上，康德認為宗教是用藝術的類比方式來理解自然，上帝是藝術的類似物，且宗教與審美一樣，也是通過反思判斷力進行的，其神學目的論的推導，借鑒了審美的合目的性思想。宗教活動所引起的敬畏之心，也可以引起崇高感。信仰與涉及社會文化因素的崇高有更多的相通之處。同時，審美和宗教畢竟是有區別的。審美在本質上是感性的，不涉及概念的，其目的是滿足人們無功利的情感需要。而宗教則涉及自由、上帝和不朽等觀念，滿足人們的功利欲求。對上帝等形象的想像性的創構，只是宗教的一種附飾。

康德美學的成果，是他運用先驗辯證方法研究的結果，而這種方法又是他在吸收前人優秀方法論成果的基礎上形成的。首先，他的先天原則思想是在理性論先天法則思想的影響下形成的，這種思想源自笛卡爾。笛卡爾認為人的思維是獨立的，思維與對象不是完全統一的。感性、具體的對象有著相當的偶然性，不能體現出必然性和普遍性，因此，感性認識是靠不住的。思維要想把握對象必須從天賦觀念出發，經過嚴密的邏輯推演才能獲得知識。所以，笛卡爾提出「我思故我在」這類命題，把知識看成純主觀的東西，與客觀對象無任何瓜葛。康德對理性進行評判的前提條件正是思維的獨立性。同時，康德

又揚棄了笛卡爾所證明的上帝存在和靈魂不死的天賦觀念，以先驗的
自我意識為基礎，將先驗只是作為知識的來源之一（即先天時空直觀
形式和十二知性範疇作為知性的可靠性來源）。這種具有普遍性與必
然性的形式只有加之於經驗材料，才使知識有了可能。貫徹到美學領
域，康德將先天的純粹形式作為審美的可靠來源，在先天的純粹形式
中體現了普遍性與必然性。這種形式只有與感性形態相統一才使審美
有了可能，這種感性形態又通過合目的性而成為道德的象徵。康德的
先天原則由此進入到審美的過程之中，構成了主體審美判斷力的對
象，而它的範圍則反映在現象之中。因此，康德的先天原則與理性主
義者的先天原則是不同的，他強調了感性形態即現象界在知識和審美
中的重要性。其次，康德的辯證方法，受到了休謨的影響。在休謨的
啟發下，康德發現了關於自由的二律背反，這個二律背反將康德從獨
斷論的迷夢中喚醒，從而使他的研究方向發生了轉變。[2]康德「美的
分析」的四個契機的命題，正是二律背反的具體表現。它們看似矛盾，
而實質上又是統一的。

　　審美判斷理論是康德美學的核心。康德審美判斷四個契機的觀
點，是他四項知性範疇學說在審美判斷力評判中的運用，這主要是
出於他先驗哲學建築術的需要。審美判斷與知性判斷的差異，就使
得審美判斷四個契機的內容本身與知性判斷四個契機中「量」的分
析相矛盾。康德對四個契機的論述雖有精闢之處，但這四個契機本
身並不能構成審美判斷力評判的完整體系。其中，第一個契機是對
「鑒賞」下定義，二、三、四三個契機是對「美」下定義。崇高作
為一種依存美，雖與優美不同而且用到了知性範疇體系中「數學的」
和「力學的」範疇劃分，但依然是形式上的。審美判斷的普遍性和
必然性是主觀的。在主觀的層面上，在康德設定的共通感方面，二、
四兩個契機是一致的和互補的。

2　參見《康德書信百封》，李秋零編譯，上海人民出版社 1992 年版，第 244 頁。

　　康德從無利害感、共通感和無目的的合目的性三個方面對審美判斷進行了界定。在無利害感問題上，康德繼承了英國學者的看法，認為審美愉快是一種靜觀的愉快，與實際的征服、感官的欲望不同，又超越了英國學者，將審美愉快看成感官快適與善的愉悅的矛盾統一，並追溯其普遍有效性的先驗根源。康德以前已有不少有關無利害感的論述，但不夠系統，而且尚存在著爭論。康德則把無利害感思想系統化、理論化了。從此以後，無利害感作為審美與非審美的界限，便不需要再加以爭論了。在共通感問題上，康德突破了英國學者從心理角度所作的有關闡述，從合目的性原則出發，從先驗的角度對共通感進行系統把握，將想像力與知解力的協調作為共通感的心理基礎，並且特別強調了社會歷史因素對共通感的影響。在合目的性問題上，康德將合目的性作為一種通過情感體悟對象的思維方式，認為它處於想像力與知解力協調的心意狀態中，始終不脫離表像。客觀上審美不涉及概念，無利害感，是沒有目的的；主觀上審美通過一種擬人化的思維方式，又體現了合目的性。因此，它是一種無目的的合目的性。通過合目的性的原則，康德將符合質的規定性的美稱為純粹美，奠定在真和善基礎上的美稱為依存美，而美的理想正體現在真善美的高度統一之中。這種美的理想，涉及了康德哲學的根本問題，即人的問題。康德以人為最終目的，美的最高理想是人的自然形態的理想與道德理想的高度統一。

　　在崇高論中，康德尤其突出了主體的價值，並且充分肯定了理性在感性之中、個體在社會之中、人在自然之中的主導作用。並且強調了在崇高感中，主體在感性衝動基礎上的自覺的實踐理性的追求，從中維護和提升了自我的尊嚴。康德把崇高感看成是主體由感性上升到理性，又在此基礎上憑藉想像力所創構的新的感性形態。儘管他在把崇高的判斷納入先驗法則的過程中留下了文化修養與天賦道德情感的矛盾，但在具體闡釋中，他還是強調了後天文化修養的重要性。

　　在論述審美意象問題時，康德超越了對審美判斷的純粹分析，進而對審美問題進行系統的綜合分析，闡釋了審美判斷的普遍有效性和個人獨創性等特徵，以此貫穿自然與藝術、對象與心靈、優美與崇高諸範疇，並從審美理想和藝術創造的關係中進一步闡釋審美意象問題。

　　康德將人的能力分為兩種，即感受能力和創造能力。康德美學的藝術論部分，討論了藝術的創造過程和藝術作品的特徵。通過藝術與自然、藝術與科學、藝術與手工藝的比較，康德闡述了藝術的獨特特徵，即藝術是一種自由的合目的性的人工創造物，其中體現了主體的審美理想。在狂飆突進運動的影響下，康德著重強調了藝術創造的天才問題。他揚棄了前人的神秘解說，認為天才是一種與生俱來的自然現象，其根本心理基礎是知解力約束下的想像力，而獨創性和典範性則是其兩大基本特徵。在此基礎上，康德對藝術作品進行了系統分類。他是第一個從審美意義上對藝術進行系統分類的學者。他以藝術傳達的媒介和方式為分類的形式依據，以感性與知性協調的審美原則為分類的內在依據。內外統一，形成了他獨特的藝術分類原則。雖然隨著藝術作品樣式的發展，藝術分類理論的進一步分化，康德分類原則的實際功用在日漸縮小，但這個分類原則在美學史上承前啟後的重要地位及其思辨方式，對後人無疑有著深刻的啟迪作用。

　　康德美學思想是西方第一個有體系的美學思想。他通過在《純粹理性批判》中所形成的先驗辯證論方法，對前人所涉及的基本美學問題進行了縝密的論述。從審美判斷的界定、崇高理論的體系化，到藝術論的闡述，形成了一個較為完整的系統。同時，康德還將他自己 18 世紀 80 年代研究社會歷史問題的心得滲透到《判斷力批判》之中，雖然只是零星的，但在當時，尤其是對於已經建立了先驗辯證論體系的康德來說，確實是難能可貴的。

人們常把古希臘稱為西方思想史上第一個高峰期，而從文藝復興到德國古典哲學則是第二個高峰期。康德美學思想正誕生於這第二個高峰期。前人許多有益的探索和精湛的看法，成了他美學思想形成的準備。康德美學思想中一系列的基本問題，幾乎都有歷史淵源，都是從前人那裏繼承來的。他將當時兩大主要思想傾向——理性主義與經驗主義——有機地加以融合，形成了獨特的先驗辯證論的思辨方法，使得前人研究的美學基本問題有了質的突破，並且第一次有了系統的論述。克羅齊認為：「康德對詩和藝術的認識，無論從質量上說還是從廣度上說，都與鮑姆嘉通無大區別，然而，他卻考慮到對判斷的批判，而且他永遠是根據這種批判來指出美的某些主要特徵。」[3]卡瑞特認為：「康德的美和哲學，除了它的體系形式外，幾乎各方面都要歸功於英國著作家們。」[4]這些說法都有一定的道理，但對康德在繼承基礎上的獨創性貢獻未能給予足夠的重視。英國經驗主義者們對審美趣味的探討，對崇高感與優美感的描述，對內在感官的設定和論證，確實給康德的進一步研究提供了豐富的材料和成果，鮑姆嘉通給美學命名也確實是美學作為一門獨立學科的前奏。但近代美學的真正奠基人卻是康德。正是康德的體系才使美學能夠作為一門獨立學科而存在。也正是通過康德的先驗辯證論方法，才將經驗主義所探討的具體問題上升到思辨的高度而得以系統論述，並且對後世的美學理論產生了普遍而深遠的影響，他對理性主義和經驗主義的融合，遠遠超出了兩者成就之和，是一種質的飛躍。

　　本書試圖追溯康德美學思想的歷史淵源，從康德整個哲學系統中去把握他的具體美學思想，這方面前人已經做過不少工作。在國

---

[3]　《美學或藝術和語言哲學》，黃文捷譯，中國社會科學出版社 1992 年版，第 267－268 頁。

[4]　《一元論者》第 35 卷，芝加哥公開出版發行公司 1935 年版，第 315 頁。轉引吉爾伯特、庫恩《美學史》，夏乾豐譯，上海譯文出版社 1989 年版，第 425－426 頁。

內，1949 年以前，蔡元培、呂澂、虞山和周輔成等人曾對康德美學思想作過簡要而零星的介紹。20 世紀 60 年代初期，朱光潛《西方美學史》中也設專章述評康德，宗白華則在翻譯《判斷力批判》的同時寫了《康德美學原理概述》。與此同時，蔣孔陽先生在當時資料難找、精力分散的情況下，利用了許多第一手資料，第一次對康德美學作了全面而精闢的闡述，可謂篳路藍縷，開出先路。這些理論無疑是本書的重要參考內容。而近年出版、傳入的新的英文研究專著和新的譯著，也為進一步的研究提供了有益的幫助。但碰到的困難還依然不少。例如一般認為沃爾夫學派及其門徒對康德影響較大，而筆者至今幾乎不能讀到他們的原著，這對瞭解康德思想的來龍去脈無疑是有影響的。希望在得到專家和讀者的批評的同時，能佔有更多的資料，使康德美學思想的研究進一步深化。

第一章　前批判時期的美學思想

　　康德前批判時期的美學思想，是國內外許多學者所忽略的內容。平心而論，前批判時期《對美感和崇高感的觀察》一書在思想系統上確實是不成熟的。而且其中的內容雖主要涉及情感問題，但在論述過程中，對於審美情感與道德情感是渾然不分的。可見此時康德對審美問題的看法還不是非常明確和系統的。甚至到了《純粹理性批判》第一版出版，《實踐理性批判》開始寫作時，康德還不能把審美判斷問題納入自己的思想體系，一些美學基本問題尚未弄清，美學的地位還不能落實。然而，我們必須看到，《對美感和崇高感的觀察》（以下簡稱《觀察》）確實是《判斷力批判》的一個基礎，《判斷力批判》中確實有《觀察》中的探索成分。一些前輩學者和同輩學者對康德美學思想的影響，從《觀察》中也清晰可見。任何一個康德美學的系統研究者，都不能忽略康德前批判時期的《觀察》一書在康德美學體系形成過程中的作用，都應該以歷史發展的眼光看待《判斷力批判》和《觀察》之間的關係。正如研究《純粹理性批判》的學者必須重視研究康德《論感性世界和知性世界的形式和原則》一書，並且要弄清這兩本著作之間的關係一樣。更為重要的是，《觀察》在康德思想歷程中的重要性要遠遠超過它在康德思想體系中的重要性。《觀察》一書雖然曾經使康德一舉成名，但其中謬誤頗多，其思想深度和系統性、準確性遠遠不能與三大批判相提並論。也正因為如此，康德後來不願別人提及他前批判時期的著作，尤其是《對自然神論和道德原則的判明性研究》、《對美感和崇高感的觀察》和決定他由前批判向批判時期轉折的標誌性著作

《論感覺界和理智界的形式與原則》這三部著作。但這三部著作不僅為後來的三大批判奠定了基礎,而且在康德的思想形成史上,有著不可抹殺的地位。同時,《觀察》中也還有零星的、為康德批判時期所忽略和放棄的思想火花。

第一節　盧梭、休謨等人對康德的影響

康德前批判時期在盧梭、休謨和伯克等人的影響下,糾正了他由萊布尼茨—沃爾夫學派唯理論所培育起來的思維方式和思想內容的偏頗。盧梭的影響使他糾正了自己唯智為上的單一思維方式,開始尊重人性,注重感情問題,從而拓寬了自己的研究內容和方向。而休謨的影響則使他在思想方法上發生了根本的變化,從而從唯理論的獨斷中清醒過來,注重以經驗的方式對純粹先驗方法研究進行修正和補充。因此,18世紀60年代初期,是康德從知識論轉向對主體知、情、意能力全面研究的開始,而《觀察》則是他發生轉向的重要體現。此前他主要是從理性主義角度對自然科學進行研究,由於盧梭和休謨的影響,康德思想發生了根本性的轉變,從而接受了伯克、哈奇生、夏夫茲別裏等人的思想,並且糾正和發展了他們的一些觀點,寫成了《觀察》一書,為批判時期寫作《判斷力批判》奠定了感性基礎。

一、萊布尼茨—沃爾夫學派的影響

康德的基本思想導源於萊布尼茨—沃爾夫學派的唯理論,這是無可置疑的事實。人們將早期的康德稱為萊布尼茨—沃爾夫學派的信徒是有根據的。康德在萊布尼茨—沃爾夫學派思想籠罩下的哥尼斯堡大學學習了將近7年,後來又在母校任教。在早期的教學活動

中，康德曾多次採用萊布尼茨—沃爾夫學派的代表人物梅耶爾的《邏輯學》和鮑姆嘉通的《形而上學》等著作作為教材。而鮑姆嘉通的《形而上學》一書有專門章節討論美學。鮑姆嘉通的美學與萊布尼茨—沃爾夫學派的其他學者是有一些差異的。確切地說，在美學問題上，康德接受了鮑姆嘉通的影響。例如萊布尼茨—沃爾夫學派曾認為「美在於一個事物的完善」，並從主觀認識的角度來理解對象的完善。而鮑姆嘉通則從主體感覺出發，認為美是感性認識的完善，應該從主體審美能力的角度來理解審美問題。康德繼承了這個看法，從對優美感和崇高感的觀察到對主體審美判斷力的評判，都是從主體的角度理解審美問題的。鮑姆嘉通是康德《判斷力批判》一書中所提到的兩個美學家之一。《判斷力批判》中的不少看法仍與鮑姆嘉通相同。當然，鮑姆嘉通以理性為尺度判斷人的審美能力，因而把對情感和想像的評價壓得很低，認為審美是一種低級的認識論，想像和情感都是很低等的心智。這種說法，是被盧梭教會了尊重人的康德所揚棄的，更是以經驗論方法寫成的《觀察》所反對的。

　　人們過去強調盧梭、休謨等人在康德的思想形成和轉變過程中的重要作用，這無疑是正確的。沒有盧梭和休謨等人的影響和刺激，康德可能會一直沉迷在唯理論的迷夢中，成為萊布尼茨—沃爾夫學派中的一員，而不能建立自己獨特的體系，也就不能開啟近代思想思潮。但如果矯枉過正，偏激地抹殺萊布尼茨—沃爾夫學派在康德思想中的重要性，也是不可取的。在《觀察》中，康德認為形而上學「在清除危險的幻想方面有用」。康德後來的三大批判，研究人的先驗理性能力及其對象，依然是一種理性主義和形而上學，只不過是已經改造和超越了萊布尼茨—沃爾夫學派的理性主義和形而上學罷了。況且對於理性主義和經驗主義的吸收和調和工作，萊布尼茨在對洛克等經驗主義者的駁斥、辯論中已經做了一些，例如在《人類理智新論》裏，萊布尼茨承認了洛

克「在理智中的，沒有不是先存在於感覺中的」這一經驗原則，但認為必須「除理智本身之外」，這本身就是一種對經驗主義的吸收和調和。黑格爾曾說「休謨和盧梭是德國哲學的兩個出發點」[1]。這種拋棄本土思想基礎的結論是偏頗的。應該說休謨和盧梭是康德改造舊的形而上學的理性主義的出發點，而且從康德整個思想來說，對康德發生影響的應該還有牛頓。康德 1755 年的《自然通史與天體理論》一書，正反映出一個萊布尼茨—沃爾夫學派的信徒對牛頓思想的接受。

值得強調的是，萊布尼茨—沃爾夫學派的思想在康德後期的思想發展中，也曾起到過重要作用。當康德的理性主義與經驗主義融通的思想在純粹理性（自然）與實踐理性（自由）溝通之間陷入窘境時，正是萊布尼茨—沃爾夫的目的論思想啟發了他，使他的思緒豁然開朗。如果說康德認為 1787 年他的思想進入了嶄新境界的話，那麼他的思想的這一飛躍是萊布尼茨和沃爾夫在冥冥之中幫助了他，儘管他的目的論原則與萊布尼茨—沃爾夫學派的神學目的論有著根本的區別。他主要是從人的活動中，從將自然視為一個整體的思維方式中研究合目的性原則的。但是，影響並不意味著只是簡單的接受。前人的啟示不一定都是光輝的思想，一些思路雖然自身是微不足道的，甚至是謬誤，有時卻能開啟偉大思想家的靈感閘門。萊布尼茨—沃爾夫學派的目的論思想便是如此。

二、盧梭的影響

早期的啟蒙主義者以知識淵博自居，相信科學萬能，目空一切。康德作為萊布尼茨—沃爾夫學派思想影響下成長起來的學者，也是一個唯智主義者。他自己認為是盧梭糾正了他思想的偏頗，從

---

[1] 黑格爾《哲學史講演錄》第四卷，賀麟、王太慶譯，商務印書館 1978 年版，第 237 頁。

而開始尊重人性，將自然問題和人生問題貫穿起來，將知識的價值與道德的價值聯繫起來，進入到一個全新的學術領域。

　　首先對康德的唯理論成見形成刺激的是哥尼斯堡的約翰・哈曼。他在 1759 年寄給康德一本名為《蘇格拉底回想錄》的小冊子。書中諷刺康德和一個叫拜林斯的商人是智者學派、詭辯學派的體現者。哈曼認為超越理性的自我意識是重要的，人的理性和知識對於真理無能為力，只有通過以內在感覺力為基礎的信仰，才能把我們引向真理。康德對此雖不以為然，但畢竟對哈曼所發表的意見作了一定的思考。不久，哈曼又給康德寄來一本新書——《語言學家的遠征》。書中有專文《核桃中的美學》討論美學問題，反對前些年鮑姆嘉通把審美視為一種低級認識論的看法。哈曼提出截然相反的觀點，把感性認識提到相當的高度，嚴厲批評沃爾夫抬高抽象思維、忽視感覺和形象的做法，要求人們的研究應該面向活生生的生活和自然。這對康德的思想產生了不小的震動，為康德接受盧梭的思想鋪平了道路。

　　不過，哈曼畢竟是小人物，而盧梭則是當時名噪歐洲大陸的著名思想家。盧梭的思想以其激情和雄辯、明晰和機智征服了康德。康德 1762 年讀盧梭的《愛彌兒》時，愛不釋手，欣喜若狂，打破了堅持了多年的嚴格生活規律，接連幾天不出門，一口氣讀完了它。康德認為自己應該對盧梭的著作進行徹底的研究，直到完全領會它，並且慢慢地進行咀嚼和回味。康德內心對此產生了強烈的共鳴，並因此激發了自己敏銳的思想和感性思維的潛能。為此，康德給盧梭以極高的評價，把盧梭與早先在自然科學中給他以影響的牛頓相提並論。他認為牛頓發現了存在於宇宙現象中的法則，盧梭則發現了表現於人身上的種種人性。「在前人只看到一片混亂和毫無關聯之差異的地方，牛頓破天荒地覺察出秩序和守常是高度簡潔地結合在一起。有了牛頓以後，彗星才沿著幾何軌道運行。而在人類天性呈

現的種種形式背後，則是盧梭第一次發現了被深深隱匿了的人類本質，和那深藏起來的、可以通過它的觀察來證明天意的法則」[2]。

康德在《觀察》的工作筆記中這樣評價盧梭：「我自以為愛好探求真理，我感到一種對知識的貪婪渴求，一種對推動知識進展的不倦熱情，以及對每個進步的心滿意足。我一度以為，這一切足以給人類帶來榮光，由此我鄙夷那一班一無所知的芸芸眾生。是盧梭糾正了我。盲目的偏見消失了；我學會了尊重人性，而且假如我不是相信這種見解能夠有助於所有其他人去確立人權的話，我便應該把自己看得比普通勞工還不如。」[3]這樣自我剖析是很中肯的。在此之前，康德主要寫自然科學方面的著作，很少顧及人文精神和人的需要。而讀完《愛彌兒》的當年，康德就寫出了《對自然神論和道德原則的判明性研究》一文，把自然問題與道德問題聯繫起來進行研究。

盧梭對康德前批判時期的影響集中表現在《觀察》一書中。在《觀察》的草稿提綱中，康德曾反復地提到盧梭。他認為「盧梭首先在人類普通形態的多樣性中揭示了深藏著的人的本性和那潛在的規律」[4]。盧梭的這種思想被康德貫穿在《觀察》的全書之中。盧梭對人的重視，對情感統治地位的強調和解放情感的主張，都強烈地震撼著康德，並且由此影響到康德對盧梭美學思想的吸收。

盧梭在肯定人的審美的自然能力的前提下，強調個體間審美能力的差異和後天的社會環境的影響等因素。盧梭曾明確指出：「審美力是天生就有的，然而並不是人人的審美力都是相等的，它的發

2　《片斷》第 8 卷，第 630 頁，轉引自卡西爾著《盧梭·康德·歌德》，劉東譯，三聯書店 1992 年版，第 21－22 頁。

3　參見《對美感和崇高感的觀察》，曹俊峰、韓明安譯，黑龍江人民出版社 1989 年版，第 83－84 頁。轉引凱西爾著《盧梭·康德·歌德》，劉東譯，三聯書店 1992 年版，第 2 頁。

4　康德《對美感和崇高感的觀察》，曹俊峰、韓明安譯，黑龍江人民出版社 1989 年版，第 92 頁。

展的程度也是不一樣的；而且，每一個人的審美力都將因為種種不同的原因而有所變化。一個人可能具有的審美力的大小，是以他的天賦的感受力為轉移的；而它的培養和形式則取決於他所生活的社會環境。」[5]康德接受了這種看法，《觀察》一書開章明義的第一句話便是「與其說愉快或煩惱的不同情緒取決於激起這些情緒的外在事物的性質，還不如說取決於每個人所獨有的、能夠被激發為愉快或不愉快的情感」[6]。康德這種說法的源頭當然不限於盧梭，但盧梭的上述思想確實對康德有先入的影響。與此相聯繫的是，康德在《觀察》第二章論及不同氣質和性格的人在審美趣味上的差異、第三章「論男人和女人在崇高和美上的區別」和第四章「論分別建立在崇高感和美感之上的民族特性」中的思想，正是盧梭審美標準的相對性思想中關於人的性格、性別和風土人情方面的差異的繼承和發展。盧梭在《愛彌兒》中曾說：「審美的標準是有地方性的，許多事物的美或不美，要以一個地方的風土人情和政治制度為轉移；而且有時候還要隨人的年齡、性別和性格的不同而不同。」[7]康德《觀察》一書中二、三、四章的基本內容，無疑是基於美感和崇高感的區別而對盧梭思想的發揮。康德《觀察》的附錄筆記中關於審美趣味的高下之分，也是與盧梭的有關社會環境對人的培養的觀點一脈相承的。甚至引用的一些例證，康德與盧梭也有相同之處。例如，盧梭所引用的英國《觀察者》雜誌中關於最使男人感到屈辱的是被視為說謊者，最使女人感到屈辱的是被視為不貞的說法，康德在《觀察》一書中也加以引用，藉以說明男女之間的差異。[8]然兩人引用的側重點和說明的觀點有所不同。

---

[5] 盧梭《愛彌兒》下卷，李平漚譯，商務印書館 1985 年版，第 481 頁。

[6] 康德《對美感和崇高感的觀察》，曹俊峰、韓明安譯，黑龍江人民出版社 1989 年版，第 1 頁。

[7] 盧梭《愛彌兒》下卷，李平漚譯，商務印書館 1985 年版，第 481 頁。

[8] 康德《對美感和崇高感的觀察》，曹俊峰、韓明安譯，黑龍江人民出版社 1989 年版，第 35 頁。

　　當然，康德對於盧梭的學說和思想方法也是有所取捨、有所匡正的，而不是盲目的抄襲。在具體的研究方法上，康德便與盧梭不同。康德說：「盧梭的方法是綜合法，因而他以自然人為出發點；我的方法是分析法，因而我把文明人作為研究的起點。」[9]康德還專門記述了自然人與文明人的區別，強調了文明的重要性，態度鮮明地糾正了盧梭矯枉過正的做法。但康德並不像一般人那樣誤解盧梭，認為盧梭只是要求讓人回到自然狀態。以自然人為研究的出發點與要求人回到自然狀態，反對當時社會對人性的戕害與反對人類文明畢竟是兩回事。盧梭只是要求人們在社會發展中不要異化，不要因為處在社會環境中而喪失人的自然本性，放棄自然要求。人們應該站在現代文明的立場和角度去對人的自然要求進行回顧。康德在《實用人類學》一書中曾為盧梭作如下辯解：「盧梭對敢於從自然狀態中走出來的人類作了憂鬱的（傷感的）描述，宣揚重新回到自然狀態和轉回森林裏去。人們可不能完全把這種描述當作他的真實意見，他是以此來表述人類在不斷接近人的規定性的道路上所遇到的困難。」「盧梭從根本上說並不想使人類重新退回到自然狀態中去，而只會是站在他自己現在所處的階段上去回顧過去。」[10]關於文明和自然，關於人的出路和前景，兩人在觀點上雖然有所不同，而康德卻能如此透徹地理解盧梭，實在堪稱盧梭的德國知音。

三、休謨的影響

　　對康德前批判時期產生重要影響的另一個學者無疑是休謨。康德後來在《未來形而上學導論》中回顧休謨的影響時說：「我坦率地承認，就是休謨的提示在多年以前首先打破了我教條主義的迷

9　康德《對美感和崇高感的觀察》，曹俊峰、韓明安譯，黑龍江人民出版社1989年版，第69頁。

10　康德《實用人類學》，鄧曉芒譯，重慶出版社1987年版，第238、239頁。

夢，並且在我對思辨哲學的研究上給我指出來一個完全不同的方向。我根本不贊成他的結論，他之所以達成那樣的結論，純粹由於他沒有從問題的全面著眼，而僅僅採取了問題的一個片面，假如不看全面，這個片面是不能說明任何東西的。如果我們從別人傳授給我們的一些基礎穩固的然而是未經發揮的思想出發，那麼我們由於堅持不懈的深思熟慮，就能夠希望比那位見解高明的人更前進一步，多虧他的第一顆火星，我們才有了這個光明。」[11]康德認為自己在接受休謨思想以前，一直處在舊的形而上學的迷夢之中，那種唯理論學說所注重的理性沒有能力使因果關係先天地結合起來，因為理性不能憑藉概念的能力找出事物間的必然性。因此，休謨從感性經驗入手，重視人的情感和想像力的聯想作用。這給康德的思想帶來了生機。但正如上面的引文所述，康德並沒有全盤接受休謨的思想。雖然康德感激休謨懷疑論的啟發，認為它促進了理性的反思，但同時，康德又指出休謨的思想是片面的、消極的。他把休謨的懷疑論比作哲學王國的遊牧民族，厭棄獨斷論的專制秩序，不願聽他們的說教，四處遊蕩，消極抵制。這是積極進取的從事思想建設的康德所不同意的。因為那樣會導致對形而上學和科學的否定。康德認為舊形而上學是方向出了毛病，應該給它配上舵手讓船安全駛向彼岸，而不是「把他的船弄到岸上（弄到懷疑論上）來，讓它躺在那裏腐朽下去」[12]。

　　休謨從主體的感性能力尋求審美的普遍性，也對康德有著相當的影響。休謨認為：「美不是圓的一種性質。美並不在圓周上的任何一個部分上（其圓周線的部分與圓心的距離是相等的）。美只是圓形在心靈上產生的效果，心靈的特殊構造使它易於感受這種

---

[11] 康德《任何一種能夠作為科學出現的未來形而上學導論》，龐景仁譯，商務印書館 1982 年版，第 9－10 頁。

[12] 康德《任何一種能夠作為科學出現的未來形而上學導論》，龐景仁譯，商務印書館 1982 年版，第 12 頁。

情感。」[13]這對康德從主體審美能力的角度研究美學，特別是《觀察》中從主體感性經驗角度研究美學是有影響的。休謨對審美判斷的普遍性的探討常常被人誤解。直至今天，仍有不少人對休謨存在著誤解和偏見，在休謨和康德時代也是如此。康德曾尖銳批評休謨的論敵理德、奧斯維德等人「完全弄錯了問題之所在，偏偏把他所懷疑的東西認為是他所贊成的，而反過來，把他心裏從來沒有想到要懷疑的東西卻大張旗鼓地，甚至時常是厚顏無恥地加以論證，他們對他的趨向於改革的表示非常漠視，以致一切仍保持舊觀」[14]。這種誤解同樣存在於對休謨的美學思想的理解之中。過去我國有不少學者簡單地認為休謨的美學思想是主觀唯心主義的，是懷疑論的，誤以為休謨堅持審美趣味的相對論，主張審美趣味無可爭辯，乃至把休謨駁斥論敵的言論當作他自己的言論。事實上，休謨的《論趣味的標準》一文著重討論的就是審美趣味的標準，並且有力地駁斥了那種認為他尋求標準的意圖全是妄想的看法。在這篇文章中，休謨著重強調：「儘管趣味仿佛是變化多端，難以捉摸。終歸還有些普遍性的褒貶原則；這些原則對一切人類的心靈感受所起的作用是經過仔細摸索可以找到的。按照人類內心結構的原來條件，某些形式或品質應該能引起快感，其他一些引起反感；如果遇到某個場合沒有能造成預期的效果，那就是因為器官本身有毛病或者缺陷。發高燒的人不會堅持自己的舌頭還能決定食物的味道，害黃疸病的人也不會硬要對顏色作最後的判斷。一切動物都有健全和失調兩種狀態，只有前一種狀態能給我們提供一個趣味和感受的真實標準。」[15]

13　《〈人類理解研究〉和〈道德原理研究〉》，L.A.塞比—比格編，牛津大學出版社1962年版，第291−292頁。
14　康德《任何一種能夠作為科學出現的未來形而上學導論》，龐景仁譯，商務印書館1982年版，第7−8頁。
15　休謨《論趣味的標準》，吳興華譯，載《古典文藝理論譯叢》第5冊，人民文學出版社1963年版，第6頁。

在這裏，他認為健全的感官對趣味應該有相應的標準。一個人審美能力的高低只在於其感覺的敏銳性程度。例如，「同一個荷馬，兩千年前在雅典和羅馬受人歡迎；今天在巴黎和倫敦還被人熱愛。地域、政體、宗教和語言方面的千變萬化都不能使他的榮譽受損」[16]。他從主體感受的健全角度來界定審美的普遍有效性。「多數人所以缺乏對美的正確感受，最顯著的原因之一就是想像力不夠敏感。」[17]許多人之間的審美判斷的差異是主體敏感程度的差異，或是對對象存有偏見。提高和改善的方法最好是「不斷訓練」[18]。但同時，休謨還承認對象中的特定特徵是主體感受的基礎。「儘管美醜，比起甘苦來，可以更肯定地說不是事物的內在屬性，而完全屬於內部或外部的感受範圍；我們總還承認對象中有些東西是天然適於喚起上述反應的。」[19]雖然他對對象的審美特徵重視得不夠，但他畢竟已經注意到了。

在承認審美趣味的普遍有效性的基礎上，休謨還強調了少數優秀的審美感受健全者即天才的作用。這些天才可以把自己的感受樹立為審美判斷的標準，卻畢竟是鳳毛麟角。他認為：「雖然趣味的原則是有普遍意義的，完全（或基本上）可以說是人同此心，心同此理，但真正有資格對任何藝術作品進行評判並且把自己的感受樹立為審美標準的人還是不多。」[20]這種思想與狂飆突進運動的思想一起影響了批判時期的康德天才論。

---

[16] 休謨《論趣味的標準》，吳興華譯，載《古典文藝理論譯叢》第 5 冊，人民文學出版社 1963 年版，第 6 頁。

[17] 休謨《論趣味的標準》，吳興華譯，載《古典文藝理論譯叢》第 5 冊，人民文學出版社 1963 年版，第 7 頁。

[18] 休謨《論趣味的標準》，吳興華譯，載《古典文藝理論譯叢》第 5 冊，人民文學出版社 1963 年版，第 9 頁。

[19] 休謨《論趣味的標準》，吳興華譯，載《古典文藝理論譯叢》第 5 冊，人民文學出版社 1963 年版，第 7 頁。

[20] 休謨《論趣味的標準》，吳興華譯，載《古典文藝理論譯叢》第 5 冊，人民文學出版社 1963 年版，第 12 頁。

　　對於普通審美者來說，審美趣味又有著個人的差異性。這種差異主要體現在對豐富多彩的審美對象的風格的喜好上。「甲喜歡崇高，乙喜歡柔情，丙喜歡戲謔」[21]。他還認為「情緒旺盛的青年」和四五十歲的人在審美趣味上是有一定區別的。在《人性論》中，休謨認為審美趣味差異的原因在於主體的先天身心機制的差異和後天的社會環境因素的差異。「美是一些部分的那樣一個秩序和結構，它們由於我們天性的原始組織，或是由於習慣，或是由於愛好，適於使靈魂發生快樂和滿意。」[22]這種差異性正是奠定在普遍有效性基礎上的。

　　與此相關的是休謨的效用說和同情說。休謨認為美來自兩種狀態：一種來自「對象的單純顯現和現象」，休謨稱之為感覺的美。一種來自「同情和它的效用觀念」，休謨稱之為想像的美。在休謨時代，美與效用還沒有被完全區分開來。但這時，休謨已經開始注意到美與物質效用的區別，因此，在具體闡釋時常常暴露出矛盾。他把想像的美置於感覺的美之上，認為「長滿金雀花屬的一塊平原，其本身可能與一座長滿葡萄樹或橄欖樹的山一樣的美，但在熟悉兩者的價值的人看來，卻永遠不是這樣」[23]。這已經顯露出依存美和純粹美之間關係的端倪。同時，休謨的效用說，實際上主要指對對象效用的一種同情的分享。這種同情的分享，即旁觀者設身處地的同情，與我們所說的審美的體驗就比較接近了。「確實，這與我們的利益絲毫沒有關係，而且這種美既然可以說是利益的美，而不是形相的美，所以它之使我們快樂，必然只是由於感情的傳達。由於我們對房主的同情，我們借想像力體會到他的利益，並感覺到那些對象自然地使他產生的那種快樂。」[24]這種同情的體驗不僅對

---

[21] 休謨《論趣味的標準》，吳興華譯，載《古典文藝理論譯叢》第 5 冊，人民文學出版社 1963 年版，第 14 頁。
[22] 休謨《人性論》，關文運譯，鄭之驤校，商務印書館 1980 年版，第 334 頁。
[23] 休謨《人性論》，關文運譯，鄭之驤校，商務印書館 1980 年版，第 402 頁。
[24] 休謨《人性論》，關文運譯，鄭之驤校，商務印書館 1980 年版，第 40 頁。

於人，而且對於物體。「建築學的規則也要求柱頂應比柱基較為尖細，這是因為那樣一個形狀給我們傳來一種令人愉快的安全觀念，而相反的形狀就使我們顧慮到危險。」[25]這顯然與對象的真實存在無關，對後來的移情說有影響。

休謨對康德前批判時期的影響，主要是在研究方向上，《觀察》中主要探討的是主體審美時的心理效果、情感特徵的普遍性和差異性，並且用的是經驗的方法。康德將優美感和崇高感的範疇列於人對藝術、科學和道德諸領域感受之上。雖然在《觀察》開頭一節強調了個體差異，但在後面的行文中，則用了「普遍」一詞。他認為道德上的美感和崇高感基於「普遍仁愛的根源」和「普遍尊重的根源」[26]。康德甚至還說：「無論世界上不同國家的居民的趣味有多麼大的差異，在一個國家被認為美的東西，在所有其他的國家也一定被認為美。」[27]話雖偏激，但承認了審美的共同性。康德專門分析的四種氣質人的審美趣味的差異和男女差異、青年老年的差異，也多少受到休謨關於社會差異和青老年之間差異闡述的啟發。康德認為審美趣味有精細與粗俗之別，也與休謨接近。另外，康德批判時期關於審美判斷的無利害感的思想，雖然與休謨的同情的分享的說法有些不同，但也受到了休謨的影響。

四、伯克的影響

由於休謨的影響，康德前批判時期注重對主體審美心理和審美能力的研究，從經驗的角度進行分析。沿著這個道路，康德大量地接受了艾迪生、哈奇生、夏夫茲別裏、霍姆、荷迦茲等人的影響，

[25] 休謨《人性論》，關文運譯，鄭之驤校，商務印書館 1980 年版，第 401 頁。
[26] 康德《對美感和崇高感的觀察》，曹俊峰、韓明安譯，黑龍江人民出版社 1989 年版，第 15 頁。
[27] 康德《對美感和崇高感的觀察》，曹俊峰、韓明安譯，黑龍江人民出版社 1989 年版，第 40 頁。

特別是伯克的影響。《觀察》一書從方法到內容,都可以說明該書是在伯克 1756 年出版的《論崇高與美兩種觀念的根源》的影響下寫成的。鮑桑葵認為《觀察》「這部著作的書名似乎可以說明,伯克的論文(1756 年)幫助他注意到這個問題」[28]。汝信先生說:「康德在早年通過孟德爾遜的介紹瞭解了伯克的美學思想。」[29]此論不知出處何在,但從三人的著作內容看,確實是可信的。伯克的美學著作對美學的基本問題、審美對象與審美感受以及兩者之間的關係作了系統、細緻的分析,並且在對人的生理基礎和心理基礎的概括分析上,具有一定的系統性。伯克的美學著作是康德以前的美學著作中最重要的一部。在《觀察》中,康德力圖擺脫唯理論的影響,從觀察入手,以感性經驗為分析依據對審美現象進行描述。這裏明顯可以看到伯克的影響。但康德美學的影響則又削弱了伯克自身對後世的影響。事實上,伯克是康德重要的美學老師。

　　盧梭在《論人類不平等的起源和基礎》一書中,曾將人的本性分為自我保存和憐憫動物(對他人的憐憫)兩種本能。[30]立志對盧梭進行徹底觀察的康德,在接受了盧梭的思想後,再接受伯克將人的基本衝動分為「自我保全」和「社會交往」兩類,並以此分析崇高感和優美感,就顯得順理成章了。伯克認為「自我保全」由恐怖引發,是人由生理性本能對天敵和環境所做出的反應。而在審美中,「自我保全」則通常由可怖性引發,這是一種類似痛苦和危險的崇高體驗。由於主體實際上處於安全之境,與傷害保持一定的距離,故最終依然由強烈的驚異而體驗到快感。這是體驗崇高的身心基礎。「社會交往」則由愛引起,包括性愛和友愛。這是體驗優美的身心基礎。康德在闡述「恐懼的崇高」時,強調

[28] 鮑桑葵《美學史》,張今譯,商務印書館 1985 年版,第 332 頁。

[29] 《西方美學史論叢續編》,上海人民出版社 1983 年版,第 61 頁注。

[30] 《論人類不平等的起源和基礎》,李常山譯,東林校,商務印書館 1962 年版,第 67 頁。

對象的可怖性和適當強度，在闡述優美時，認為「女性的面容和線條在男人身上所造成的印象的差異」，「在其根本上是同性的吸引力有關的」[31] 乃至女性要求男性崇高，男性要求女性優美都與性欲衝動對審美的影響有關。在這裏，我們無疑可以看到伯克影響的痕跡。甚至書中的一些事例，如「黑夜是崇高的，白晝是優美的」[32]等，也是照搬伯克的說法。

伯克深化了朗吉諾斯和艾迪生對崇高感的分析，成為西方美學史上系統的崇高學說的奠基人。他把崇高分為度量的巨大和無限，會產生驚訝、恐懼等效果。這些都是在朗吉諾斯的看法的基礎上，並受艾迪生的啟發，通過大量的感受和經驗分析豐富起來的。這對康德把崇高分為「恐怖的崇高」、「高貴的崇高」和「壯美的崇高」是有啟發的。但伯克對康德崇高學說更大的影響在於康德批判時期的「數學的崇高」與「力學的崇高」。不過在我們今天看來，康德前批判時期的崇高三分比批判時期的崇高兩分要更合理、更科學。

伯克在美感和崇高感的普遍有效性方面，策應了休謨的說法，反對所謂美感是人見人異、無可爭辯的東西。他認為：「如果沒有共同的一些判斷原則和感情原則，人們的推理與情感就不可能有任何根據以保持日常生活聯繫。」[33]這無疑與休謨共同影響了康德。在美與效用的關係上，伯克比起休謨來，更明確地反對將美與效用聯繫起來，對康德有著積極的影響。康德的無利害感思想的來源雖不限於伯克，但受伯克影響，則毋庸置疑。

---

[31] 康德《對美感和崇高感的觀察》，曹俊峰、韓明安譯，黑龍江人民出版社 1989 年版，第 38 頁。

[32] 康德《對美感和崇高感的觀察》，曹俊峰、韓明安譯，黑龍江人民出版社 1989 年版，第 3 頁。

[33] 《崇高與美——伯克美學論文選》，李善慶譯，上海三聯書店 1990 年版，第 1 頁。

總的說來，康德前批判時期受伯克的啟示最多，從主體的心理角度對美感和崇高感進行經驗分析和比較研究，尤其是側重於情感分析，得益於伯克著作的影響。這為《判斷力批判》對美感和崇高感的分析作了材料上和心理上的準備。特別是康德在批判時期見到了伯克《論崇高與美兩種觀念的根源》的德譯本後，從伯克那裏受到的教益就更多了。遺憾的是，伯克關於美感和崇高感的身心基礎的思想未能為康德所繼承和發展。

第二節　《對美感和崇高感的觀察》的基本內容

康德的學生和後期的論敵赫爾德，在評價康德《觀察》一書時曾對書中的思想給予了高度的評價。他認為，此時的康德思想中所裝的是「人和人性的偉大與美好，兩性的氣質、動機和德行，以及民族性；——這些就是他的世界，他非常細緻地關注了其精微的陰影，分析了其最隱匿的動機，並非常細心地勾勒了許多細膩的遐想，——他是一個完整的優美與崇高的人文主義哲學家。在人性哲學方面，他是一個德國的夏夫茲別裏」[34]。赫爾德的話有一定道理。因為英國經驗主義的美學是在夏夫茲別裏的影響下發展起來的。雖然他作為劍橋學派的新柏拉圖主義者，對洛克和霍布斯的思想持反對意見（他早期在洛克的監護下接受教育，青年時代因避難在義大利研究了柏拉圖等理性主義思想家的學術），但是他將美感和道德感貫通起來的思想卻影響了哈奇生和休謨等人。他的人文主義思想也直接地影響了康德。赫爾德甚至康德本人對夏夫茲別裏都有很高的評價。因此，赫爾德以夏夫茲別裏的人性論來比況康德在《觀察》一書中人文思想的貢獻，正是對此書的崇高評價。

---

[34] 《康德全集》第 4 卷，柏林 1922 年版，第 175 頁。

馬克思曾從政治的角度認為應該「公正地把康德的哲學看成是法國革命的德國理論」[35]。法國對康德影響最大的是盧梭,而盧梭的最大貢獻就是發現了「人的內在本性」。因此,公正地說,《觀察》一書的人文思想,主要源自法國和英國。人文思想乃是《觀察》一書的主旋律。

一、優美感和崇高感的基本思想

《觀察》一書是康德主要從觀察者的眼光,對優美感和崇高感所作的直觀經驗的描述,其中對崇高感和優美感之間的關係作了區別和界定。全書在論證上雖然條理性不是很強,卻細緻地剖析了人的精神世界,並把人對愉快的追求及其特徵視為人類本性的根本特徵;書中前後多有齟齬之處,且很多內容涉及人的道德行為,不像後來的《判斷力批判》那樣對審美能力與非審美能力作出非常嚴格的區分,但其中確實積累了大量的感性資料,為《判斷力批判》進一步分析崇高感與優美感奠定了基礎。

在《觀察》中,康德將審美的情感與追求物質欲望的愛好或嗜好區別了開來。許多人從自己的愛好或癖好中獲得愉快,如美食、粗鄙的笑話、打獵甚至追逐蒼蠅等。「那些腦滿腸肥的人把廚子當作最高明的作家」,「這類人能夠在卑污下流的褻語和愚蠢的笑談中,獲得強烈的樂趣」[36]。但這些快樂是其他人所體會不到或很難按別人的方式體驗到的,有時甚至只能填補個人精神上的空虛。而審美的情感則是一種精細的情感。這種情感能夠保持持久性,以心靈的敏感為前提,能趨向於道德衝動。主體在審美活

---

[35] 馬克思《法的歷史學派的哲學宣言》,《馬克思恩格斯全集》中文版,人民出版社 1956 年版,第 1 卷,第 100 頁。

[36] 康德《對美感和崇高感的觀察》,曹俊峰、韓明安譯,黑龍江人民出版社 1989 年版,第 1—2 頁。

動中能充分顯示自己的天賦和無利害感的公平心。看起來這一段講的是無功利的普遍快感，與開頭所講的「取決於每個人所獨有的」[37]情感（其中包括特別挑選出來的精細的審美情感）相矛盾。實際上這種無功利性與強調審美趣味的多樣性和對人性的普遍尊重是不矛盾的。個性是建立在普遍性的基礎上的，康德的目的在於既要講究審美趣味的純潔性和普遍性，又讓個體在審美活動中有充分的獨特性的發揮餘地，使審美與理智、功利等因素明確區分開來。到第二章的後面一部分內容，康德又進一步繼承休謨的思想，強調精神上的效用，認為「滿足我們高級情感的東西」[38]也是有用的。以此強調審美的重要性，並將對象的精神意義和物質效用區分開來。雖然母雞比鸚鵡更實惠，砂鍋比瓷器更有用，但審美感受卻遠離自私心，具有高尚的動機，使粗野的人和高尚的人都能普遍感受到，乃至使人們能夠相互感動。這些，在《判斷力批判》中得到了明確而系統的展開。

與此相關的是，康德還在審美的情感中「排除潛入高深理智的偏向，也排除像開普勒那樣的人在宣佈不願意以自己的一項發明去換取一個王國時所具有的那種情懷。這種情感過於精微高遠」，而「本書所論及的僅僅是最普通的人都能體會到的感情」[39]。在康德美學中，始終沒有像黑格爾那樣把美學的研究局限在藝術哲學。在批判時期，康德把審美看成是溝通此岸與彼岸、必然與自由的橋樑，是主體實現自由的一條途徑，最終成就了主體的心靈。而在前批判時期，康德則讓審美活動涵蓋主體心靈活動的一切領域，以致在具體闡釋過程中，常常把審美情感與道德情感混為一談，而不是

---

[37] 康德《對美感和崇高感的觀察》，曹俊峰、韓明安譯，黑龍江人民出版社 1989 年版，第 1 頁。

[38] 康德《對美感和崇高感的觀察》，曹俊峰、韓明安譯，黑龍江人民出版社 1989 年版，第 25 頁。

[39] 康德《對美感和崇高感的觀察》，曹俊峰、韓明安譯，黑龍江人民出版社 1989 年版，第 2—3 頁。

像批判時期那樣，把美視為道德的象徵。但儘管如此，康德還是將潛入高深理智的偏向和開普勒那樣淡泊名利，高蹈於世俗塵囂之上，不以科研成果去交換王國的情懷排除於他所討論的審美情感之外。這裏康德沒有區分知性與審美情感的差異，也沒有討論審美趣味的雅俗之分，而是從普遍有效性的角度排除少數人的高雅趣味（當然這種人生情調與審美是有距離的），因為盧梭教會了他學會尊重人，使他放棄了以智慧的尺度衡量人的精英意識。寫《觀察》一書的目的一方面固然可能是教學的需要，而對康德自己來說更重要的則是進一步地展開由盧梭等人激發起來的對人性與人的情懷瞭解和體悟的興趣。由此，該書的研究對象則是最普通的人都能體會和具有的感情。

康德還借鑒了伯克《論崇高與美兩種觀念的根源》中的對照比較方法，研究優美感與崇高感之間的區別。其中雖然顧及到審美對象的基本特徵，如在附錄筆記中，康德曾認為，「對美有意義的不是效益，而是關於它的評價，所以假如事物本身就不美，它便會引起厭惡」。[40]在分析優美感與崇高感的過程中，康德也曾顧及到崇高對象的高大、優美對象的小巧等形式特徵，但是從根本上說，康德前後的美學思想都是在側重探求主體審美能力和審美感受的普遍性，並且在此基礎上界定優美感與崇高感的差異的。

康德認為，優美的對象和崇高的對象，雖然都令人愉快，但愉快的方式和性質卻完全不同。康德承認崇高和優美在對象上是迥然不同的。崇高的對象龐大有力，給人以強烈的印象，如高大的橡樹、寂靜的陰影、幽深的夜空等。優美的對象則小巧精細，如多姿的花壇、低矮的荊棘、精心修剪的樹木等。康德將崇高的對象特徵歸納為三點，分別是：高大，樸素單純，極高或極深。其中極高給人的印象是伴隨著欣賞的讚歎，極深給人的印象是夾雜著戰慄和恐懼，

---

[40]　康德《對美感和崇高感的觀察》，曹俊峰、韓明安譯，黑龍江人民出版社1989年版，第93頁。

崇高所喚起的情感是令人激動。康德同時還將優美的對象特徵歸納為兩點，即小巧和漂亮繁飾。而優美所喚起的情感則是令人陶醉。康德認為體驗崇高常常能有適當的強度，故主體感受崇高必須具有感受崇高的能力，優美亦然。主體感受優美必須具有感受優美的能力。這就是說，感受崇高和優美的人必須自身充滿崇高或優美的情調。一般說來，充滿崇高感的人往往神情嚴肅，有時凝然不動，令人驚異；而充滿優美感的人則常常在眼神中流露出快樂的光芒，笑口常開。這裏，康德將主體自身的崇高或優美的素質與各自的審美趣味混為一談，與他自己後面關於男人和女人在崇高和優美上的區別是矛盾的。事實上，自身是優美的人也常常喜好崇高的對象，反之亦然，如女人對男性風采的興趣和男人對女性魅力的鍾愛。

在《觀察》中，康德將崇高感分為三類。第一種是「伴隨著某種恐懼甚至悲傷」的感覺，康德稱之為「恐懼的崇高」，如荷馬筆下的英雄；第二種是「伴隨著單純的驚異」的感覺，康德稱之為「高貴的崇高」，如維吉爾筆下的英雄；第三種是「伴隨著超然的神情」，康德稱之為「壯麗的崇高」[41]。這種三分比後來的兩分更為合理。因此，這三種崇高都是將對象放在主體心靈中的反應的角度去理解的，依次反映了對象在主體心靈中震撼的強度。這使得崇高和優美可以放在同一層面，處於平列的狀態，而不至於出現雖然將優美與崇高共同視為審美判斷的對象，卻又將崇高的感受與優美的感受對立起來的狀況。壯麗的崇高臨近於優美的崇高，而恐懼的崇高則介乎審美與非審美之間。邏輯上，在給人以強烈震撼的崇高感中，伴隨著恐懼、伴隨著單純的驚異、伴隨著超然的神情這三類情感分別觸動著人們對待人生和世界的不同態度，或以積極的人生態度喚起主體強烈的抗爭精神，或由對象的壯闊高雅的形式感發主體的驚

---

[41] 康德《對美感和崇高感的觀察》，曹俊峰、韓明安譯，黑龍江人民出版社1989年版，第3-4頁。

贊，或以旁觀的態度欣賞大自然和人生的壯麗。這三者使對象與受到震撼的情感整體構成對應關係。康德在《觀察》中通過對具體材料的分析形成的上述思想，是頗為精當的。可惜《觀察》未能像批判時期那樣從理論上進行深刻的闡述。後來批判時期的崇高觀在材料和例證上與《觀察》有許多相同之處，卻又因受到伯克進一步的影響，加之既成的先驗理論框架對崇高分析的約束，使得他的「崇高的分析」雖有深刻之處，而其「數學的崇高」與「力學的崇高」的劃分卻反而不及《觀察》中的崇高三分。

上述內容，包括美感與利害感的區別，美感與理智和高深情懷的區別，優美感與崇高感的區別以及崇高感的三種類型等四個方面，是《觀察》一書第一章的基本內容，也是全書的一個綱領。第二、三、四章的內容，正是第一章基本思想的展開和發揮。

二、崇高與優美的辯證關係

在《觀察》的第二章，康德對人的崇高和優美的特性進行了區分和闡釋，並從知性原則和道德品質及其相互關係中闡釋審美價值以及剛柔相濟的原則。他把知性和德行等人的活動和行為也放在審美的範圍內進行考察，在理論上是成立的。應該說，任何對象都可以從審美的角度作出評價，指出其審美的價值或負價值。但在闡述過程中，這種考察卻容易將審美與知性分析和道德評判混淆起來；同時，康德在具體分析中，特別是在對不同氣質類型的人的美感和崇高感的討論中，時常有將人的崇高和優美的特徵與人對崇高和優美的趣味特徵混為一談的傾向，即沒有將人自身的審美價值與審美傾向之間的關係明確區分開來。應該說，兩者是有密切聯繫的，但在邏輯上，卻又是兩個截然不同的問題。

康德把人的心靈表現及其行為作為人的審美特徵進行分析，認為知性的整體作為人的理性能力，是偉大的、崇高的。此前的一段

時間內，康德崇尚知性，本身並不錯，但倘若偏廢其他的評價原則，如人的普遍尊嚴和道德，便不能公正地進行審美評判。後來受盧梭啟發，康德便對人有了普遍的尊重，但並不排斥知性，故在《觀察》中仍將知性視為崇高的。而知性在具體的人的行為技巧的表現上，即「機智」，則是優美的。勇敢、真誠、正直無私地勤於職守，這些高尚的品質是崇高的，崇高的性質引起人們的敬意。狡黠、謹慎、玩笑、恭維和精細和氣這些細緻微末、文雅的行為則是優美的，優美的性質則惹人喜愛。

康德還將人的外在形象引起崇高和美的兩種感受區分開來，並將審美與非審美的質的區分與量的限度聯繫起來理解，這與崇高的三分原則是一致的。他認為：「高個子引人注目並令人起敬，矮個子引起人的從容自在的情緒。褐色的面孔和黑色的眼睛近於崇高，藍色的眼睛和淺色的頭髮則近於美。一個年高望重的人帶著崇高的性質，青年人則有美的性質」，「偉大的傑出人物應該使自己的服飾質樸素雅，至多只能典麗大方。微末的人物則可以多方修飾以求漂亮」[42]。這裏就看出了康德崇高三分的優越性，人的氣質和氣象的崇高顯然與恐怖無緣，更接近於壯麗的美。崇高與優美是平列的，而不是對立的，同時又是有著量的限度的。當浪漫的「崇高或美超越了公認的限度時」[43]，就會變得怪誕或細瑣。這就是所謂的物極必反，由量的超越極限帶來質的差異。

康德還從悲劇和喜劇的角度討論了崇高與優美。在後來的《判斷力批判》中，康德放棄了將悲劇與喜劇對舉的討論，這是因為在批判時期的美學體系中沒有專門討論悲劇與喜劇的環節，故只在關於純粹審美判斷演繹的注解中討論到喜劇性的笑的身心基礎。而在

---

[42] 康德《對美感和崇高感的觀察》，曹俊峰、韓明安譯，黑龍江人民出版社1989 年版，第 9 頁。
[43] 康德《對美感和崇高感的觀察》，曹俊峰、韓明安譯，黑龍江人民出版社1989 年版，第 27 頁注 2。

《觀察》中，康德則從人生的崇高與優美的角度討論了悲劇與喜劇。康德認為：「在悲劇中，展現在我們面前的是為他人的利益而作出的偉大的自我犧牲精神，以及危難之中的英勇果決和經得起考驗的忠誠。」[44]悲劇中的愛情雖然很悲慘，但能讓人在深厚的敬意中激起同情，在不涉及實際利害的情況下打動公正善良的心靈。「觀眾受了感動，感覺到自身本性的昇華」[45]。這裏從道德原則的角度分析崇高，明顯看出英國經驗主義的同情說和亞里斯多德淨化說的影響。而喜劇，康德認為是「幼稚的狡計」和「有趣的笑鬧」[46]，以及善於從任何事態中脫身的詼諧家上當的可笑。這顯然是一種優美。喜劇中的愛情並不感傷憂鬱，而是從容自如的。他還認為喜劇在一定程度上可使美與高尚結合。這裏可見崇高三分起了作用。因與喜劇結合的崇高顯然是壯麗的成分，而不是恐怖的成分。這就很自然涉及剛柔相濟的思想。

康德在這一節中還闡述了崇高與美的剛柔相濟的思想。他認為崇高只有與美感相互滲透，才能增強和持久。因為「崇高使心靈的力量趨於緊張，因而也易於使其疲勞」[47]。他覺得崇高應與優美相伴隨，才能張弛有致。「強烈的感染力只有與更加輕鬆的內容加以對比，才能生生不息。」據此他批評英國浪漫派詩人揚格「過於片面地追求崇高的格調」[48]。同樣，繁難瑣屑的矯揉造作會令人疲倦。過於渲染，也會令人厭煩。「在優秀人物的社團中，所進行的交談

---

[44] 康德《對美感和崇高感的觀察》，曹俊峰、韓明安譯，黑龍江人民出版社1989年版，第8頁。

[45] 康德《對美感和崇高感的觀察》，曹俊峰、韓明安譯，黑龍江人民出版社1989年版，第8頁。

[46] 康德《對美感和崇高感的觀察》，曹俊峰、韓明安譯，黑龍江人民出版社1989年版，第8頁。

[47] 康德《對美感和崇高感的觀察》，曹俊峰、韓明安譯，黑龍江人民出版社1989年版，第27頁注6。

[48] 康德《對美感和崇高感的觀察》，曹俊峰、韓明安譯，黑龍江人民出版社1989年版，第27頁注7。

達到的高尚感情，必須時時夾雜著快活的玩笑，即使令人開懷地大笑，也應該同深受感動的、嚴肅的表情形成有趣地對比，以便使這兩種感情自然而然地互相融合」[49]。友誼的主要特點是崇高，但具體的交往常常讓人獲得溫馨和歡樂。性愛的主要特點是美，但溫柔和深刻的敬意卻能賦予愛情以人所共有的尊嚴和崇高性。而妙趣橫生的笑話和熱情又在愛情中加強了優美的色彩。那些情感上偏向於優美的人在不同的境遇中，對人的品性常常有不同的要求和追求。他們在不幸之中，往往追求崇高，尋求真誠、忠實、嚴肅的朋友。而在日常平淡的生活中，總是追求優美，尋找快活、謙和、可親的朋友。這也可以看成是剛柔相濟的特殊表現。

康德還專門闡述了知性原則和道德品質在崇高中的地位，並且進一步闡述了知性原則和道德品質在崇高中的相互關係。這為批判時期審美的合規律與合目的性的統一的基本原則作了一些有益的探索。康德認為崇高通常要與知性原則相適應。如為祖國犧牲的「無畏精神是崇高的」、「原則戰勝情欲是崇高的」[50]。而門第、封號和財富之所以能引起人的敬重，是因為這些東西「往往同它所能完成的偉大業績有關」[51]，但騎士的冒險、「對榮譽的錯誤理解」[52]的決鬥，乃至離奇古怪的苦行僧，都與知性精神是相悖的，故不能引起崇高感。康德還對宗教的神聖採取鄙視的態度，認為宗教扼殺肉欲、信守教條，是醜惡的。就理性、智慧與情感相關的內容來說，對象常有崇高或虛妄、滑稽的區別。例如，宇宙無限大的數學概念，「永恆、天命、靈魂不滅的形而上學推論都

---

[49] 康德《對美感和崇高感的觀察》，曹俊峰、韓明安譯，黑龍江人民出版社1989年版，第7－8頁。
[50] 康德《對美感和崇高感的觀察》，曹俊峰、韓明安譯，黑龍江人民出版社1989年版，第11頁。
[51] 康德《對美感和崇高感的觀察》，曹俊峰、韓明安譯，黑龍江人民出版社1989年版，第10頁。
[52] 康德《對美感和崇高感的觀察》，曹俊峰、韓明安譯，黑龍江人民出版社1989年版，第11頁。

含有崇高、莊重的特質」；而「哲學常常因空洞地賣弄聰明而被歪曲」[53]，則是一種虛妄。道德品質在崇高中的地位亦然。康德認為真正的善和良好的精神品質是崇高的，這種精神品質本身便具有審美價值。其中崇高的仁愛之心只要不是針對個別的，而是具有普遍價值的就是崇高的。但是審美的同情與道德上的同情有著一定的區別。人們不能因對所有的人的憐憫而始終陷入憂鬱苦悶之中，或流著憐憫的眼淚，否則就會因「善心而成為軟心腸的懶漢」[54]。普遍的人類之愛與對個體的憐憫是兩回事，追求普遍性的愛的人也可能會放棄對個別人的憐憫。但在這裏，康德又將道德與知性聯繫起來，認為真正的道德須建立在原則的基礎上，具有一定的普遍性。而「這些原則不是抽象思辨的定理，而是活在每個人的靈魂中，並對比憐憫和殷勤更深遠的感情的領悟」[55]。這些是普遍仁愛和普遍尊重的感情。這種思路與後來他強調美是合目的性和合規律性的統一是合拍的。

但在悲劇問題的闡釋中，康德偶爾又離開了上述的審美原則，強調非理性的直覺效果。他認為甚至罪惡和道德缺陷有時也有某種崇高或美的特點，「至少在它們呈現在我們的直覺面前，未經理性思考的時候」[56]。因為直覺可以獨立體驗到細節本身的審美價值。有時甚至卑劣的人的蠻勇氣概，乃至下流痞視死如歸的神氣，也能感動人。另外，巧妙的諂媚，有時也能誘人。但是，動人或誘人的方式究竟有什麼區別，各種不同的動人與誘人方式與人的審美心理活動有怎樣的關係，這些問題本身是很複雜的，對它的探討也頗有

---

[53] 康德《對美感和崇高感的觀察》，曹俊峰、韓明安譯，黑龍江人民出版社1989年版，第12頁。

[54] 康德《對美感和崇高感的觀察》，曹俊峰、韓明安譯，黑龍江人民出版社1989年版，第14頁。

[55] 康德《對美感和崇高感的觀察》，曹俊峰、韓明安譯，黑龍江人民出版社1989年版，第14-15頁。

[56] 康德《對美感和崇高感的觀察》，曹俊峰、韓明安譯，黑龍江人民出版社1989年版，第8頁。

意義，可惜康德未能作深入細緻的探討；批判時期囿於體系的限制，也將這個問題排斥在了他的美學理論之外。

康德在第二章中從不同的氣質的角度考察了人的崇高感和優美感的特徵，也是值得一提的。康德從知性和道德的角度分析了崇高感和優美感之後，又從心理氣質的角度，從人的四種基本氣質類型，對個體的審美趣味進行剖析，本身就有著相當大的意義。其中的許多經驗性的表述，是許多人都願意認同的，可惜此時的康德未能對此作進一步的分析，更未上升到理論的高度探求其規律性。這種對氣質的重視與康德從幼時開始體質就很孱弱和精神性的疾病對他的困擾有關。正因為他自己憂鬱，他便貪婪地閱讀了大量醫書和心理學方面的書，並且撰寫了相關的研究著作。如 1764 年的《論腦病》和後期的《論靈魂的器官》[57]等。正是在這種背景下，康德在《觀察》中重視從人的氣質角度依次對四種不同氣質的人的美感發表看法，其中尤其推崇他自己所屬的憂鬱質的氣質類型的人的審美趣尚。

康德認為，憂鬱質的人往往因情感的強烈而偏向於崇高感。崇高的對象不僅會吸引他，而且在引起他驚贊的同時令他激動。即使娛樂的享受在他那裏也有較嚴肅的性質，「因此他能把感情置於原則之下」[58]。就其自身的情感和性格而言，憂鬱質的人對情感所遵奉的原則愈普遍，起主導作用的高級情感愈廣泛，情感便愈穩定，愈堅定。這種人很有主見，不受他人意見的影響和左右，其動機具有原則的性質，對風尚變化默然視之，對虛飾嗤之以鼻。這種人往往具有充滿思想的沉默，能保守秘密，待人真誠，對人的尊嚴有高尚的情感，他知道自己的價值，並認為人是值得同情的存在物。具有自由精神，不低三下四，強烈反對各種束縛，從宮廷約束到奴役

---

[57] 中譯本《人心能力論》，〔德〕尉禮賢、〔中〕周暹合譯，商務印書館，1914年版。

[58] 康德《對美感和崇高感的觀察》，曹俊峰、韓明安譯，黑龍江人民出版社1989年版，第 18 頁。

奴隸都為他所厭惡，對人對己都很公平和嚴格。但這種人在情感走向偏頗、理智不清醒的時候，就會將忠貞變成固執，嚴肅變成陰鬱，虔誠變成迷信，熱愛自由變成放蕩不羈，公平變成復仇，入世的人生態度也會變得古怪和善於幻想。

多血質的人與憂鬱質的人相對，往往是優美感佔優勢，其愉快充滿著歡欣和生命力。這種人好動，喜愛變化，在周圍和自身尋找歡樂，並使別人快活，常常是良好的伴侶。這種人往往富有道德上的同情心，會因別人歡樂而滿意、因別人的傷心而痛苦，但常常不能持久。其道德感雖然很美好，但又缺乏原則性。易感受善良，但不易感受正義。受周圍影響大，身上沒有神聖的東西，善惡不全，放蕩不羈，有時會為迎合人意而缺乏德行。性格容易蛻化，常常幼稚愚笨、輕浮，年老易花心。對自己評價較高。慷慨好施，卻忘記債務。

膽汁質的人華麗的崇高感占主導地位，但易於被虛假所迷惑。這種人與憂鬱質的人的不同，同樣可看出崇高三分的優點。其行動比多血質有原則。這個原則不是受道德驅動，而是受榮譽的驅動，故這種人缺乏美感或行為的價值感，只重視周圍人的意見。他也因此受情緒影響較大，依照外表判斷自己、自己的事業和行為價值。漠視事物中的內在性質和動因，「真誠的友情不能使他感到溫暖，敬重也不能使他感動」[59]。但有時由於榮譽的驅動，容易被愛情、憐憫和同情心所迷惑。故必須保持冷靜，避免蠢事和不愉快。他的行為往往做作、不自然，以各種立場、觀點迎合各色人等的判斷，對他來說重要的不是他是什麼，而是他像什麼。他很自私，裝出多情和友善，努力出人頭地，做表面文章，全身都顯得虛假、不自然，顯得拙劣愚笨。這種人善於喬裝打扮自己。在宗教中表現為假仁假義，待人接物時逢迎諂媚，在政治上則反復無常。他精心地掩飾自己，但一旦隱秘的動機被發覺，就會失去任何尊重。如果別人見不

---

[59] 康德《對美感和崇高感的觀察》，曹俊峰、韓明安譯，黑龍江人民出版社1989年版，第21頁。

到他的動因，則仍受人尊重，他的外在表現常常顯得比實際更通情達理。友善表現為謙恭，敬重表現為禮貌，愛表現為阿諛奉承。這種人喜歡巴結上司，欺壓下民。其作風和服飾表現為誇大過火，富麗華貴表現為一種醜，崇高莊重表現為離奇古怪。受辱時他會決鬥、訴訟，在人事中喜歡以家世、特權、官銜炫耀自己，喜歡自命不凡，發展為妄自尊大時便是蠢材。

康德認為黏液質的性格較為平和，沒有明顯的優美感和崇高感偏向，故不作具體分析。

這種對氣質及其趣尚的分析不限於這些人的審美趣味和人格的審美特徵，而是一種全面的人格和心理分析。在《觀察》中，尤其是在附錄筆記中，這些跑野馬的闡述隨處可見，而且有不少地方前後矛盾。但應該說，這些對於審美的分析依然有一定的積極意義。

三、從兩性問題看崇高與優美的關係

在《觀察》的第三章，康德通過男女兩性討論崇高與美的區別。《觀察》一書出版時，康德年屆四十。此時的康德，對性美和性愛投注了極大的熱情，尤其對女性進行了非常細緻的研究。康德曾說：「當我需要女人的時候，我卻無力供養她，而當我能夠供養她的時候，她已經不能使我感到對她的需要了。」[60]寫作《觀察》時，康德只是一個編外講師，39 歲，風華正茂，正是「需要女人」的時候，但無力供養她。而人性的正常需要又使他對異性產生強烈的好奇和渴慕。他便將這種情感投注在《觀察》一書中。儘管康德聲稱對女性的優美問題不再作更詳盡的分別，生怕別人以為「作者在表述自己個人的愛好」[61]。但我們還是從中看出康德對女性非常濃

---

[60] 阿爾森·古留加《康德傳》，賈澤林等譯，商務印書館 1992 年版，第 62 頁。
[61] 康德《對美感和崇高感的觀察》，曹俊峰、韓明安譯，黑龍江人民出版社

厚的興趣和非常細膩的分析，並從字裏行間透露出自己的趣味傾向。因此，此處的表白多少有點「此地無銀三百兩」的味道。雖然這種分析的條理性不是很強，但卻非常細緻和豐富。

　　康德在分析人的優美和崇高時，倡導自然性與道德性的統一。女性的美在於天生的麗質，具體表現為形貌嬌小、線條細膩柔和、表情友善、快活、親切、迷人。當天然資質有所不足時，女性就進行人工彌補。女子從童年時代就熱衷於打扮和裝飾，並在打扮裝飾中滿足，以至寧願節省飲食開銷來注重裝飾。在行為上，女性的優美往往表現為輕快敏捷。看起來這些女性美的因素，如俊俏的合比例的身段、勻稱的容貌、眼睛和容貌的顏色等與道德無關，但實際上，只有當這些自然面貌具有道德的意義時，才能喚起深厚持久的愛意。這種女性的道德就是優美的道德。女性的優美行為就是合乎道德的。在她們的這種行為中，不需要具有應該、必須、責任這樣冷峻的內容，也不能忍受任何命令和嚴厲的強制行為。女性優美對情感的打動也是建立在道德情感的基礎上的，其打動人、迷惑人、吸引人都以道德情感為準則，才能激發高雅的趣味。缺乏道德感的自然美貌，只能引起粗野的趣味，以賣弄風騷激起人放蕩的情欲，或則雖有美貌卻傲慢自負，只能遭到冷漠。

　　康德關於女性的優美有精細粗俗之別的說法多少受到休謨的啟發和影響。康德曾說：「無論世界上不同國家的居民的趣味有多麼大的差異，在一個國家被認為美的東西，在所有其他國家也一定被認為美。」[62]這是在強調美的普遍性的一面，當然有一定的道理，但也不是絕對的，審美判斷還有民族的差異性。他同時認為不同的地域和人對於人的美的差異在於對自然美的評判中所摻進的道德性因素。「如果在對美麗容貌的判斷裏摻進道德性的因素，則不同

的男人的趣味就會大不相同，因為他的道德感情不一致，也因為在這裏趣味取決於每一個男人的想像力賦予婦女面貌表情以怎樣的意義。」[63]康德還進一步論證說，相貌平平的婦女，有時因較為親近的接觸和熟悉，因道德感在起作用，使她越來越顯得美麗。而「第一眼看來十分美麗的容貌，後來也可能令人厭倦」[64]。這說明道德品質在顯現為視覺對象時，更為吸引人。同時說明天生美質對人的感官和心靈的刺激缺乏持久性。另外，女性的行為舉止和習慣，如好打扮、愛清潔、喜愛歡笑、品格善良、富於同情心、可愛的舉止，都使得女性由可愛而變得嫵媚動人。甚至虛榮心也是女性的一種與道德無妨的優美的缺點。「虛榮心是一種動力，可以把婦女的優點和良好的舉止顯示出來，使她充滿快樂的情緒，並通過不斷發明新的服飾而增加她的美麗。這根本沒有妨礙他人……」[65]而羞恥心則是在自然資質的基礎上由道德感完善起來的。康德認為羞恥心是大自然的秘密，同時又限制婦女天然的欲望。這裏強調了感性自然面貌與道德行為舉止的統一，開始重視社會歷史因素在審美過程中的作用。這在《判斷力批判》中得到了一些發揮，尤其是在對依存美的審美價值和社會性意義的闡述中。

康德還將這種人的美的自然性與道德性的統一的原則貫穿在對人的審美過程中性的吸引力和情感的分析中。《觀察》的基本任務在於敘述對情感的看法，主要指在審美活動中情感的激動及其特徵。而在第三章討論兩性美的時候又強調了性愛動力的前提。康德認為，女性的面容和線條令人銷魂的力量在於性吸引力。性愛是優美的動力。「自然的目的通過性的吸引力使男人顯得更高尚，使女人變得更優

---

63 康德《對美感和崇高感的觀察》，曹俊峰、韓明安譯，黑龍江人民出版社
   1989 年版，第 40－41 頁。
64 康德《對美感和崇高感的觀察》，曹俊峰、韓明安譯，黑龍江人民出版社
   1989 年版，第 41 頁。
65 康德《對美感和崇高感的觀察》，曹俊峰、韓明安譯，黑龍江人民出版社
   1989 年版，第 34 頁。

美。」[66]自然法則由性的吸引力不僅使自身對異性具有魅力，而且藉此可以塑造異性。批判時期的自然的合目的性思想由此可以見出端倪。他認同法國學者布封的意見，認為性萌動時期由性吸引力所形成的審美思想對日後的審美起典範作用。即當性吸引發生作用的青春期尚屬清新並剛剛萌動時，就會形成性愛和審美模式，並影響日後的審美[67]。康德強調性愛的基本作用，同時又與後來佛洛德更具體的戀母情結不同。康德還認為：「最簡單、最粗野的性吸引力確乎會以最直接的途徑通向自然的偉大目標。在實現自然的要求時，性吸引力能立刻使某一個人幸福，但是如果它過於庸俗，就會導致淫蕩和放縱。」[68]這既充分肯定了性吸引力無可取代的感情基礎，又強調了社會和道德內容對它的約束。他還認為美麗的面孔自身不能感動人的心靈，只有它們具有道德意義時，才是美的。也就是說，在性吸引力的基礎上，具有道德性時，生理的刺激才上升到美。情感不僅是審美活動的動力，而且是美的充分體現。尤其是女性，如果想賦予女性以優美的本質，並使之發展，必須注重情感，特別是發展她們的道德情感。情感對於女性尤其重要，她們做一件事的目的是使事情可愛，使她們喜歡。造物主把友善親切的感情植入女人心中，包括高雅禮貌的風度和與人為善的稟性。她們愛好繪畫和音樂是因為它們是情感的表現，而不是一種技術。因此，我們不能對她們進行思辨的訓練；雖然這對女性也可以，但不是女性的優點。深思熟慮只會破壞女性的優美，它會使女性成為冷漠的驚異的對象，減弱了女性賴以對異性產生的吸引力。女人只需從藝術作品領略到趣味就夠了，而不宜領會科學的內容，不必更多地瞭解宇宙。

---

[66] 康德《對美感和崇高感的觀察》，曹俊峰、韓明安譯，黑龍江人民出版社1989年版，第44頁。

[67] 康德《對美感和崇高感的觀察》，曹俊峰、韓明安譯，黑龍江人民出版社1989年版，第40頁。

[68] 康德《對美感和崇高感的觀察》，曹俊峰、朝明安譯，黑龍江人民出版社1989年版，第40頁。

　　康德還討論了男性的崇高問題。在康德那裏，對男人的崇高的評價是作為與女性的優美的陪襯的次要內容進行討論的。他認為人類把優美和崇高素質區別開來多虧女人。「多虧了女人，才能在人類本性中把美的素質和崇高的素質區別開來，並且使男性也變得精細文雅了。」[69]康德認為崇高之美更側重於理智。女性的理智是優美的理智，且理智不占主導地位，其主要作用是在於把一切適應精細感情的東西選作觀察的對象。而男人的理智則是深邃的理智。因此，男性的崇高除了強悍魁偉的體魄外，更多地表現在行為上和思想上。他們常常費盡心力，克服困難以引起讚歎。男人的深思熟慮往往是高尚的、煩難的，經過了艱難的學習和痛苦的思考。女人的奇恥大辱在於被人認為是醜陋的，男人的最大恥辱則在於被認為是傻瓜。男人的崇高品性包括高尚的道德、犧牲精神和寬宏大度的自製力。如大丈夫不能以冒險的消息去增加妻子的精神負擔；男人除了慷慨悲壯的眼淚外，不應垂涕；痛苦或幸福的淚水都會惹人鄙夷。

　　儘管康德認為女性的美不在理性智慧，多少有點「女子無才便是德」的味道，但他同時認為女性年老色衰時，自然資質失去光澤，可以用理智彌補。「年齡威脅著這一切魅力，它是美的偉大的毀滅者。」[70]為了削弱由年齡帶來的自然資質的枯萎，必須轉向對崇高和尊貴品質的敬重和知識的彌補。因此，康德雖然認為女性不宜注重理智，但他認為年少時應該昇華精細的感情，隨著年齡的增長，女性必須通過讀書和開闊視野來填補。漸入老境的女人則更應文雅。康德認為，所謂柏拉圖式的愛情是令人困惑不解的。老年男女不應再玩性愛的把戲。

---

[69] 康德《對美感和崇高感的觀察》，曹俊峰、韓明安譯，黑龍江人民出版社 1989 年版，第 30 頁。

[70] 康德《對美感和崇高感的觀察》，曹俊峰、韓明安譯，黑龍江人民出版社 1989 年版，第 42 頁。

四、崇高的民族特性

康德《觀察》的第四章是在評論「分別建立在崇高感和美感之上的民族特性」，討論各國優美感和崇高感的審美趣尚。康德一生幾乎沒有離開過哥尼斯堡，他對各國人的審美趣尚的瞭解主要是靠書本知識，是非常有限的、隔膜的，有時甚至是臆斷的。從他對中國人的美感特徵的研究中，我感到這個問題本身是有價值的，而康德卻沒有提出多少有價值的見解。

綜上所述，康德在《觀察》一書中，把人的審美情感視為人類的高尚感情，把它與物質欲望和個人嗜好區別開來，對人的感情能力給予高度的禮讚，充分肯定了人類的愉快感覺的要求。他通過崇高三分，使得崇高和優美作為審美判斷的對象，可以放在同一個層面上進行討論，指出崇高感和優美感作為審美感受的差異以及審美活動中的剛柔相濟原則，並初步提出了知性和道德感在審美活動中的關係。在對女性的優美的分析中，康德進一步強調了人的美的自然性與道德性的統一，為批判時期合規律性與合目的性的統一作了前期的思考。整個《觀察》一書的寫作，旨在對人性的肯定和對人類文明的頌揚。

第三節　前批判與批判時期美學思想的關係

康德的《對美感和崇高感的觀察》與《判斷力批判》兩書，既是各自獨立的，分別反映了康德前批判和批判時期這兩個不同時期的探索歷程、思想特徵和思想深度，又是一脈相承的，《判斷力批判》中的許多思想乃是對《觀察》的繼承和發展。兩者在思想淵源

和邏輯關係上有相通的一面。從前批判到批判時期,是康德美學思想日漸發展、由量變到質變的過程,而不是截然斷裂的。《觀察》中不僅反映了康德前批判時期的美學思想,而且也是他《判斷力批判》的重要思想淵源和基礎,甚至對於他的整個批判哲學體系來說,都是重要的奠基作品。

一、《觀察》的價值

康德 1764 年出版的《觀察》一書,是康德前批判時期的美學著作。西方有些學者認為它不是美學著作,如福爾倫德《康德生平》一書認為:「不能按照題目的名稱,說它是美學的文字。」[71]古留加的《康德傳》也認為它「不是用來討論美學的。其中沒有嚴格的推理的形式。所有的論述都是近似的、形象的、引人入勝的」[72]。這是由於它與傳統意義上的邏輯論證方法不同,而且較多地牽涉到了倫理學和心理學方面的知識,因而不被看成是美學方面的著作。

國內已故美學家宗白華先生也曾含糊其辭地說:「(《觀察》)內容是一系列的在美學、道德學、心理學區域內的極細微的考察,用了通俗易懂的、引人入勝的、有時具有風趣的文字泛論到民族性、人的性格、傾向、兩性等等方面。」「康德尚無意在這篇文章裏提供一個關於優美及壯美的科學的理論,只是把優美感和壯美感在心理學上區分開來。」[73]也許基於類似的原因,認為康德的《觀察》一書學術價值不高,且內容有些雜糅,許多美學史研究專著和康德研究專書,都極少提及《觀察》一書。如朱光潛的《西方美學史》根本不提《觀察》,李澤厚的《批判哲學的批判》也只在無關緊要處偶爾提及。

---

[71] 福爾倫德《康德生平》,商章孫、羅章龍譯,商務印書館 1986 年版,第 46 頁。
[72] 古留加《康德傳》,賈澤林等譯,商務印書館 1992 年版,第 64 頁。
[73] 宗白華《美學散步》,上海人民出版社 1981 年版,第 213 頁。

《觀察》是不是美學著作的問題，涉及康德在前批判時期有無美學著作和相對系統的美學思想的問題，也涉及《觀察》一書在康德美學思想發展歷程中的價值和意義的問題。蘇聯美學家舍斯塔科夫對此的看法頗有啟發性。他在《美學史綱》裏認為：「康德對待美學問題的態度有其發展和演變的過程。」[74]「康德在這篇帶有強烈的英國感覺論色彩的文章裏，並未從根本上賦予美學問題以哲學的意義。他所以對美學問題感興趣，多半是從心理學角度出發的。況且，當時康德對於從理論上研究美學的可能性問題持懷疑態度。」[75]

康德在撰寫《觀察》一書時，受英國經驗主義的影響，主要從心理學的層面上討論審美問題，大都是對審美現象的感性描述，並且兼及倫理學和人類學等方面的知識。這時，康德不認為美學是一門可以成為哲學體系的科學，直到《純粹理性批判》，康德還批評「鮑姆嘉通想把審美的批判歸結於理性原則之下，使審美問題的研究上升到科學的地位是徒勞無益的」[76]。當然後來康德在寫《判斷力批判》時糾正了這一看法。但儘管如此，康德前批判時期出版的《觀察》一書對優美感和崇高感的觀察和深入淺出的描述，客觀上具有獨立的科學價值和意義，而且是《判斷力批判》一書的先導。

雖然在今天看來，或者以《判斷力批判》的思想高度和系統性來衡量，《觀察》一書主要是些經驗的描述和歸納，沒有多少邏輯推理，不像《判斷力批判》那樣深刻和純熟，其中不乏淺陋和牽強之處，難免會顯得幼稚，甚至有些龐雜。如在《觀察》中，沒有用批判時期的論證方法去討論美感何以可能，而只是把它當成無需加

---

[74] 舍斯塔科夫《美學史綱》，上海譯文出版社 1986 年版，樊莘森等譯，第 222 頁。

[75] 舍斯塔科夫《美學史綱》，上海譯文出版社 1986 年版，樊莘森等譯，第 222－223 頁。

[76] 康德《純粹理性批判》，韋卓民譯，華中師範大學出版社 1991 年版，第 61 頁注。

以論證的經驗事實加以評論，去研究人的心靈能力；在《觀察》中更多地注重崇高與美的道德性質，更加強調美與善的統一，有其合理之處，但也時常有將倫理與審美相混的現象，這是人們低評《觀察》的原因之一，但也是《判斷力批判》中「美是道德的象徵」的源頭所在。我們從《觀察》中看出康德對主觀人性的觀察和解釋，也看出了他對審美對象的觀察和解釋。這與康德批判時期從人的主觀能力的角度去考察和解釋是相通的。因此，我們可以說，《觀察》確實是康德審美問題探索歷程中的重要文獻。

二、《判斷力批判》對《觀察》的繼承

我們只要加以比較就會發現，《判斷力批判》中的很多精湛的思想都是對《觀察》一書的繼承和發展。啟蒙運動的思想家特別是經驗論學者對《判斷力批判》中美學思想的影響，是通過《觀察》率先形成印象的。本來在西方美學史上，對崇高風格的提倡，從朗吉諾斯的《論崇高》開始，經法國新古典主義批評家布瓦洛的倡導而盛行，主要是側重於對審美對象加以描述和分析的，而《觀察》則開始重視人的社會生活，初步強調了人的主觀性。

我們通常說康德的哲學思想包括美學思想融合了英國經驗主義的思想和德國理性主義的思想。其中經驗主義思想對康德批判時期的美學的影響，正是首先通過《觀察》一書實現的。在批判時期，康德作為一個理性主義思想的信徒，對於審美問題的研究如此感性，本身就是一種開拓性的嘗試，這對於他在批判時期融合經驗主義和理性主義有著重要的意義。而早年的理性主義的影響在《觀察》中也依稀可見。如他從時間和空間的角度去考察優美感和崇高感，這雖然在伯克的著作中也有影子，但主要還體現了他早年的理性主義訓練。

康德對主體性的重視，對人的尊嚴與價值的推崇，是啟蒙運動時代精神的體現。《判斷力批判》中的主體性思想，已經在《觀察》

中露出端倪。受經驗主義的影響，康德認為「美是個人情趣和美妙感受的表現」，把美看成是主觀感情的表現，雖失於片面，但強調主體所受到的感動，即強調審美活動中的主觀性，正是《判斷力批判》的先導。在《觀察》中，他就認為愉快感和不快感不是以引起這些感覺的對象為基礎的，而是以主體從對象中獲得愉快感和不快感的能力為基礎的。這就影響到了他在批判時期對審美判斷力的評判。康德對崇高問題的重視，反映了當時啟蒙運動對他的影響。他在《判斷力批判》「崇高的分析」中涉及道德主義思想，乃是《觀察》中對德性之美論述的昇華。兩者之間有著明顯的思想淵源關係。另外，《觀察》和《判斷力批判》在人性問題上的思想也是一以貫之的。《觀察》是他 1762 年閱讀了盧梭的《愛彌兒》之後於 1763 年寫成、1764 年出版的。因此，我們可以說，康德美學上的「哥白尼式的革命」在《觀察》中就開始萌芽了。

　　在《觀察》中，康德將美感看成是精細的感覺，與人的思想有關，不同於吃食時那種粗劣的快感，將美感與生理快感和功利性快感區別開來。他認為美感作為一種精細的感情，與「那些腦滿腸肥的人把廚子當作最高明的作家」、「能夠在卑污下流的藝語和愚蠢的交談中，獲得強烈的樂趣」[77]，乃至於懶人以讀書催眠、商人精於算計、羅馬皇帝多米提努斯樂於追逐蒼蠅等快感有著本質的區別。他還在一條注釋中進一步把優美的感情看成是高尚的感情：「當一個人能飽食肥肉和餡餅，還能美美地睡上一覺時，這只能被認為是胃口好的表現，但決不是他的優點。反之，如果一個人因為聽音樂而忘記了吃飯，或者在觀賞一幅畫時進入愉快的忘我境地，或者興致勃勃地閱讀充滿智慧的讀物——雖然不過是一些富有詩意的小品之類，那麼，幾乎所有的人都認為他是一個很文雅的人，他會得

---

[77] 康德《對美感和崇高感的觀察》，曹俊峰譯，黑龍江人民出版社 1988 年版，第 1－2 頁。

到良好的評價，受到高度的讚揚。」[78]這與《判斷力批判》美的分析第一契機將美感與生理快感和善的愉快區分開來前後是一致的。在《判斷力批判》中，康德將美感與使諸官能滿意的生理快適，或與通過概念使人滿意的善的快適區別開來。生理快適與對對象的欲求相結合著，善的愉快與對象和人的利害關係結合著。[79]前後期思想的聯繫是很明顯的，儘管有時康德還把道德層面的意義混淆到美感之中。到了批判時期，康德進一步區分了快適、美感和善的愉快三者的關係，其間的分類更為細緻、論證也更縝密。

康德關於「無目的的合目的性」的自發意識，在《觀察》中亦有所體現，顯示了作者的風格和重要思路，只不過康德本人對此還沒有引起足夠的重視，直到《判斷力批判》才上升到自覺意識。可以說，三大批判的建構是時代精神在康德身上的折射，而許多思想早在《觀察》中就已經露出端倪。甚至有些在《判斷力批判》裏被康德斷然否定了的思想，也是以《觀察》為基礎進一步思考的結果。可以說，康德批判時期的美學思想，在《觀察》中已經不斷湧現。兩書之間雖然相隔 27 年，但其一脈相承是顯而易見的。

在經驗主義對康德美學的影響中，康德最直接地受到了伯克的影響。這在《觀察》和《判斷力批判》中是一貫的。《觀察》一書中直接地受到了伯克著作的影響。康德的好友孟德爾松寫的《論崇高與美》一書在很大程度上吸收引述了伯克的著作。汝信先生說：「康德在早年通過孟德爾松的介紹瞭解了柏克（即伯克）的美學思想。」[80]而鮑桑葵則認為康德前批判時期論著的「書名似乎可以說明，伯克的論文（1756 年）幫助他注意到這個問題」[81]。

---

[78] 康德《對美感和崇高感的觀察》，曹俊峰譯，黑龍江人民出版社 1988 年版，第 28 頁。
[79] 參見康德《判斷力批判》上卷，宗白華譯，商務印書館 1964 年版，第 42－47 頁。
[80] 《西方美學史論叢續編》，上海人民出版社 1983 年版，第 61 頁注。
[81] 鮑桑葵《美學史》，張今譯，商務印書館 1985 年版，第 332 頁。

　　與伯克一樣，康德也是把崇高與優美對照起來進行研究的。在《觀察》一書中，康德還認為崇高感中含有驚異的成分，而優美的快感則是單純令人喜悅愉快的，這正是伯克說法的轉述。甚至該書中的一些事例如「黑夜是崇高的，白晝是優美的」[82]也是照搬伯克的說法。該書中對於崇高與悲劇的關係的看法，亦受到伯克的影響。而把崇高分為恐怖的崇高、高貴的崇高和壯麗的崇高同樣受到了伯克的影響。

　　到批判時期，康德在《判斷力批判》一書中把崇高分為力學的崇高與數學的崇高，對伯克關於度量的巨大和無限的形態的繼承就更明顯了。而伯克認為作為崇高的可怕對象應與我們保持一定距離的說法，正是康德所謂處於安全地帶，景象越可怕就越有吸引力的說法的前奏。在《判斷力批判》中，康德還將優美感和崇高感理解為積極的快感和消極的快感。這也是源自伯克。伯克認為社會交往的快感即優美感是積極的，而崇高感則來自痛感帶來的愉快。不過，比起經驗主義的伯克來，康德更能注重審美的社會性的一面。

　　在《觀察》一書中，康德把兩性的審美特點看成是性欲衝動，即女性要求男性崇高，男性要求女性優美，乃是受到伯克社會交往的本能衝動說的影響，而康德則將其進一步延伸到對崇高的鑒賞上，並且要求通過「高雅化的趣味」，即通過社會性將兩性關係的最初的生理吸引上升到包含倫理性特徵的層面上，這便使得伯克的動物性探索上升到人的社會性探索，反映了康德思想中具有啟蒙主義關注人類自身價值的特點。

　　在研究方法上，該書搜羅了大量的經驗事實進行分析，即經驗論的方法，也是受到了伯克的影響，與他作為理性主義信徒的治學風格是截然不同的。並且，在《觀察》中康德根本不提鮑姆嘉通，而是繼承了伯克經驗分析和比較的研究方法，把伯克的研究內容更

---

[82]　康德《對美感和崇高感的觀察》，曹俊峰譯，黑龍江人民出版社 1988 年版，第 3 頁。

加深入細緻化，並且更側重於主體的情感反應，為《判斷力批判》的研究作了材料上和心理分析上的充分準備。到了寫《判斷力批判》時，由於直接讀到伯克著作的德譯本，康德更多地接受了伯克的思想，從先驗方法的角度對崇高和美進行更加深入的研究。確切地說，伯克是對康德美學思想的具體內容啟示最多的前輩學者，而伯克思想的最大價值也在於其對康德的影響。

三、《判斷力批判》與《觀察》的差異

《觀察》和《判斷力批判》分別作為康德前批判與批判時期美學著作，兩者的思想差異當然也是顯而易見的。《觀察》中的許多思想乃是康德的一種嘗試，其中有許多早年不成熟的想法，經過讀者的檢驗和康德本人的反思，後來在晚年的《判斷力批判》中揚棄了。《觀察》中所反映出來的許多矛盾，諸如「純粹美」（面孔俏麗）與「依存美」（德性之美）、美的時代標準和理想與審美的個體自由性、對象的時空特徵和崇高感的心理作用與人的尊嚴等等矛盾，到了《判斷力批判》中通過批判哲學體系中的二律背反原則得到了融合和統一。在講美感與生理快感的區別時，《觀察》將審美愉快與思想和德性相聯繫，可以使前設靈魂同時感受到德性，這在批判時期也辨析得更為明晰。《判斷力批判》的許多思想，乃是在《觀察》基礎上的深化。

與批判時期的著作相比，《觀察》乃是直觀描述，更具有趣味性。康德在《觀察》中對崇高的考察與批判時期相比依然重視對象的特徵，如他說：「崇高總是高大的，美可能是小巧的。崇高必須樸素單純，美則可以漂亮繁飾。」[83]康德在《觀察》的開頭就強調了書的經驗主義性質。他說他「主要是以觀察者而不是以哲學家的

---

83 康德《對美感和崇高感的觀察》，曹俊峰譯，黑龍江人民出版社 1988 年版，第 4 頁。

眼光來考察」[84]。其中大量的感性事例，如女性之美的分析，對於義大利人、法蘭西人、英格蘭人的趣味的分析：「法國人更傾向美，英國人更傾向崇高。優美的玩笑，喜劇，愉快的諷刺，愛情的挑逗，輕鬆自如的風範，都是法國人所獨有的。反之，英國人的特色則是深刻的思想，悲劇，敘事詩，以及在法國的鐵錘下就要變成寬大的葉片的厚重的智慧金塊」[85]，等等，都是信手拈來，娓娓敘述，不乏揶揄和逗趣之詞，顯得妙趣橫生。有時，康德還用充滿詩意的語言描繪自然景物，反映了他對藝術和世界審美體驗的靈心妙悟，對萬物和世界充滿著深情，從中也可以看出康德的思想和治學細緻入微的一面。這種精細、優雅的感受力及其在康德整個思想中的表現其實是一以貫之的，但感性化的描述則是前批判時期的特色。

《判斷力批判》主要是為其建構批判哲學體系服務的，故從理性角度對審美問題加以闡釋，使美學在其哲學體系中有合法地位，而且對於整合體系具有橋樑作用。其論證嚴密、環環相扣，其語言抽象、嚴謹而充滿思辨。不過，其中也有為著批判哲學體系的需要，而捨棄了那些體系涉及不到、但在前批判時期曾經具體生動地闡釋過的、乃至有過精闢見解的內容。如《判斷力批判》中對悲劇問題的忽略、對崇高的分類由感性對象分類變為哲學體系分類，等等。

對於崇高對象的感性分類，康德在批判時期也揚棄、深化了前批判時期的看法。《判斷力批判》雖然沿襲了《觀察》中的劃分方法，從對象角度列出「美的分析」和「崇高的分析」，把「美」和「崇高」看成是對應的，但從先驗角度的分析，已經將問題上升到先驗哲學的層面，顯示出他美學思想已經出現了質的飛躍。在對崇高的具體分析中，《判斷力批判》中放棄了《觀察》中的「恐懼的

---

[84] 康德《對美感和崇高感的觀察》，曹俊峰譯，黑龍江人民出版社 1988 年版，第 1 頁。

[85] 康德《對美感和崇高感的觀察》，曹俊峰譯，黑龍江人民出版社 1988 年版，第 48 頁。

崇高」、「高貴的崇高」和「壯麗的崇高」三分，而從他的先驗哲學建築術出發，劃分出「數學的崇高」和「力學的崇高」，多少顯得有些牽強。

在《觀察》中，康德還將崇高和優美與悲劇和喜劇對應起來研究。「悲劇不同於喜劇主要就在於前者激起崇高感，後者引起美感。在悲劇中，展現在我們面前的是為他人利益而作出的偉大的自我犧牲精神，以及危難之中的英勇果決和經得起考驗的忠誠。悲劇中的愛情是悲慘的，並且充滿著深厚的敬意，他人的不幸在觀眾心中激起同情，陌生人的痛苦使公正善良的心房更加劇烈地跳動，觀眾受了感動，感覺到自身本性的昇華。反之，喜劇表現的是幼稚的狡計，有趣的笑鬧，善於從任何事態中脫身的詼諧家，總是上當的傻瓜，以及其他笑料和可笑的性格。愛情在這裏並不感傷憂鬱，而是從容自如的。同時，和其他場合一樣。高尚可以在一定程度上與美相結合。」[86]而《判斷力批判》在嚴格的批判哲學體系的框架中，省略了這類感性的剖析和分析。悲劇就根本沒有被提及，對於喜劇的論述也將經驗的描述變為高度的理論概括，認為「笑是一種從緊張的期待突然轉化為虛無的感情」[87]，深刻而富於哲理。那時的一個孤陋寡聞的印度人對啤酒泡沫的驚異，只是說明問題的一個事例。

總之，《觀察》和《判斷力批判》兩書不但有前後延續、深入發展的一面，而且有差異的一面，有些被後期放棄了的早期的思想，依然有著相當的學術價值，是康德美學思想貢獻的有機組成部分。因此，《觀察》一書不但是《判斷力批判》的前期準備和基礎，而且自身就有著獨立的學術價值，與後者互補。

---

[86] 康德《對美感和崇高感的觀察》，曹俊峰譯，黑龍江人民出版社 1988 年版，第 8 頁。
[87] 康德《判斷力批判》上卷，宗白華譯，商務印書館 1964 年版，第 180 頁。

第二章　批判時期美學的哲學基礎

　　在批判時期，康德美學在其哲學體系中有著重要地位。它不僅作為前兩大批判的橋樑，使康德的整個哲學體系豁然貫通，而且解決了前兩大批判中的許多矛盾。同時，通過美學的研究，康德還將信仰劃入實踐理性領域，以審美取代宗教。這些都是《判斷力批判》對康德哲學體系的貢獻。但是，康德哲學中的前兩大批判對他美學的影響更是非常重要的。《純粹理性批判》所形成的先驗辯證論方法，對康德的美學研究產生了決定性的影響。這使他的美學理論超越了經驗性的零散論述，從而獨立系統地評判了審美的判斷力。因此，考察康德批判時期的美學思想，首先必須重視他的美學的哲學基礎。

第一節　哲學方法論

　　康德的思想體系本身，既反映了他的學說觀點，也反映了他的方法論，獨特的方法論產生了獨特的思想。因此，康德將方法論看成是先於任何科學自身的東西。所謂先驗哲學，實際上就是他重建哲學體系的方法論。《純粹哲學批判》第二版序言說：「本批判是關於方法的一部著作。」[1]這種說法也同樣適用於《實踐理性批判》和《批判力批判》。因此，康德所說的「哥白尼式的革命」也就是

---

[1]　康德《純粹理性批判》，韋卓民譯，華中師範大學出版社 1991 年版，第 20 頁。

他研究視角的革命，是方法論的革命。當然，這個方法論也不是天上掉下來的，而是西方文明史的影響和時代精神所造就的。

一、主體性原則的確立

　　從中世紀的宗教哲學經文藝復興到康德的具有啟蒙精神的先驗哲學，在一定程度上可以看成是古希臘從原始神話哲學經自然哲學和智者學派到蘇格拉底強調主體的理性原則的哲學在更高層面上的一種複演，但其思想更成熟更豐滿，內容也更深刻。在人類童年時代，曾經經歷了漫長的萬物有靈的思維階段。早期原始民族的神話傳說和原始自然崇拜往往經人自身來比附自然界的運動變化。這種思想雖然後來為自然哲學所取代，但米利都學派的「物活論」和畢達哥拉斯學派的「靈魂輪迴」說，仍然是這種思想的殘餘。後來，阿那克薩哥拉、阿開勞斯等人開始研究數、運動以及萬物產生和複歸的源泉，熱衷於探討天體行星的大小、距離和軌跡。而畢達哥拉斯學派便是自然哲學的代表。從智者學派開始，人們逐步將目光轉向人本身。普羅泰哥拉的「人是萬物的尺度」，即已從人的主觀感受出發，以人為核心去把握對象，這便是人本主義精神的萌芽。但這只是一種早期的人本主義形態，只是把人作為感性、具體的對象來看待的，有著極大的相對性和偶然因素。後來有些智者發展為偽辯論者，也正是以個體的感覺為出發點的，只有到了蘇格拉底才正式確立了「理性的主體性原則」。

　　柏拉圖在《費多篇》中曾記載蘇格拉底對凱伯斯說，他起初對自然知識特別感興趣。後來有一次聽人念阿那克薩哥拉的書，該書將「心」作為規整萬物的原因，蘇格拉底非常欣賞。但是當蘇格拉底仔細讀阿那克薩哥拉的書時，發現他並沒有將這個原則一以貫之，仍然在用心、乙太、火，以及其他奇奇怪怪的東西作

為萬物的原因。[2]於是蘇格拉底決定將心的原則貫徹到底。蘇格拉底的「心」便是一種人的「自我意識」。這種意識是理性的，與普羅泰哥拉的經驗主義不同。在蘇格拉底看來，「人不僅要把自己（人）當作感性存在的生物來研究（這是自然科學的任務），而且還要當作理性存在的生物來對待，人們用理性來研究理性，這就是「認識你自己」，也就是一種「自我認識」（自知）、「自我意識」（自覺）。」[3]蘇格拉底的理性也不同於自然哲學的純粹思辨，是一種實踐的、倫理的理性。西塞羅曾說：「蘇格拉底第一個把哲學從天上拉了回來，引入城邦甚至家庭之中，使之考慮生活和道德、善和真的問題。」[4]蘇格拉底第一個把目的論和善引進了哲學領域。他認為在事實的因果關係中，是找不到最初的因和最終的果的。如果想使因果知識成為真理，必須將目的作為原因引入。他還將人視為一種理性的實體，特別是實踐理性的實體，它的最高理想便是「善」。而蘇格拉底本人的悲劇性的抉擇正實踐了他的善的理想。

　　蘇格拉底的理論有兩個重要的範疇：一是「理念論」，這種理念本身是有目的的，是自然與社會統一的歸結點，有其現實性。理念的最終本原在於自我。因此，這個目的是有其理論的現實性的。另一個重要範疇是善或美德，「美德即知識」。他將美德視為一種理性的必然真理。這兩個重要範疇，在康德的思想裏獲得了較為充分的發展。「康德轉回到蘇格拉底的觀點，轉回到思維，但是這種思維具有要求具體內容的無限使命，並使內容遵循完滿性的規範。」[5]

2　參見葉秀山《蘇格拉底及其哲學思想》，人民出版社 1986 年版，第 68－69 頁。

3　葉秀山《蘇格拉底及其哲學思想》，人民出版社 1986 年版，第 98 頁。

4　西塞羅《阿夫德米卡》，參閱格思裏《希臘哲學史》第三卷，劍橋 1969 年版，第 418－419 頁。

5　黑格爾《哲學史講演錄》第四卷，賀麟、王太慶譯，商務印書館 1975 年版，第 255 頁。

　　蘇格拉底從當時自然哲學的宇宙本體論，轉向研究理性本身，即受特爾斐神諭的「認識你自己」和阿那克薩哥拉「心」的原則的啟發，從起著主導能動作用的認識與對象的關係的角度來研究理性及理性原則把握對象的可能性，並且突出強調了實踐理性的主導地位，將理念看成是從功能的角度對對象的把握，將善視為理性的運用。他畢生的使命就是尋求真理，並且以此來將雅典的公民從一種麻木的狀態中喚醒，引導他們去思索生活的意義和他們自身最高的善。因此，葉秀山先生曾指出：「我們看到，就哲學意義而言，蘇格拉底在這裏所做的工作，是兩千多年的工作的先聲，如果說，康德把自己的工作自詡為「哥白尼式的革命」的話，那麼這個革命在蘇格拉底那裏已經預演過一次了」[6]。

　　康德曾說：「啟蒙運動就是人類脫離自己所加之於自己的不成熟狀態。不成熟狀態就是不經別人的引導，就對運用自己的理智無能為力。當其原因不在於缺乏理智，而在於不經別人的引導就缺乏勇氣與決心去加以運用時，那麼這種不成熟狀態就是自己所加之於自己的了。」[7]這段話得益於蘇格拉底和康德自己所做的工作。

　　從主體理性和思維本身的角度去建構哲學體系，確實不是康德的發明，但是，康德的主體性原則並不是直接來自於蘇格拉底，也不是他同時代學者的現成的成果，否則他就不會如此自負地將他的方法論上的變動稱之為「哥白尼式的革命」了。如果說康德的「哥白尼式的革命」不只是指研究對象的轉換，而且還進一步指理性中的先天法則的話，那麼這個法則乃是直接受惠於笛卡爾及受其影響的萊布尼茨等人。

　　如果說從理性本身出發去建構哲學是源於蘇格拉底的話，那麼蘇格拉底的學說應該形成一個悠久的傳統。但事實卻不是這樣。繼起的柏拉圖包含著神秘主義的先驗思想，尤其是中世紀的宗教神學

---

[6]　葉秀山《蘇格拉底及其哲學思想》，人民出版社 1986 年版，第 72 頁。
[7]　康德《歷史理性批判文集》，何兆武譯，商務印書館 1990 年版，第 22 頁。

（其中也包含著柏拉圖的深刻影響）將它割斷了，而亞里斯多德弘揚理性的學說也未能得到展開。到了文藝復興和啟蒙運動時期，才再度恢復了對人類理性的重視，將人類理性從中世紀的經院哲學教義的桎梏中解放出來，並且研究理性自身的自律性原則，使人類獲得重新運用自己理性的勇氣與信心。理性再度獲得了至高無上的地位。這乃是啟蒙的宗旨。而笛卡爾正是開闢道路的先鋒。正因如此，笛卡爾才被視為是歐洲近代哲學的奠基人。

二、先天法則的形成

康德的先驗哲學體系正是在近代啟蒙運動的背景下產生和發展的。在前批判時期，康德的學術思想處於自然哲學階段，他的許多思想是以對象為視角立論的。儘管此時他已經把空間當作物質世界空間直觀概念的條件，但直到 1768 年的《論區分空間方位的基本根據》一文，康德在一定程度上仍然是從空間的客觀實在性出發的。在早期的《形而上學認識的基礎原理新解釋》（1755 年）和《試論樂觀主義》（1759 年）兩部著作中，明顯地表現出萊布尼茨—沃爾夫學派的影響。但即使如此，他已經看出，存在與認識、因果與邏輯不是完全統一的。這實際上已經背離了理性主義將存在基礎與認識基礎渾然視為一體的看法。康德對理性進行評判的前提條件便是思維的獨立性。思維本身是獨立於客觀對象的，主體的心靈不是一塊白板，不是與對象完全統一的。只有將感性的、偶然的現象界（經驗性對象）與思維尤其是邏輯觀念相分離，審美判斷才有可能。如果思維只是現實界的真實反映，思維與現實是統一的，那麼，我們對現實世界就只有消極的反映論的關係，而沒有審美關係可言了。因此，強調思維的獨立性，是康德前批判時期的重要思想萌芽。也正因為他早已意識到思維是獨立的，才有可能接受笛卡爾的「天賦觀念說」的影響，才有可能被休謨打破獨斷論的迷夢。先有這種

主觀傾向，才有可能接受同時代人的影響，也才有可能進行他的
「哥白尼式的革命」。

這種革命來自笛卡爾等人的啟發。既然人的思維是獨立的，思
維與對象不是完全統一的，感性、具體的對象往往有著相當的偶然
性，不能體現出必然性和普遍性，那麼，思維要想把握對象，就必
須運用主體思維的先天感性形式或理性觀念。這是先天存在於人的
心靈之宮的，是與生俱來、人人共有的。它們都是一些人們普遍認
同的永恆的真理。這就是笛卡爾的態度。笛卡爾由懷疑論走向對自
我的發現，肯定和確立了人的理性，確立人的理性的主導地位，這
便是啟蒙運動的任務（讓人類脫離自己所加之於自己的不成熟狀
態）。黑格爾曾把近代哲學稱為「新世界的哲學」，並認為這種哲學
是從笛卡爾開始的。「從笛卡爾起，我們踏進了一種獨立的哲學，
這種哲學明白：它自己是獨立地從理性而來的，自我意識是真理的
環節。」[8]法國《大百科全書》第五卷中有這樣一段話：「康德著名
的哥白尼式的革命，在某種意義上講，只是對笛卡爾給予的那個正
思維著一切被思維的對象的主體的至上性的一種復活。」[9]這些說
法實際上將「哥白尼式的革命」的功勞歸之於笛卡爾而不是康德
了，那麼，康德的貢獻何在呢？

笛卡爾認為感性認識是靠不住的，只有從天賦觀念出發，經
過嚴密的邏輯推演，才能獲得知識。因此，他提出「我思故我在」
等這樣一些命題。把知識看成純主觀的東西，只存在於觀念之中，
與客觀對象無任何瓜葛。這種思想到了萊布尼茨得到了一定的修
正。萊布尼茨認為，天賦觀念實際上只是一種潛在能力，它「永
遠伴隨著與它相適應的、常常感覺不到的現實作用」[10]。而康德

8　黑格爾《哲學史講演錄》第四卷，賀麟、王太慶譯，商務印書館1975年版，
　　第59頁。
9　《大百科全書》，1968－1975年法文版，第五卷，第464頁。
10　《十六－十八世紀西歐各國哲學》，北京大學哲學系外國哲學史教研室編，
　　商務印書館1975年版，第505頁。

只是將先驗作為知識的來源之一，即先天時空直觀形式和十二知性範疇為知識的可靠性來源。將這種具有普遍性與必然性的形式加之於經驗材料，才使知識有了可能。這樣，與笛卡爾的理性論的先天論不同，康德的先天法則由合目的性進入到審美的過程之中，構成我們審美判斷力的對象，它的範圍反映在現象之中。因此，康德的先天法則與理性論的先天法則是不同的，他揚棄了笛卡爾的天賦觀念為知識的唯一來源，強調了感性形態即現象界在知識和審美中的重要性。

康德在笛卡爾的影響下研究了理性的先天法則，但僅憑先天法則還不能構築批判哲學的思維基礎。笛卡爾的唯理論畢竟有很大限制。笛卡爾的「天賦觀念」主張從先天觀念出發，用分析和演繹推理的方法，得出具有普遍必然性的知識，而忽視感性經驗。這便是「獨斷論的迷夢」。康德認為：「我所說的批判不是指對書籍和思想體系的批評說的，而是指那種「在批判之後就可以不依靠任何經驗而獨立去求得一切知識」的一般理性能力的批判。」[11]他認為理性不能離開經驗去尋求知識，否則就會使形而上學處於黑暗中胡亂摸索的狀態之中。同時，純粹理性本身只是一種工具，是實踐理性和判斷力的評判的範式。沃爾夫學派不懂這一點，所以是獨斷的，康德的獨斷論導源於笛卡爾，而直接受沃爾夫及其門徒的影響。因此，康德在《純粹理性批判》中曾不無惋惜地說：如果沃爾夫也想到「在事前靠一種工具的批判，即批判純粹理性本身，他就特別是適合於把形而上學提高到科學的尊嚴地位的人。」[12]

---

[11] 康德《純粹理性批判》，韋卓民譯，華中師範大學出版社 1991 年版，第 5
－6 頁。
[12] 康德《純粹理性批判》，韋卓民譯，華中師範大學出版社 1991 年版，第 29 頁。

三、二律背反的萌芽

真正促使康德轉向對理性本身的評判的是休謨。休謨在《人性論》中曾經強調，人們研究科學和哲學，首先要確立知性的範圍和能力，研究推理時的心理作用的性質。休謨說：「因為這些科學是在人類的認識範圍之內，並且是根據他的能力和官能而被判斷的。如果人們徹底認識人類知性的範圍和能力，能夠說明我們須運用的觀念的性質，以及我們在作推理時的心理作用的性質，那麼我們就無法斷言，我們在這些科學中做出多麼大的變化和改進。」[13]這與康德對純粹理性批判本身的研究的出發點是相似的。《人性論》在18世紀60年代被譯為德文，《純粹理性批判》在18世紀80年代才開始構思，康德的批判方法無疑是受了休謨的影響。康德說：「懷疑主義乃是人類理性的休息所，在那裏理性可以反思它的種種獨斷性的流浪經歷，而檢查一下它所在的地區，使得它將來可以更正確地選擇它的途徑。」[14]而休謨正是一切懷疑論中最優秀的人物。

休謨繼承英國經驗派傳統，發揮了貝克萊存在就是被感知的理論，斷定人們所認識到的不是對象本身，而是對象在我們心中的印象。至於我們感知以外的東西，儘管可以想像，本身卻並不能被把握。他說：「我從來不曾想洞察物體的本性，或者說明它們的作用的奧秘的原因。因為除了這不是我現在的目的以外，我恐怕那樣一種企圖也是超出了人類知性的範圍，而且我們也決不能認為，不借著呈現於感官的那些外面的特性，就可以認識物體。」[15]這對康德的「物自體」理論，對康德所謂「限制知識給自由留下地盤」的思想有相當的啟發。而重要的區別則是休謨的感知變成了康德的

---

[13] 休謨《人性論》上卷，關文運譯，商務印書館1983年版，第6－7頁。
[14] 康德《純粹理性批判》，韋卓民譯，華中師範大學出版社1991年版，第639頁。
[15] 休謨《人性論》上卷，關文運譯，商務印書館1983年版，第79頁。

理性。康德把貝克萊和休謨有關的感知、表像的學說稱為「幻想的唯心主義」和「做夢的唯心主義」，他自己則是「批判的唯心主義」[16]。

但休謨對康德的影響的關鍵還在於二律背反問題。康德 1798 年 9 月 21 日在給伽爾韋的一封信中提到：「直到第四個二律背反：「人有自由；以及相反地，沒有任何自由，在人那裏，一切都是自然的必然性」，正是這個二律背反，把我從獨斷論的迷夢中喚醒，使我轉到對理性本身的批判上來，以便消除理性似乎與它自身矛盾這種怪事。」[17]在《未來形而上學導論》中，康德把這種二律背反看成是「純粹理性在它的超驗的使用上」[18]的結果。而這種哲學研究方向的轉變，康德自己認為是受到了休謨的啟發。「我坦率地承認，就是休謨的提示在多年以前首先打破了我教條主義的迷夢，並且在我對思辨哲學的研究上給我指出一個完全不同的方向。」[19]這與休謨本人的期望是相吻合的，他在《人性論》第一卷的結論中曾表示，他的「唯一希望只是」「在某些點上使哲學家們的思辨轉到另一個方向上去，並向他們比較清楚地指出他們唯一能夠希望對之得到證信和信念的那些題目，借此我可以對促進人類知識稍有貢獻。」[20]

二律背反作為一種辯證法，並不是從康德開始的。它從古希臘時代就已經萌芽。赫拉克利特曾以「一切皆流」來闡述對立統一規律，「互相排斥的東西結合在一起，從不同的音調產生最美的旋律」[21]。智者學派從「人是萬物的尺度」引導出「一切事物，都有兩個相對立的道理（說法）」，並且這兩種說法無分真假「一切（說

---

[16] 康德《未來形而上學導論》，龐景仁譯，商務印書館 1978 年版，第 57 頁。
[17] 《康德書信百封》，李秋零編譯，上海人民出版社 1992 年版，第 244 頁。
[18] 康德《未來形而上學導論》，龐景仁譯，商務印書館 1978 年版，第 119 頁。
[19] 康德《未來形而上學導論》，龐景仁譯，商務印書館 1978 年版，第 9 頁。
[20] 休謨《人性論》上卷，關文運譯，商務印書館 1983 年版，第 304 頁。
[21] 葉秀山《前蘇格拉底哲學研究》，三聯書店 1982 年版，第 116 頁。

法）皆真」、「對一切正題提出反題」[22]，這便是二律背反的雛形。弱點是由於這種二律背反是建立在感覺論的基礎之上的，缺乏必然性的基礎，結果陷入了懷疑論和詭辯論的泥淖。到了蘇格拉底，則以理性為核心，從思維方式的角度，強調自然律與主體律的對立，而主體則從中起主導作用。到了康德的二律背反，則以思維為本體，以先天法則為基礎，將二律背反看成是理性自身的活動、自身的必然表現和結果。康德的二律背反是在近代強調理性的基礎上對理性限制的結果。

早期啟蒙主義倡導理性是一大進步。康德是崇尚理性的，同時，他受休謨的影響，限制理性，評判理性，又是一大進步。這一進步如康德本人所說，主要體現在「二律背反」的發現上。休謨曾在《人類理解研究》一書中指出：「人們如果想來討論人類才幹所完全不能及的一些問題，如世界的起源，智慧體系（或精神領域）的組織等，那他們在那些無結果的爭辯中誠然只有捕風捉影，永遠達不到任何確定的結論。」[23]康德受此影響，認為理性在探求超驗問題，即經驗之外的問題時，會根據兩個同樣被普遍承認的原則互相矛盾的論斷，「作為表面上獨斷知識的正題與反題的衝突講」，「沒有一種主張能證明對另一種主張的優越性」[24]。這就是二律背反，與休謨的說法是一致的。也正因這種矛盾，「形而上學本身就摧毀了它被持久承認的資格」[25]。因此，康德的二律背反，是受休謨的影響形成的。康德認為：「在一切現象中，這一現象最有力地把哲學從它的教條主義的迷夢中喚醒過來，並且促使它去從事於一種艱難的事業：對理性本身進行批判。」[26]

---

[22] 轉引自葉秀山《前蘇格拉底哲學研究》，三聯書店 1982 年版，第 319－320 頁。
[23] 休謨《人類理解研究》，關文運譯，商務印書館 1972 年版，第 73 頁。
[24] 康德《純粹理性批判》，韋卓民譯，華中師範大學出版社 1991 年版，第 412 頁。
[25] 康德《未來形而上學導論》，龐景仁譯，商務印書館 1978 年版，第 29 頁。
[26] 康德《未來形而上學導論》，龐景仁譯，商務印書館 1978 年版，第 119 頁。

　　總之，笛卡爾影響了康德先天法則思想的形成，而休謨則影響康德對理性本身的批判，從而形成了康德獨特的先驗辯證論的哲學方法，為批判哲學的研究奠定了方法論的基礎。這種方法在《純粹理性批判》中得到了系統闡述和體現，又通過《實踐理性批判》和《判斷力批判》的運用乃至微觀修正，逐步獲得了充實和完善。

第二節　美學方法論

　　康德在《判斷力批判》第 60 節中曾認為，對於鑒賞判斷本身，是不能進行批判、把它分為要素和方法論的。「因為沒有美的科學，也不能有」[27]。美的藝術的創造，涉及技術性的東西，「只有手法，沒有方法」[28]。老師教學生從事藝術創造，只是在喚醒他的潛在的創造力，而不能把自己的範例當作標準來確立創作的原理。因此，美的鑒賞和創造是沒有方法論可言的。但是，由鑒賞的評判所發出的愉快，畢竟是普遍有效的。主體知解力與想像力協調的判斷能力是可以評判的。雖然鑒賞判斷不存在方法論問題，而主體對於審美判斷力本身的評判，卻是有方法論可言的。它與對純粹理性和實踐理性的評判共同構成批判哲學體系。康德的整個哲學是對主體心靈能力評判的哲學。正因為如此，康德的美學叫做《判斷力批判》，而不能稱為美的科學批判或鑒賞判斷批判，評判的是鑒賞能力而不是審美判斷本身。審美判斷是不能批判的，美本身是不能建立一門科學的。只有審美判斷力才可能被評判，並建立一門科學。我們通常意義上所講的康德美學研究的方法論，準確地說，應該指審美判斷力批判的方法論。這種方法論既反映了《純粹理性批判》中的方法論的一以貫之的基本原則，又體現了對審美判斷力批判的獨特特徵。

---

[27]　《判斷力批判》上卷，宗白華譯，商務印書館 1964 年版，第 203 頁。
[28]　《判斷力批判》上卷，宗白華譯，商務印書館 1964 年版，第 203 頁。

一、一以貫之的先驗方法

　　康德美學既然是他哲學體系的連接點和歸宿，是他理論理性批判的有機延伸，那麼，在研究方法上，也同樣體現了哲學整體的一致性和連續性。康德所說的「哥白尼式的革命」作為一種方法論的革命，同樣體現在《判斷力批判》之中。哥白尼革命的兩點基本內容，即主客關係的轉變──由地心說轉向日心說；思維方向的變化──超越經驗的意義（日落西山是一種錯誤的感覺）。而康德的批判哲學（包括判斷力批判）中的「哥白尼式的革命」，則主要指研究對象的轉換和先驗方法的確立與闡述。

　　在美學研究中，康德將主體的判斷力作為他獨特的研究領域。康德認為，美學研究不是通過理性對自然和藝術等審美對象作出界定，而是研究主體的審美能力。這種審美能力以快與不快的情感為核心，主要指人的一種心理機能。判斷力作為主體心理機能的有機組成部分，與人的知性能力（邏輯）和理性能力（道德）共同組成人的心理能力的全部內容。康德美學，說到底就是研究審美判斷力的可能性及其界限。所謂理性為審美立法，不是對對象作出規定，而是為了從事反省。即這個機能是為了給自己提供規律，即對介乎認識和欲求機能之間的愉快與不愉快情感作出規定，而不是給自然提供規律[29]。

　　康德把判斷力分為兩種，一是規定的判斷力，一是反思的判斷力。先有一般，再去找個別的判斷能力，是規定的判斷力。先有個別，再去找一般的判斷能力，是反思的判斷力。審美的判斷是一種反省的判斷，它是以既定的特殊性去尋求普遍。其超驗的原理，是反省著的判斷力自己給自己作為規律的東西。審美判斷本身，只是

---

[29] 《判斷力批判》導論四，參見宗譯本，第 18 頁。

主體判斷力的驗證。「關鍵是系於我自己心裏從這個表像看出什麼來，而不是系於這事物的存在」[30]。在審美判斷裏，對象的審美特質，是「依照著我們吸取它的方式來呈現自己的」[31]。美便是判斷力中以先天形式為基礎的審美理想與和它相符合的表像的統一。這裏的判斷力，乃是反思的判斷力。

　　康德對審美判斷力的論述與他對知性和理性論述相比，特別強調了其感性表像的特徵。在前兩大批判中，康德只強調心靈能力先天的一面，故稱之為「純粹」。前兩大批判的對象，實際上是指「純粹理論理性」、「純粹實踐理性」。所謂時空的先天感性形式，主要是指先天的形式觀念。到了判斷力，康德則真正強調了理性與感性表像的統一，強調了通過想像力所進行的類比思維。只有到了審美，感覺的、直觀的表像才真正被作為判斷力的對象。與知識和道德不同，美是始終不脫離感性表像的。想像力本身不是審美的仲介或工具，而是審美的內容。審美的快與不快的情感的首要前提便是感動，即感性表像對判斷力的觸發。因此，康德美學研究的對象是主體的反思判斷力，而這種反思的判斷力又是始終不脫離感性的。儘管康德認為《判斷力批判》只有作為《純粹理性批判》的一個部分，《純粹理性批判》才是完備的，「而判斷力作為認識能力也自身要求著這個」[32]。儘管康德的目的，只是在先驗哲學的企圖裏對審美判斷力進行評判，但審美判斷力自身的特殊性，仍然使康德超出了這個樊籬。

　　康德方法論革命的核心是先驗方法的確立與闡述。這種方法是由康德在《純粹理性批判》中確立，並且運用到《判斷力批判》之中的。早在前批判時期，康德即已背離了理性主義將存在基礎與認識基礎混而為一的看法，認為存在與認識、因果與邏輯兩者不是完

---

[30] 康德《判斷力批判》上卷，宗白華譯，商務印書館 1964 年版，第 41 頁。
[31] 康德《判斷力批判》上卷，宗白華譯，商務印書館 1964 年版，第 125 頁。
[32] 康德《判斷力批判》上卷，宗白華譯，商務印書館 1964 年版，第 4 頁。

全統一的。康德對理性進行批判的前提條件便是思維的獨立性。這是前批判時期的重要思想萌芽。正因為他能意識到思維是獨立的，才有可能被休謨打破獨斷論的迷夢，才有可能接受笛卡爾「天賦觀念」說的影響，重新審視人的理性，確立人的理性的主導地位。同時，康德又揚棄了笛卡爾以天賦觀念為知識唯一來源的說法，只將先天感性直觀形式和知性範疇作為知識的可靠性來源之一，強調了現象界的感性形態的作用。貫徹到審美領域，只有思維與邏輯觀念相分離，審美判斷才有可能。如果思維只是現象的複製式的反映，思維與形式是統一的，那麼，我們與現實世界之間便只有消極的直觀反映關係，而沒有系統的知識，更沒有審美關係可言了。康德以先天的純粹形式作為審美的可靠來源，其中體現了普遍性與必然性的形式，又將這種形式與感性形態相統一，以此確立審美判斷的可能性。而這種感性形態又通過合目的性而成為道德的象徵。康德的先天法則正由此進入到審美的過程之中。

　　康德在 1787 年通過目的論的研究，發現了審美判斷力的先天原則，使得他以前所認為的「感性學說」同樣可以歸之於理性的批判。在此之前，美學作為一門獨立的學科，源於鮑姆嘉通。康德在《純粹理性批判》第一版的注中，曾批評鮑姆嘉通將美的東西的批判研究歸之於理性的原理，從而把它的規則提高到科學的地位的看法。他認為這種努力是徒勞無益的，因為審美的規則或標準是單純經驗性的，結果就永遠得不到指導審美判斷的先天原則。因此，他主張借鑒古人的「所感」知識與「所思」知識的分類，將美看成是所感知識，而美學則被視為一種感性學說。到 1787 年 6 月出版的《純粹理性批判》第二版，康德的思想開始發生微妙的變化。他將「得不到先天法則」改為「得不到確定的先天法則」，妥協地認為美學可以和思辨哲學共用「審美批判」這個名稱，「部分在先驗的

意義上使用它，而部分在心理學的意義上使用它」[33]。到 1787 年 12 月 28 日致萊因霍爾德的信中，康德便稱他已經發現了審美判斷力的先天原則。

先天原則的發現是康德對美學的根本性的貢獻。在此之前，康德受伯克影響較大。康德對伯克學說的評價是：「作為心理學的解釋，對於我們心靈現象的這些分析是極為精細的，而且為經驗人類學的令人喜愛的研究提供了豐富的資料。」[34]但這對美學作為一門學科的存在，是遠遠不夠的。因此，康德認為美學是部分從先驗哲學的角度去探究，部分是從心理的角度去探究。而前者才是美學作為一門學科的根本所在。在《判斷力批判》中，康德將判斷力評判的任務歸屬於先驗哲學的普遍問題之內，即「先驗綜合判斷是怎樣可能的」，而審美判斷之所以能納入先驗哲學的體系，則與康德對合目的性的規律的研究密切相關。

二、合目的性的原則

康德將哲學分為理論的和實踐的兩種，與其對應的有自然概念和自由概念。自然概念使理論認識按照先驗成為可能，自由概念使實踐意識活動按照先驗成為可能。而美學作為理論和實踐的仲介，則通過合目的性使審美活動按照先驗原理成為可能。康德認為判斷力「一般是把特殊包含在普遍之下來思維的機能」[35]。其「特殊」乃指感性現象本身，這是偶然的。而「普遍」，則指「合目的性」。這種合目的性既是主觀的，又是普遍有效的。因此，審美判斷力又

---

[33] 康德《純粹理性批判》B36 注（第二版加），參見韋卓民譯本，華中師範大學出版社 1991 年版，第 61 頁。

[34] 康德《判斷力批判》上卷，見曹俊峰譯《康德美學文集》，北京師範大學出版社 2003 年版，第 528 頁，參閱宗譯本第 120 頁。

[35] 康德《判斷力批判》上卷，宗白華譯，商務印書館 1964 年版，第 16 頁。

可解釋為將具體感性現象放在目的性的先天原則之下進行思維的能力。而判斷力的先天原則則是指主觀的合目的性的普遍有效性。

目的本指人的主觀意圖，在古希臘便已推廣到對象的自然特徵。亞里斯多德曾說：「既然技術的產物有目的，自然產物顯然也有目的。」[36]例如，眼睫毛的存在是為了保護眼睛等。中世紀的神學目的論和萊布尼茨—沃爾夫學派的「前定和諧」論，以上帝的意圖作為目的來解釋自然萬物的存在根據。康德在前批判時期曾經試圖用牛頓機械力學來解釋目的問題，但仍不可避免要向神學妥協。到了批判時期，康德則明確將目的論原則作為批判哲學的考查對象：「（新的）形而上學的職責之一，就是要通過純粹理性來確立目的論的原則，並且指出它的用途」[37]。康德認為目的性是由主體理性自身產生的一種先驗觀念，是理性中的一種先天原則，而不是一種客觀規律。通過這個原則，舊的形而上學的上帝、靈魂和自由問題，可以從新的角度，即主觀角度進行解釋。

合目的性被康德視為主體的一種思維方式；而主體的判斷力，便是這種思維的機能，其法則是由主體賦予自己的。「人們不能把任何東西附加在自然的成品上當作自然在它們中的目的，人們只能運用這個概念在涉及自然諸現象的聯繫時按照經驗諸規律來對它反省。」「它無疑地是依據類比被思維著的。」[38]自然作為整體是有目的的，這是將自然同人的有目的的因果關係作類比的結果，即從一個可能的經驗一般的普遍類比達到一個特殊的類比。儘管它是主觀的，但知性必須把它作為規律，作為必然來思維，以此作為反思的基礎。

36　亞里斯多德《物理學》，張竹明譯，商務印書館 1982 年版，第 63 頁。

37　《論目的論原則在哲學中的運用》，《康德全集》1922 年柏林版，第四卷，第 469 頁。

38　康德《判斷力批判》上卷，宗白華譯，商務印書館 1964 年版，第 18 頁。

在這種闡述中，康德的合目的性有著自身的獨特內蘊。對象的概念同時包含著這個對象的現實性基礎時，就叫做目的。當物體只是按照目的而成為可能時，就稱為該物體的形式的合目的性。自然界的合目的性就是自然通過它表現出來的好像知性包含著諸經驗規律的多樣性統一的基礎。目的本身不是一個自然的概念，因為它處於知性範疇之外；但目的也不是一個自由意志的公設，因為它是在對自然的方式上表現出來的，故與對象的知識相關。因此，目的既與認識相關，又因自然作為一個整體而與道德和自由相關。這就是康德所說的「審美的合目的性是判斷力在它的自由中的合規律性」[39]。

作為一種思維方式，合目的性使得自然作為整體被視為是自由的，是與藝術貫通的。判斷力沒有自己獨立的地盤，卻通過其範導作用將自然和藝術看成是統一的。康德關於美的兩個界定，「形式的合目的性」和「道德的象徵」，在合目的性的原則下也是統一的。前者從知性角度去把握，後者則從理性角度去審視。在康德看來，自然本身不具有目的，自然的形式的合目的性，是指通過類比，將自然整體作為一個符合目的的規則系統，並以此作為可能的現實性的根據。這種形式的合目的性僅僅是一種類比，實質上是沒有目的的。而道德的內涵，其善良意志，是人的主觀目的。把美看成道德的象徵，也只是一種合目的性的類比思維，只是就其形式而言，而實質上又不是指道德內容本身。

在康德看來，形式的合目的性既然不是對象本身所固有的，而是人們通過類比的思維，將某些東西附加於對象，是一種反思判斷的結果，那麼，合目的性原理便只是主觀的范導性原理，只處於鑒賞者的觀念中，而不是客觀的必然的法則。它是從給定的特殊去尋求普遍，是從偶然中尋求法則。這種合目的性的統一本身是偶然

---

[39] 康德《判斷力批判》上卷，宗白華譯，商務印書館 1964 年版，第 112 頁。

的,卻又是先天的和普遍有效的。自然形式的合目的性的根本特徵就在於它的先天的普遍有效性。

按照康德的說法,第三批判是進一步解決先天綜合判斷是如何可能的問題。在審美判斷中,康德是通過先天共通感來解釋的這種可能性。審美判斷的主觀的普遍有效性,作為一種感受的心意狀態,只有在假定的共通感的前提下,才可以成立。這種共通感不是指某種外在感覺,而是指認識諸功能自由活動的效果,反映了一種合目的性的心意狀態。「想像力在它自由中喚醒著悟性,而悟性沒有概念地把想像力置於一合規則的遊動之中,這時表像傳達著自己,不作為思想,而作為心意的一個合目的狀態的內裏的情感。」[40]奠定在這種先天共通感基礎之上的普遍有效性同時是一種必然性。「它是一切人對於一個判斷的贊同的必然性。」[41]每一次具體的審美判斷,只是這種普遍有效性的必然體現和驗證。

因此,康德以形式的合目的性作為一種思維方式來解釋審美判斷,並通過假定的先天共通感來說明這種思維方式的普遍有效性和必然性,以使判斷力批判與前兩大批判的先驗方法相統一。

三、二律背反的辯證方法

康德的批判哲學方法,不僅是先驗的,而且是辯證的。審美判斷力的批判分為兩個部分,第一部分是基於先天原則對審美判斷力的分析,第二部分則是審美判斷力的辯證論。而辯證論的核心問題則是二律背反的提出和解決,它是純粹理性批判的二律背反的思想的有機延伸。「審美判斷力裏二律背反解決的道路和那純粹理性裏的二律背反解決的道路是相似的。」[42]

---

[40] 康德《判斷力批判》上卷,宗白華譯,商務印書館 1964 年版,第 140 頁。
[41] 康德《判斷力批判》上卷,宗白華譯,商務印書館 1964 年版,第 75 頁。
[42] 康德《判斷力批判》上卷,宗白華譯,商務印書館 1964 年版,第 188 頁。

康德認為，僅僅靠研究理性的先天原則還不能構築批判哲學的思維基礎。真正促使康德轉向理性本身的批判的，卻是關於自由的二律背反。1798 年 9 月 21 日，康德在給伽爾韋的信中曾說：「正是這個二律背反，把我從獨斷論的迷夢中喚醒，使我轉到對理性本身的批判上來，以便消除理性似乎與它自身矛盾這種怪事」[43]。而這種研究方向的改變，康德自認為是受到了休謨的啟發。「我坦率地承認，就是休謨的提示在多年以前首先打破了我教條主義的迷夢，並且在我對思辨哲學的研究上給我指出來一個完全不同的方向。」[44]這種打破迷夢、改變研究方向的直接契機就是二律背反原則的發現。

康德認為，審美判斷力中包含著非概念的推理，同時又具有先驗的普遍性，因而是辯證的。一方面，審美判斷的原理是主觀的，「沒有權利要求別人的必然的贊同」；另一方面，審美判斷不涉及概念，是不能通過論證來決定的。這種矛盾，被康德稱之為鑒賞判斷的二律背反。康德的命題是：「正命題 鑒賞不植基於諸概念。」因而不容置辯，不能通過論證來決定。「反命題 鑒賞判斷植基於諸概念」[45]，因而又要求別人必然地同意。在康德看來，審美判斷必然要聯繫到任何一概念上，否則就不能對每個人普遍而必然地有效。但是，審美判斷又不應從一個確定的概念來論證。因為確定的概念是知性概念，而不確定的概念才是超感性界的先驗理性概念（它構成一個直觀的根柢，故不能理論地規定）。鑒賞判斷面向感官的對象，不是為著知性來對它進行規定。審美判斷畢竟是一種私人判斷，聯繫到愉快的情感的直觀的單個人的表像。同時，審美判斷的普遍性必須有一概念作為根基，那麼如何解決這一矛盾呢？關鍵在於對概念的看法上。康德認為審美判斷所依據的概念，沒有關

[43] 《康德書信百封》，李秋零編譯，上海人民出版社 1992 年版，第 244 頁。
[44] 《任何一種能夠作為科學出現的未來形而上學導論》，龐景仁譯，商務印書館 1982 年版，第 9 頁。
[45] 康德《判斷力批判》上卷，宗白華譯，商務印書館 1964 年版，第 185 頁。

於客體的認識，也不能服務於知識，它自身是不能被規定的。因此，這概念不是鮑姆嘉通的「完滿性」，而是純粹的超感性世界的理性概念，是感性表像的根基，也是審美判斷主體的根基。這是一種不確定的概念。從本質上說，這概念是「自然界對於判斷力的主觀合目的性的某種一般根據的概念」[46]。通過這概念，主體獲得了在每個人那裏是單個的、伴隨著直觀的、又是普遍有效的感受。而規定的根據則是人類的超感性的基體。

康德美的分析的四個契機，正是二律背反的體現。其第四個契機「不憑藉概念就被認為是一個必然使人愉快的對象的東西是美的」[47]和第二個契機「不憑藉概念而普遍令人愉快的東西是美的」[48]，是二律背反的典型命題。而第三個契機無目的的合目的性和第一契機無利害感的愉快，在一定程度上同樣可以看成是二律背反的具體運用。因此，鮑桑葵稱四個契機為「四個悖論（Paradox）」[49]。而悖論與二律背反（Antinomy）的含義在一定程度上是相通的。這種二律背反形式同時反映在藝術創造的天才之中。天才是一種自然才能，而天才的產品又被稱為是藝術，與自然迥然有異。可惜康德本人沒有對此深入地進行討論。

康德認為，二律背反的所謂矛盾在本質上是統一的，正反兩個命題的核心概念，雖然是同一個名稱，其所指卻不是同樣的內涵。通過這種相互對立的幻相，二律背反的辯證思維方式把我們的思路引向了對先驗機能的探求。康德說：「一個二律背反的解決與如下情況的可能性相關，即兩個從假像上看互相衝突的命題實際上並不

---

[46] 康德《判斷力批判》，鄧曉芒譯，人民出版社 2002 年版，第 186 頁，參見宗譯本第 187 頁。

[47] 康德《判斷力批判》上卷，見曹俊峰譯《康德美學文集》，北京師範大學出版社 2003 年版，第 490 頁，參見宗譯本第 79 頁。

[48] 康德《判斷力批判》上卷，見曹俊峰譯《康德美學文集》，北京師範大學出版社 2003 年版，第 468 頁，參見宗譯本第 57 頁。

[49] 鮑桑葵《美學史》，張今譯，商務印書館 1985 年版，第 342 頁。

互相矛盾，而是有可能互相並存，雖然對其概念的可能性解釋超過了我們的認識能力。」[50]主體通過特定的思維形式，實現了對矛盾的揚棄。涉及的不確定概念的主觀原理，「即在我們內心裏那超感性的不規定的觀念」[51]，本身是解開審美能力之謎的關鍵，我們的認識能力則無法理解它。而二律背反自身卻要求我們在超感性的世界裏尋求一切先驗機能的歸結點。

　　二律背反思想從古希臘就開始萌芽，赫拉克利特和智者學派都有這方面的看法。這種二律背反現象廣泛地存在於審美判斷的過程和藝術創造的過程之中，而不限於康德在《判斷力批判》中所明確指出的那個核心命題。判斷力批判本身，乃是解決理性（純粹理性與實踐理性）自身的二律背反問題。通過合目的的形式，在判斷力之中綜合和協調理論理性與實踐理性之間的二律背反。讓這種二律背反的形式在特定的類比方式中成為幻相而被消解，使兩者獲得統一。這種通過思維本身使矛盾雙方獲得統一，使矛盾得以消解的方法，被稱為「消極的辯證法」。康德這種消除矛盾的方式，通過特定思維方式最終將其根源指向了超感性的物自體，這就使得矛盾本身被封閉起來，無助於對矛盾思考的進一步深化。

　　在《判斷力批判》中，康德繼承前兩大批判的研究方法和體例，以主體判斷力為研究核心，從經驗研究轉向先驗研究，通過合目的性的仲介，來尋求和確立判斷力評判的先天原則。並以合目的性本身作為一種思維方式，來尋求審美的普遍有效性。同時，在先驗方法的基礎上，康德又通過二律背反原則，辯證地闡釋二律背反中的基本矛盾及其統一性。因此，《判斷力批判》的研究方法是一種先驗辯證論的方法。雖然這種方法以假設為前提，並將一些基本問題

---

[50] 康德《判斷力批判》上卷，見曹俊峰譯《康德美學文集》，北京師範大學出版社 2003 年版，第 590－591 頁，參見宗譯本第 187 頁。

[51] 康德《判斷力批判》上卷，宗白華譯，商務印書館 1964 年版，第 188 頁。

封閉了起來，因而不能得出令人滿意的結論，但是，由此引發和展開的深刻思考本身，卻對後世的美學研究產生了重大影響。

第三節　美學在其哲學體系中的地位

在理論形態的意義上，從 1770 年發表《關於感性世界和知性世界的形式與原則》的求職論文開始，康德正式著手他的批判哲學工作。直到 1790 年出版《判斷力批判》，全部的批判工作即告結束。《判斷力批判》是康德思想發展的最高階段的反映。它是康德長期醞釀和思考的必然結果，在批判哲學體系中起著橋樑作用。人們在前兩大批判中發現的許多矛盾，在《判斷力批判》中基本上都獲得了解決。

一、目的論研究對美學的意義

康德不是從批判時期才開始他的美學研究的，更不是全憑前兩大批判的推論來建構他的美學的。早在前批判時期，康德就曾對三大批判所涉及的三個領域依次做過研究。其中所涉及的審美能力問題的看法，為《判斷力批判》奠定了一定的基礎。1776 年以前，康德主要在研究自然科學和純粹形而上學。而 1755 年春出版的《宇宙發展史概論》中，即已談到人的情感和判斷力對情感的控制問題。[52]到 1760 年左右，康德受到洛克和夏夫茲別裏的影響，開始注重人性問題的研究。同時還受盧梭的影響，感到人的情感的可貴。1762 年所寫的《自然神論及道德原理的判明性研究》是康德的第一部人文著作，主要研究了道德觀念等問題，並明確提出把真

---

[52] 康德《宇宙發展史概論》，上海人民出版社 1972 年版，第 207－209 頁。

與善、知識與道德區分開來。而 1764 年出版的《觀察》更是專門研究了情感和審美能力問題。

《判斷力批判》中的許多思想是在《觀察》的基礎上進行闡發的，其中的「美的分析」，主要是從主體審美感受的角度進行分析的。判斷力批判說到底就是評判主體的審美感受能力。這在《觀察》中即已露出端倪。《觀察》認為，對象的審美價值取決於主體的感受能力，即「每個人所獨有的、能夠被激發為愉快或不愉快的情感」[53]。這種能夠被激發的情感，正是指主體在審美時所具有的相應的情感素質，為康德後來探討審美判斷的先驗能力奠定了基礎。在《觀察》中，康德雖然將美和道德混為一談，將美德與崇高簡單等同，但他將審美與道德精神聯繫起來，卻深深地影響了《判斷力批判》中「美是道德的象徵」[54]和人類內在的道德感情是崇高的主觀感情等思想。另外，《判斷力批判》中關於美感與崇高感的區別的思想，更是直接地繼承了《觀察》而最終導源於伯克的。

在《純粹理性批判》和《實踐理性批判》中，康德不斷地修正著自己的對審美判斷能力的看法。但導致《判斷力批判》產生的直接契機，不是前兩大批判之間的鴻溝，而是通過目的論的研究，康德發現了先天原則也同樣適用於判斷力。康德批判哲學的最大貢獻就在於，他建立了新的形而上學體系和方法論，發現、設立、證明並且運用了他的先天原則學說。這就是他的「哥白尼式的革命」。在《純粹理性批判》中，康德曾斷言判斷力是不能進行評判的，當然也就不能納入批判哲學體系。他認為，從鮑姆嘉通開始的「審美批判」（即「判斷力批判」）的稱呼是一種無謂的嘗試。他們試圖將審美判斷從屬於確定的先天原則，將美的批判歸之於理性原理，使

---

[53]　康德《對美感和崇高感的觀察》，曹俊峰、韓明安譯，黑龍江人民出版社1989 年版，第 1 頁。

[54]　康德《判斷力批判》上卷，宗白華譯，商務印書館 1964 年版，第 201 頁。

之進而成為一門學問，這是錯誤的，我們應該放棄這種做法，保留它原有的感性學說的名稱。[55]

到了 1787 年底，康德在一封致友人的信中，說他的《實踐理性批判》「徹底解決了舊派人物誤以為在我的批判中發現的許多矛盾」。而《判斷力批判》乃是新的先天原則發現的結果。「我現在正在忙於鑒賞力的批判。在這裏，將揭示一種新的先天原則，它與過去所揭示的不同。因為心靈具有三種能力：認識能力、快樂與不快的感覺、欲望能力。我在純粹（理論）理性的批判裏發現了第一種能力的先天原則，在實踐理性的批判裏發現了第三種能力的先天原則。現在，我試圖發現第二種能力的先天原則，雖然過去我曾認為，這種原則是不能發現的。對上述考察的各種能力的解析，使我在人的心靈中發現了這個體系。」「這個體系把我引上了這樣一條道路，它使我認識到哲學有三個部分，每個部分都有它自己的先天原則。」[56]在這封信裏，康德實際上表達了兩層意思，一是在完成了前兩大批判之後，康德發現了判斷力中有先天原則，於是決定著手「判斷力批判」；二是經過目的論和判斷力的研究，通過對心靈三種能力的研究，康德發現了他的批判哲學的完整體系。所謂《判斷力判斷》的橋樑作用，是在他研究了「判斷力判斷」之後，他的思路豁然洞開的結果，是一種使三大批判一以貫之的作用。

1781 年《純粹理性批判》出版後，康德研究工作的一個重要任務就是把《純粹理性批判》的原則特別是先天原則運用到其他領域，如實踐理性領域等。審美中的先天原則正是在這種運用的過程中發現的。在前面所引的《純粹理性批判》的那條注釋中，康德在第一版裏曾認為「審美判斷不能從屬於先天法則」，而到了 1786 年改畢、1787 年出版的《純粹理性批判》的第二版中，則修改為「審美判斷不能從屬於確定的先天法則」。這就給審美判斷的先天法則的探究留

55　康德《純粹理性批判》，韋卓民譯，華中師範大學出版社 1991 年版，第 61 頁。
56　《康德書信百封》，李秋零編譯，上海人民出版社 1992 年版，第 109－110 頁。

有餘地，並且開始允許審美判斷與思辨哲學一起共用 Ästhetik 這個名稱，「部分在先驗意義上使用它，而部分在心理學的意義上使用它」[57]。這種思想的轉變，為審美的先天原則的發現提供了可能性。

發現審美判斷先天法則的直接契機是康德的目的論研究。康德受傳統哲學的影響，從《宇宙發展史概論》開始，就對自然的目的性問題進行了研究。在那裏，他批判了萊布尼茨—沃爾夫學派的前定和諧和外在目的論，認為所謂老鼠的存在是為了給貓吃之類，是隨心所欲和荒誕不稽的。在牛頓力學的影響下，他試圖用宇宙自身的運動規律來解釋宇宙的和諧與完善。但是由於機械自然觀的局限性，尤其是目的論無法解釋生命有機現象的現實，使得他有時不得不向形而上學的獨斷論做出讓步，從而在經驗主義的機械論和理性主義的獨斷論之間徘徊。後來在《純粹理性批判》中，康德曾將目的論原理置於理性原理中的最高位置。他認為，在理性所有可能的統一性原理中，「關於目的的原理是最重要的」[58]。自然的「完全的有意圖的統一性構成絕對意義上的完善」[59]。我們應當在滿懷對事物的合目的性聯結的期望中，探索它們的機械的聯結。這裏的目的論是從理性追求知識統一的角度以範導的形式出現的。它把自然的最高形式的統一歸於一個最高理性的有目的的統一。這對《判斷力批判》中的目的論思想發生了相當的影響。而真正誘發康德發現判斷力的先天原則的目的論的思想，則反映在康德改定了《純粹理性批判》第二版，並且完成了《實踐理性批判》之後對目的論問題的研究。

康德在 1787 年 6 月 25 日致許茨的信中曾說：「我必須馬上轉向《鑒賞力批判基礎》。」[60]這說明他此時已經發現鑒賞力、判斷

[57] 《純粹理性批判》，韋卓民譯，華中師範大學出版社 1991 年版，第 61 頁。
[58] 康德《純粹理性批判》，韋卓民譯，華中師範大學出版社 1991 年版，第 599 頁。
[59] 康德《純粹理性批判》，韋卓民譯，華中師範大學出版社 1991 年版，第 593 頁。
[60] 《康德書信百封》，李秋零編譯，上海人民出版社 1992 年版，第 106 頁。

力可以納入批判哲學的體系中。而 1788 年 1 月發表在《德意志信使》上的《論目的論原則在哲學中的運用》一文中,正可以反映出他的目的論研究導致他把審美判斷力問題納入批判哲學體系中的奧秘。在這篇文章裏,康德將目的論問題由自然科學領域上升到哲學體系中去審視,並且拓展到哲學的其他領域。尤其是他將自然同藝術貫通起來,認為自然和藝術是一個活生生的有機整體。在見到精緻的藝術品時,我們應該意識到它是藝術而不是自然;但作品形式的合目的性又如同出自自然,是渾然天成的,而不會隨意地受到任何規則的約束。同時,合目的性本身又是按特定的原則進行探究的結果。因此,康德研究的核心仍然是人,是人自己給自己提出的合目的性的要求。審美意義上的反省判斷力的效果,乃指人借助於想像力在藝術和自然中獲得的合目的性的快感。而先天原則在判斷力中的表現,則是主觀的合目的性。通過對快感和不快感的先天原則,即主觀的合目的性問題的研究,康德發現判斷力同樣可以納入批判哲學的範圍。康德是通過他的純粹理性來評判和確定他的目的性原則並且指出其用途的。所以,康德是通過目的論原理在哲學中的運用的研究,發現了判斷力中的先天原則的。而其中最重要的思想,便是自然和藝術的貫通、統一。這對《判斷力批判》的研究發生了重大的影響。在一定意義上可以說,《判斷力批判》中的基本思想,正是《論目的論原則在哲學中的運用》的展開和深化。

　　總之,康德批判時期的美學發展了前批判時期的思想,並且由目的論的研究,特別是他的《論目的論原則在哲學中的運用》這篇辯論文章的研究和寫作過程,他發現了判斷力的先天原則,從而把美學也納入了他的批判哲學體系之中。

二、判斷力的橋樑意義

　　一旦發現了判斷力的先天原則，康德便想到了人的心靈能力的完整系統。這就是康德從他的前輩李德爾、蘇爾策爾和泰滕斯那裏吸收過來的心靈能力的「知情意」三分理論。通過對知性、理性和判斷力的逐一分析和考察，康德發現三者是一個完整的系統。在這個系統中，知情意不僅是三足鼎立的，而且情感還是認知和意志的橋樑。通過這座橋樑，康德將自然與自由、知識與道德、現象界與本體界溝通了起來。這使得他的思想豁然貫通，進入了一種完整、系統的澄明境界。雖然孟德爾松早於康德提出審美是「從認識到願望的過渡」[61]，但是康德則通過判斷力的先天原則使得他的心靈能力思想在更高的層次上自成體系。如果說 1769 年康德因頓悟了認識的先天原則而使自己的哲學思想發生了一次質的飛躍，如他自己所說「1769 年給我以偉大的光明」[62]，那麼，1787 年前後他發現判斷力的先天原則，使他的思想形成一個完備的系統，則給了他第二次偉大的光明，並且賦予他整個思想體系以光源，發出照亮後世的光芒。因此，《判斷力批判》對他的思想體系來說，意義十分重大。

　　首先，《判斷力批判》將前兩大批判與感性直觀世界聯繫了起來，在現象界與本體界之間尋求溝通。康德在 1769 年的一份手稿片斷中曾說：「我們的全部觀念不是來源於感性，就是來源於知性和理性。前者為我們提供認識（對象和認識主體的特殊性之間關係的反映）的起因，後者屬於對象本身。」[63]在 1770 年 9 月 2 日致約翰·亨利希·蘭貝特的信中，康德曾建議設立一門一般現象學。這門一

[61]　《晨課》，轉引自阿斯穆斯《康德》，北京大學出版社 1987 年版，第 337 頁。

[62]　參見貝諾·愛德曼《康德自記》，轉引自桑木嚴翼《康德與現代哲學》，余又蓀譯，商務印書館 1935 年版，第 50 頁。

[63]　古留加《康德傳》，賈澤林等譯，商務印書館 1981 年版，第 81 頁。

般現象學必須「走在形而上學前面」，而不至於攪混「關於純粹理性的對象的判斷」[64]。蘭貝特回信曾說，康德把感性知識同理性知識對立起來，「難道它們是相互排斥的嗎？」這對康德有相當的啟發性。雖然專門的一般現象學沒有建立，但注意到感性，將感性與理性溝通起來的思考畢竟已經開始。在前兩大批判中，《純粹理性批判》作為知識判斷，涉及了經驗的自然概念，把感性直觀現象納入知性的概念範疇之中，以主體的先驗法則為其根本。在此基礎上，主體對感性對象的思維，以先天的感性直觀的時空形式和十二知性範疇把特殊的、沒有聯繫的感性對象加以綜合，使之聯結成有規律的知識。這種知性能力實際上是一種先天能力。在對這種能力的研究中，感性和理性之間並不能獲得統一。《實踐理性批判》作為對實踐理性的評判，研究的是狹義的理性，涉及超感性的自由概念。道德律出自理性自身，並不顧及感性要求。因此，前兩大批判研究的對象都不是感性的。而它們自身卻又要求同感性直觀世界進行溝通，並且通過感性直觀世界來實現他們兩者之間的溝通。理論理性的先天法則，決定了感性直觀世界不能影響到理智世界，但理智世界卻可以而且必然地影響到感性直觀世界。實踐理性本身具有一種現實性，即要在感性直觀世界實現自己的自由。而絕對的本體界的自由又不受感性現象界的約束。感性世界與理性世界的真正統一，理論理性和實踐理性之間及其兩者與感性之間的真正溝通，必須借助於情感判斷。情感判斷是感性的，它不涉及對象的概念，既不是對自然的認識，也不是對自由的認識，而是不離開現實的或想像的具體感性直觀的快感或不快感，並同時具有普遍有效性。理性為審美判斷立法，主要是調節直覺的能力與概念的能力，使諸認識能力得到協調。同時，主體正是通過自己的感性直覺能力，才使得判斷力具有橋樑作用。作為一種心理功能的審美判斷力，既不像知性那樣提供概念，

---

[64]　《康德書信百封》，李秋零編譯，上海人民出版社 1992 年版，第 27 頁。

也不像理性那樣提供理念，而只是在普遍與特殊之間尋求協調。這種協調的心理功能，正是通過溝通感性與理性而獲得實現的。

其次，康德通過「自然的合目的性」這個判斷力的先驗原理，使自然領域與自由領域在審美範圍內得以協調。自然的合目的性的先驗概念「既不是一個自然的概念，也不是一個自由的概念，因為它沒有賦予對象（自然）以任何東西，而只是表述我們在關於自然對象的反省裏取得一個相互聯繫的經驗整體時的唯一樣式，因而表現了判斷力的一個主觀的原理（原則）」[65]。在康德看來，自然的合目的性的先驗法則不是對象的稱謂，沒有對對象本身作出界定。這種先驗法則只是在說明我們如何對對象進行反省和把握才能使感性世界成為一個相互聯繫的經驗整體，即如何看待對象才能使對象成為審美對象。因此，這種先驗法則是一種具有普遍有效性的主觀法則。而自然的合目的性則被看成是一種主觀的合目的性。在這種自然的合目的性中，康德把自然看作一大全體，認為這全體乃是自由體。雖然它的個體是必然的，部分是不自由的，而它的全體卻是自由的；同時，由於它的合目的性是一種主觀的合目的性，康德便通過它表現出主體與自然相結合的途徑。即自然對象在審美的意義上，是通過合目的性的形式呈現在我們面前的。這樣，康德用目的論來溝通理論與實踐、感性與理性、必然與自由，其目的論便與傳統哲學不同。在審美的意義上，這種合目的性既有其現實性的一面，屬於感覺界，又有其自覺性、概念性的特徵，屬於理智界，是感覺界與理智界的仲介環節。因此，所謂的自然的合目的性，既包含著對象的合規律性，又包含著道德領域裏的自由，是規律與自由的協調。它溝通了知性與理性、知識領域與道德領域，實現了從現象到本體、從自然到人（倫理）的一種過渡。而自然的合目的性的

---

[65]　康德《判斷力批判》上卷，宗白華譯，商務印書館 1964 年版，第 22 頁。

判斷則是一種反省的判斷，它沒有獨立的對象，而只是表現一種協調知性與理性的獨特途徑。這一途徑把我們引向了審美境界。

總之，康德的《判斷力批判》是為著建構先驗哲學，從哲學體系的角度對判斷力的可能性和界限進行研究。在康德的哲學體系中，判斷力沒有自己的地盤，它的主要任務在於服務於批判，將兩大批判所涉及的領域溝通起來、協調起來。

三、美是道德的象徵

康德的《判斷力批判》已經超越了《觀察》中對優美感和崇高感的零散的經驗性的論述，獨立而系統地提出了自己的判斷力思想，這對康德的批判哲學體系的完善和發展有著重大意義。而前兩大批判對《判斷力批判》在思想上和方法論上的影響，更是不可抹殺的。康德先驗哲學的基礎早在《純粹理性批判》中就已奠定。判斷力中的先天原則一經發現，康德即把判斷力納入批判哲學的軌道，並由前兩大批判推導出《判斷力批判》的基本理論系統。

《純粹理性批判》在三大批判中，著力於對體系的建構。《實踐理性批判》中的設想，在寫作《純粹理性批判》時就已作了較充分的思考；而《判斷力批判》中的一些思想，在《純粹理性批判》中也已見出端倪，只不過囿於判斷力無法設定先天原則的偏見，對其未能作充分展開罷了。作為先驗原理，《判斷力批判》中的一些思想，卻是《純粹理性批判》理論的展開。在思想系統和研究方法上，《純粹理性批判》都為《判斷力批判》奠定了基礎。在《判斷力批判》第一版序言中，康德曾說：「純粹理性，這就是我們按照著先驗原理來評判的能力，一個對於它的批判分析將是不完備的，假使判斷力的批判不作為它的一部分來處理的話。判斷力作為認識

能力也自身要求著這個」[66]，儘管它沒有自己獨特的領域。這就是說，判斷力只有作為純粹理性原理的一部分來處理，純粹理性才是完備的。而判斷力自身也需要進入到純粹理性的評判系統之中。

在理論系統的形態上，《實踐理性批判》和《判斷力批判》只是作為《純粹理性批判》理論的展開。理論理性的先驗原理是批判哲學的根基。早在《純粹理性批判》中，康德建立了先天綜合判斷理論，並且把它成功地運用到美學中，如何從判斷力中尋求先天原則，正是《判斷力批判》的目標。判斷力的法則「不是從先驗諸概念裏導引出來的。這些先驗諸概念是隸屬於悟性，而判斷力卻只是從事於運用它們」[67]。判斷力本身不提供概念，只是通過運用體現先驗法則概念的心理功能來發揮協調作用。判斷力的先天原則在於通過先天原則設定一種知性，這種知性為我們的認知機能構成一個可能的體系，而把一個統一體賦予我們。這種認知機能是給自身提供一種法則，而不是給自然制定一個規律。其基本的先驗法則——自然形式的合目的性原理，並不包含著經驗的東西，但具有必然的普遍性意義。人們只能通過對象的先驗概念在涉及自然諸現象的聯繫時按照經驗法則來對它反省，依據類比的方式來看待它。因此，判斷力在知性不能發揮作用的地方發揮作用，知性則可以對判斷力做出鑒定，而這種知性正是純粹理性所評判的對象。

同時，《判斷力批判》所解決的人的內在境界問題，又最終服務於《實踐理性批判》所研究的人的道德境界。康德的哲學歸根結底就是解決「人是什麼」的問題。《純粹理性批判》解決人能夠認識什麼，《實踐理性批判》解決人能夠做些什麼，《判斷力批判》則解決人能夠期望些什麼。在短暫的時刻，審美借助於想像力在心靈中實現了自由。但在自然向人生成的歷史長河中，審美其實只是一種過渡，人的最終目標和最高境界是道德境界。康德通過論證文化

---

[66] 康德《判斷力批判》上卷，宗白華譯，商務印書館 1964 年版，第 4 頁。
[67] 康德《判斷力批判》上卷，宗白華譯，商務印書館 1964 年版，第 5 頁。

的、道德的人是主體的最終目的，表明自然向人生成是一種合目的性的運動，而人的目的又必須通過審美的協調才能實現。因此，審美的目的最終服務於道德的目的，為人類走向自由奠定基礎。而藝術及其類似於藝術的審美活動如笑、詼諧、遊戲等，標誌著活動的自由和生命力的暢通，在情感的領域實現了自由，是實踐理性的預演。這集中體現在「美是道德的象徵」[68]的命題中。

「美是道德的象徵」首先表現在美讓我們獲得了道德上的一種直觀的感性形態。這種作為道德象徵的感性形態，對道德狀態的改善是有促進作用的。美與道德的共同基礎是人的先驗能力。這種先驗能力決定了道德判斷是客觀而普遍有效的，美的判斷則表現為主觀而普遍有效的。「對於大自然的崇高性的判斷，在人類天性裏（是）有它的基礎的。那就是對於（實踐的）諸觀念（即道德的諸觀念）的情感是存在天賦裏的」[69]。其中實際上強調了崇高的先天基礎與道德情感的先天基礎的一致性。通過超感性的先驗能力，美與道德獲得了共同的普遍有效性。而想像力的協調，則是道德獲得直觀和象徵的先決條件。在《實踐理性批判》中，康德曾強調，人的意志直接為道德法則所決定，但到了《判斷力批判》，康德則提出了道德的感性形態對道德的促進作用。但這並不影響人們將道德法則作為道德行為的唯一動力。審美鑒賞本身只是有助於道德準則的實施，使人變得有道德，並且使得人們由感性刺激向習慣性的道德興趣的轉化變得順理成章，「鑒賞使感性刺激渡轉到習慣性的道德興趣成為可能而不需要一過分強大的跳躍」[70]。

「美是道德的象徵」同時表現為審美境界隨著道德境界的推進、深化而推進、深化。康德認為道德的改善是一個漸進的過程，其時間上的終點是不可期待的。道德的自由境界是主體對社會現實

---

[68]　康德《判斷力批判》上卷，宗白華譯，商務印書館 1964 年版，第 201 頁。
[69]　康德《判斷力批判》上卷，宗白華譯，商務印書館 1964 年版，第 106 頁。
[70]　康德《判斷力批判》上卷，宗白華譯，商務印書館 1964 年版，第 203 頁。

所提出的最高境界，存在於永遠不能達到的理性追求之中。對崇高的對象範圍的界定和心理承受能力，正是隨著道德諸觀念的發展而向前發展的。「事實上，若是沒有道德諸概念的演進發展，那麼，我們受過文化陶冶的人所稱為崇高的對象，對於粗陋的人只顯得可怖」[71]。同時，現實中永遠不能臻於完美的道德境界，可借助於想像力的協調，在心靈中得以成就。從這個意義上說，審美境界是主體心靈中的最高境界。這種境界雖可在瞬時達成，卻同樣會隨著道德境界的推進、深化而推進、深化。

「美是道德的象徵」還表現在美與道德在我們評判的態度及語言表述上的貫通。我們通常用道德評判的稱謂來表述審美對象或審美感受，例如，稱田野為歡笑愉快，色彩為清潔、謙遜、溫柔等。這不僅是因為這種表述在形式上拓展了語言的意蘊，更主要的是審美的快感與道德感的心境有類似和相通之處。從審美需要到習慣性的道德可以平穩地過渡，而不至於顯得有明顯的斷層，變得不可銜接。

康德的這些論述與中國古代的「比德」說有某種類似之處。孔子曾以山水比德，在一定程度上也是用人們日常的道德評判的眼光來對待審美。所不同的是，孔子是將道德的眼光當做知性的眼光來用。也只有當道德的眼光被當做知性的眼光來用時，它才是審美的。人生的最高境界正是道德境界的詩意化。因此，其語言背後的內在意蘊是貫通的，評判的本身是詩意的。而康德則主要從審美判斷與道德判斷的心境的類似這一點入手，把審美視為道德的象徵。也正因其是道德的象徵，即對每個人來說是自然而然的，才能要求每個人將其作為義務來對待。審美判斷的所謂主觀合目的性，正是奠定在想像力與知解力在自由活動中的協調的基礎上的。這是一種人的心意能力的合目的性（通過想像力的活動）與人的知性能力（實際上是自然的理性法則或規律）的協調。這種內在的合目的性，本

---

[71]　康德《判斷力批判》上卷，宗白華譯，商務印書館 1964 年版，第 105 頁。

身有一種與自由的根源相貫通的超感性的根源，即先驗法則。孔子是從人自身的倫理道德等觀念出發，將自然物人格化，提出「知者樂水，仁者樂山」的觀點，從而把自然物納入社會範疇。與孔子強調評判的角度相比，康德意在追求審美與道德評判的共同根源，並以先天法則的設定來解釋這一根源，從而讓審美態度與道德評判在主體的心靈中獲得具有普遍性意義的貫通。

　　總之，正是《純粹理性批判》和《實踐理性批判》的影響，才使得《判斷力批判》在康德思想體系中與前兩者保持了一貫性，並且在此基礎上克服了他在前批判時期常常把美感與知性和道德感混為一談的缺陷，從而在知情意的貫通中明確地界定和闡述了審美判斷。

第四節　美學與宗教的關係

　　康德的美學思想與宗教思想在他的思想體系中有著特殊的地位，兩者都是康德思想歷程的必然結果，也使得他的思想體系得以完善和貫通。他的宗教思想與美學思想變遷的歷程，反映在他整個思想體系發展的歷程中。因此，兩者在康德思想體系中都是不可或缺的。他的獨特的目的論的思想，是他的宗教思想和美學思想的核心，並使得兩者在思維方式上有相通之處。這種相通之處在宗教與作為附庸美的崇高範疇中更為接近，而兩者在本質上又是迥然有別的。辨析康德的宗教思想與美學思想及其兩者的關係，對於康德思想的研究是非常重要的。

一、宗教觀的發展脈絡

　　康德的宗教思想在他總體思想發展的歷程中，有自己的發展脈絡。在西方的文化背景下，康德宗教觀的依據是基督教。宗教在當時歐洲的現實生活中佔有核心的地位，是當時的思想家所繞不開的問題。因此，康德一直在關注、思考宗教問題。在康德看來，基督教是最接近理想的道德宗教，是揭示善的生活的宗教。道德並不是從神的安排中產生的，但道德不可避免地導致宗教。康德真正的上帝只是服務於一種理想，或善良意志的自由，只是為道德的需要而確立的一種公設。因此，他的宗教觀是一種道德神學。

　　康德的宗教觀從前批判到批判時期經歷了既一以貫之，又不斷發展的歷程。早在前批判時期，康德就已經開始對宗教問題進行思考，露出後來成熟的宗教觀的端倪。在前批判時期，在啟蒙思想的影響下，特別是在萊布尼茨─沃爾夫學派唯理論影響下成長起來的康德，從 1762 年開始閱讀了盧梭和休謨的著作。這些著作讓他感到人情的可貴，學會了尊重人，從唯理論教條主義的迷夢中覺醒了過來。在 1762 年 12 月中旬寫的《證明上帝存在的唯一可能的根據》和 1762 年 12 月 31 日所寫的《對自然神學和道德原則的明晰性的研究》中，我們可以看出他與唯理論舊形而上學宗教觀的決裂。他反對笛卡爾等人對上帝存在的本體論的證明，認為上帝可以信仰，但無法通過知性加以證明，並且將宗教與道德聯繫起來。到了 1764 年發表的《觀察》中，康德更加重視了人的情感世界。

　　前批判時期反映康德宗教思想的重要代表作是 1766 年出版的《以形而上學之夢來闡釋通靈者之夢》（簡稱《通靈者之夢》）。該書是用來駁斥自詡為通靈者的斯維登伯格的《天堂的秘密》一書的，認為《天堂的秘密》卷卷充滿了胡言亂語。《通靈者之夢》反映了康德在盧梭、休謨和哈奇生等人的影響下，通過改造唯理論的

舊形而上學而逐步走出了自己的路子,是康德自己的思想體系的形成過程中的重要標誌之一。四年以後,康德正式進入了批判時期。與同為前批判時期的著作《觀察》一樣,《通靈者之夢》文筆華美、感性生動,且富於幽默和諷刺意味。在《通靈者之夢》中,康德將通靈者比作「怪胎」[72],並將唯理論者與通靈論者相提並論,加以諷刺和否定。他把唯理主義的獨斷論者看成是理性的夢幻者。「感覺的夢幻者與理性的夢幻者之間有某種近似性,而通常那些偶爾與神靈有聯繫的人被歸諸前者,這是因為他們與理性的夢幻者一樣,看到其他正常人看不到的事物,並且獨自與不顯現於其他人(不論這些人有多麼敏銳的感覺)的存在物交流溝通。」[73] 「既然我們先前敘述的哲學也正是出於形而上學樂園的無稽之談,我看不出將兩者相提並論有什麼不妥之處。」[74]康德把通靈現象看成是一種因疾病而導致的神經錯亂,是一種想像的「幻覺」;而唯理論也是瘋子的囈語。其中反對過分強調理性,重視情感和感性包括經驗的作用。在該書中,康德還根據實踐理性的興趣提出了他關於形而上學的一套構想。他強調要在人的內在動機中尋求「共同意志規則」,並把個體符合這一規則的感受稱為「道德情感」[75]。而道德情感是個人意志服從於共同意志的橋樑,為日後對他思想體系中將宗教歸屬於實踐理性作出了初步的探索。

到了批判時期,康德在《純粹理性批判》和《實踐理性批判》中,都對宗教問題發表了意見。在前批判時期,康德批判了神秘主義宗教觀,而在《純粹理性批判》中,康德批判了理性神學,在神秘主義和唯理主義之外來確立宗教的位置。特別是在出版《實踐理性批判》之前的 1787 年的《純粹理性批判》第二版序言中,康德

---

[72] 《康德全集》第 2 卷,普魯士皇家科學院 1922 年版,第 366 頁。
[73] 《康德全集》第 2 卷,普魯士皇家科學院 1922 年版,第 342 頁。
[74] 《康德全集》第 2 卷,普魯士皇家科學院 1922 年版,第 356 頁。
[75] 《康德全集》第 2 卷,普魯士皇家科學院 1922 年版,第 335 頁。

主張限制知識，防止知識僭越到知性之外，為信仰保留地盤。這樣，到了第二批判時期，康德在純粹理性領域否定了對上帝的證明，又在實踐領域讓上帝發揮了道德的作用。康德認為，實踐理性中公設的自由、靈魂不朽和神的存在的觀念，是人人都需要的。因此，他把道德與宗教看成在內容上是相互依存的。

　　康德從道德的角度建立起宗教和神學，他的宗教是一種道德的宗教。康德的宗教問題是從道德問題，從至善概念引申出來的。這是基於理性本質的信仰，從道德的立場上確定信仰的必然性。道德的義務也就是神的命令。到《判斷力批判》，康德的宗教思想已經基本完善。他說：「儘管恐懼最初能夠產生出諸神（神魔）來，但理性借助於它的道德原則才第一次產生了上帝的概念」[76]；「信仰（作為一種狀態，而不是作為一種行動）是理性在把對於理論知識來說難以達到的東西認其為真實的道德思維方式」[77]。因此，康德把宗教附屬於實踐理性，是實踐理性的附庸。安倍能成說：「在批判哲學中宗教哲學的任務，就是在我們的實踐理性的要求下對這種宗教生活進行反省與批判。」[78]康德的實踐理性的原理本質上也是歸宿於純粹理性體系的，而信仰問題則是純粹理性額外留下的地盤。從一個方面講，康德在批判早期對信仰問題是存而不論的，不讓它影響批判哲學體系的建構。但作為客觀存在的現實，康德則將它納入批判哲學體系，附屬於實踐理性。三大批判的寫作過程，也是康德宗教思想探索、醞釀和成熟的過程。

　　到了三大批判完成之後，康德才出版了《單純理性限度內的宗教》一書，反映了他宗教觀的成熟思想。「《單純理性限度內的宗教》在神學領域內具有劃時代的意義。」[79]它標誌著康德在宗教領域進

---

[76]　康德《判斷力批判》，鄧曉芒譯，人民出版社 2002 年版，第 303 頁。
[77]　康德《判斷力批判》，鄧曉芒譯，人民出版社 2002 年版，第 331 頁。
[78]　安倍能成《康德實踐哲學》，于鳳梧、王宏文譯，福建人民出版社 1984 年版，第 51 頁。
[79]　C.J.威伯《康德的宗教哲學》，牛津大學出版社 1926 年版，第 24 頁。

行了一場「哥白尼式的革命」，成為德國宗教史上的第二個馬丁‧路德。他把神秘主義的因素看成是宗教道德本質的外在飾物，反對繁瑣、牽強的宗教儀式。他反對舊宗教對人性的扼殺，特別是對人的主動性的壓抑和對人的奴役，把宗教看成是人們追求幸福的一種形式。康德雖然在《判斷力批判》第一版的序言中宣佈他以《判斷力批判》結束他的全部批判工作。而他隨後所投注的精力主要是判斷力批判中目的論研究的有機延伸。可以說，康德宗教思想的成熟，正是從審美判斷力問題的研究貫穿下來的。這種宗教思想反映了康德對於宗教既是道德的，又是詩意的體驗。

二、宗教觀與美學觀的契合點

在理性的意義上，康德作為一個啟蒙思想家要捍衛思辨哲學，所以他反對從純粹理性角度對信仰進行論證。同時，作為受經驗主義影響、建構新的哲學體系的思想家，康德又要正視信仰存在的客觀現實，用實踐理性為信仰的合理性進行辯護。因為自由和信仰都是屬於人文領域的。從內在本質上說，康德的純粹理性體現著科學的精神，實踐理性則在一定程度上體現著人文精神。這種矛盾在《判斷力批判》中得到了展開，也使思想在矛盾中得到了發展。因此，康德對信仰的重視，並給它留下地盤，是對人的需要的尊重，是一種人文關懷。這一點恰恰是與他的美學思想相通的。

在《純粹理性批判》中，康德向自然神論揮舞了大刀，而在《實踐理性批判》中又給信仰以地盤，認為宗教可以依附於道德而存在，道德也需要對上帝的信仰。這本身就已經構成了矛盾，而通過合目的性的思維，康德使道德和信仰這兩者得到了統一，也使宗教和審美得到了統一。正因為康德的美學與宗教思想的聯繫，當代的神學闡釋學甚至把康德美學看成是一種神學。作為一種結論，這當然是錯誤的。但強調兩者的聯繫，又是有一定的道理的。

　　康德三大批判的寫作過程，實際上也是他在不斷地對宗教問題進行思考，從而使其宗教思想日漸成熟的過程。繼 1790 年出版《判斷力批判》，完成了三大批判以後，康德把注意力集中到宗教問題上來了，在 1793 年出版了《單純理性限度內的宗教》一書。在該書中，康德繼承了《實踐理性批判》特別是《判斷力批判》第二部分中的道德神學觀。而其在前兩大批判中宗教觀的矛盾，正與前兩大批判之間的矛盾一樣，只是到了《判斷力批判》裏才得以解決。《判斷力批判》中對合目的性原則和對審美的思維方式的論證，使得他的宗教觀得以完整而統一。因此，康德宗教觀的成熟，是他審美判斷力研究的結果和有機延伸，也使他的美學思想和宗教思想前後關聯，一脈相承。

　　康德是通過《判斷力批判》的研究，特別是目的論判斷力的研究，導向了宗教，導致了宗教思想的成熟。這是其自然神學通向道德神學的關鍵。目的論判斷乃是藝術中所包含的自然合目的形式的原理，經由類比向自然的客觀質料上的推廣運用。通過這種類比的方式，藝術品也像是自然的內在目的。康德《判斷力批判》83 小節的標題為「自然的最後目的作為一個目的論系統」，將對最終目的的追溯導向神學。康德對神學目的論的推導，借鑒了審美的合目的性。合目的性的意圖和技巧，作為審美的類比思維方式，在康德的宗教神學中應用得與審美判斷力中一樣自然。在西方思想史上，目的論思想是古已有之的。亞里斯多德把自然規律看成是一種目的，基督教則把目的看成是上帝的安排。而康德的目的論作為一種類比理論，用人的理性活動來類比自然活動。這在認知的意義上是荒謬的，而在審美的意義上正是趣味的源泉，在宗教的意義上則昇華了舊神學傳統。

　　在審美問題和目的論之間，康德的思想經歷了相互影響、相互借鑒的過程。起初，在審美判斷力批判思想形成過程中，康德審美的合目的性的原則是在目的論影響下形成的。而對於神學目的論的

推導又借鑒了審美的合目的性。通過反思判斷力，康德將藝術中的合目的性原理從主觀形式上引申到道德神學目的論的理解中，再經由道德神學目的論，用藝術的方式來領悟自然神學目的。他的宗教觀把預設的目的當著理想來追求，與審美理想是對應的。

從時間順序上講，自然神學目的在道德神學目的之前，而在邏輯上，其道德神學目的論是自然神學目的論的前提。道德神學目的論「促使人們注意到自然目的並去研究隱藏在自然目的形式後面的不可捉摸的偉大藝術，以便給純粹實踐理性所取得的那些理念在自然目的上提供附帶的證實」[80]。這就是說，他對於自然目的論作了藝術性的理解。同時，康德還將他的目的論看成是屬於批判，「一種特殊的認識能力即判斷力的批判」，而「根本不屬於任何學理」[81]。這就使得康德的自然神學目的論、道德神學目的論和審美的合目的性在藝術的類比思維方式上得到了統一。因此，康德的宗教觀和審美觀在思維方式上是相通的。人們創造上帝，是在滿足自己的願望和需要，而這種思維方式和審美的思維方式是相通的。審美的思維方式中的類比的方式在宗教中產生了神。康德認為宗教是用藝術的類比方式來理解自然，上帝是藝術的類似物。且宗教與審美一樣，也是通過反思判斷力進行的。

總之，康德是在對目的論思想研究有了靈感的前提下，通過審美判斷力的研究，對目的論思想有了系統而深刻的認識，因而在宗教問題的思考中有了豁然貫通的感覺，於是形成了成熟的、單純理性限度內的宗教觀。因此，目的論思想貫穿著審美和宗教，是兩者的共同點。

---

[80] 康德《判斷力批判》，鄧曉芒譯，人民出版社 2002 年版，第 301 頁。
[81] 康德《判斷力批判》，鄧曉芒譯，人民出版社 2002 年版，第 271 頁。

三、審美和宗教的異同

　　美學與宗教的關係即審美與信仰的關係。在「人是目的」這個命題中，康德更是將審美與信仰聯繫在了一起。他認為審美與信仰一樣，都是通向自由之路。康德認為，在合目的性的思維方式中，物象乃是道德的象徵，自然作為人的道德而生成，「目的王國」乃是「自然王國」的一種形態或相似物。宗教活動所引起的敬畏之心，也可以引起崇高感。因為崇高不是純粹美，而是混合了社會文化因素的依存美，它可以作為道德的象徵，也可以包含著宗教感。因此，信仰與涉及社會文化因素的崇高有更多的相通之處。整個審美判斷是通過崇高向道德過渡、向宗教過渡。其中由認知向崇高過渡是認知向道德過渡的第一層次，而崇高向道德、向宗教過渡，是其第二層次。

　　審美判斷力通過目的論判斷力，過渡到道德領域和宗教領域。康德在《判斷力批判》中，從美的分析到崇高的分析，可以看成由純粹理性向實踐理性，即從認識論向倫理學過渡的兩個環節，而崇高則更接近於實踐理性。康德分純粹美和依存美，純粹美不涉及自然目的，因而與自然神學的目的無關。而依存美是依附於一定條件的美，與道德神學目的相通。依存美體現了人們的審美理想。崇高作為一種依存美，正構成了純粹美向道德美過渡的橋樑。特別是崇高在對社會歷史因素的重視方面更接近於宗教。康德的宗教觀主要指主體在強大的壓力下，根據道德律令而行動的使命感與尊嚴感，與理性的內容相聯繫，是理性觀念的象徵，因而與作為道德附庸的信仰相聯繫和貫通。而目的論判斷力則是審美判斷力經由崇高更直接地通向實踐理性和宗教的橋樑。

　　同時，審美和宗教畢竟是有區別的。康德認為哲學有兩個領地：即自然概念與自由概念，信仰在純粹理性領域沒有地盤，但在純粹理性領域之外，康德為宗教留有地盤。審美是沒有自己獨立的

地盤的，但審美實際上可以涵蓋整個領地，而信仰則不能肆意僭越。康德認為，宗教問題是實踐理性的附庸，那麼信仰與倫理一樣，涉及抽象的觀念，用共同的概念來規定和尋求普遍性，而且包含著強制性的義務，也就是說，宗教情感的可傳達性是以概念為前提的；而審美則不涉及概念，更不具有強制性。康德說：「我不能把優美附加在義務概念上，這正是為了它的尊嚴起見，因為義務概念也包含著無條件的強迫，而優美與它恰恰相反。」[82]因此，就不涉及概念的感性特徵而言，審美與信仰是格格不入的。審美在本質上是感性的，不涉及概念的，其目的是滿足人們無功利的情感需要。而宗教則涉及自由、上帝和不朽等觀念，滿足人們的功利欲求。對上帝等形象的想像性的創構，只是宗教的一種附飾。

　　在合目的性上，康德美學中的無目的的合目的性與神學目的論在思維方式上既有相通之處，又迥然有別。審美的合目的性只是主觀的形式上的合目的性；而神學目的論則在形式上與審美相通，最終卻服務於道德目的。宗教目的論是道德目的論的補充。而審美判斷中的情感與宗教情感也同樣有其同和異。宗教情感也同樣是必然走向自由的橋樑。康德在《判斷力批判》第二部分裏《對於目的論的總注釋》的注中說：「對於美的驚歎以及被大自然如此多種多樣的目的所引起的感動，這是進行反思的內心還在對世界的有理性的創造者有一個清晰的表像之前就有能力感到的，這些感動本身具有某種類似於宗教情感的東西。」[83]但審美的感動是不涉及明確而具體的概念的感動，而宗教的感動則在明確的理性概念的支配下產生的。儘管在形式上審美的感動與宗教的迷狂有著驚人的相似之處。康德那裏，優美是想像力與知解力的協調、和諧，崇高是知解力服

---

[82]　康德《單純理性限度內的宗教》，李秋零譯，中國人民大學出版社 2003 年版，第 6 頁。

[83]　康德《判斷力批判》，鄧曉芒譯，人民出版社 2002 年版，第 343 頁。

從於想像力，而宗教則是想像力服從於知解力。宗教活動中的想像力，只是一種工具，是一種實現宗教目的的工具。

　　康德在《純粹理性批判》中，曾經列舉了三個哲學研究的主題問題：我能夠認識什麼？我應該做什麼？我可以希望什麼？當時的第三個問題是宗教問題。實際上，康德後來發現可以納入批判哲學體系的審美問題也同樣是希望的問題。宗教的功能與審美判斷力有相通之處，兩者同是解決人們的期望問題，同是通向自由之路。宗教思想也同樣體現了康德純粹理性與實踐理性的交融。而康德把宗教觀置於理性限度之內，與其倫理觀並行，這使得其美學同樣也成了知識與信仰之間的橋樑。

第三章　審美判斷

　　康德的審美判斷理論是他美學理論的核心部分。一般認為康德所受的英國經驗主義的影響，主要反映在他的審美判斷理論中。通過先驗辯證方法，康德將審美心理的經驗特徵上升到先驗的高度，並通過二律背反的思辨方式進行縝密地論證，使之理論化、系統化。我們認為康德美學中先驗和經驗的統一，充分體現在他的審美判斷，即美的分析之中。

　　康德將審美判斷的基本特徵，即質的規定性、心理基礎和審美判斷的思維方式這三個問題通過《純粹理性批判》中對於理解力所規定的四項知性範疇即質、量、關係、模態來進行考察，其中不涉及概念的普遍性和必然性，這兩者是「從不同的角度」[1]來論證同一個問題。美的分析借用四項知性範疇只是從形式上力圖與他的哲學方法保持一致，而在內容上並無明確的必然聯繫。正因為如此，我們將對他美的分析中的無利害感、共通感和無目的的合目的性這三個具有內在必然聯繫的方面逐一進行論述，而不顧及他的四項知性範疇。

---

[1]　蔣孔陽《德國古典美學》，商務印書館 1980 年版，第 83 頁。

第一節　無利害感

無利害感問題被康德列為審美判斷的第一個契機。在康德以前，對此雖然已經有許多論述，但大多停留在心理的層面上作一般的經驗性的零星描述。只有到了康德才在直接繼承英國經驗主義的看法的基礎上，將內在的審美能力和審美心態諸問題上升到理性的高度，用先驗的方法對無利害感進行闡發，並且辯證地看待美感與感官快適、美感與道德感的關係。也正因為如此，康德才將無利害感問題放在美的分析的首位。

一、經驗主義前輩的無利害感思想

美的無利害感問題，古希臘時代就已經有了隻言片語。柏拉圖曾經在《大希庇阿斯篇》中，認為美不是有用、有益或善，也不是視聽所產生的快感。[2]他將美本身不是效用與文藝除美以外應該還有效用這兩個問題明確地區分了開來。但是這種思想的傳承並不順利。亞里斯多德就曾將美與善混為一談：「美是一種善，其所以引起快感，正因為它善。」[3]他們兩人的看法後來都有人繼承衣缽。例如，被稱為新柏拉圖主義者的普洛丁便將美與善相混淆，認為「美也就是善」，「醜就是原始的惡」[4]。而聖‧湯瑪斯‧阿奎那則說：「美與善畢竟有區別，因為善涉及欲念，是人都對它起欲念的對象，所以善是作為一

2　柏拉圖《文藝對話集》，朱光潛譯，人民文學出版社 1980 年版，第 196-200 頁。

3　亞里斯多德《修辭學》1366，參見《朱光潛美學文集》第四卷，上海文藝出版社 1984 年版，第 87 頁。

4　普洛丁《九卷書》第一部第六卷《論美》第六章，轉引《朱光潛美學文集》第四卷，上海文藝出版社 1984 年版，第 123 頁。

種目的來看待的；所謂欲念就是迫向某目的的衝動。美卻只涉及認識功能，因為凡是一眼見到就使人愉快的東西才叫做美的。」[5]

真正系統地倡導美的無利害感問題的是英國經驗主義者。而開風氣之先的當屬夏夫茲別裏。夏夫茲別裏是接近劍橋學派的新柏拉圖主義者。在天賦觀念等問題上，他同意萊布尼茨學說，並且強烈地抨擊了洛克的白板說。但由於夏夫茲別裏在哲學研究上倡導自由研究發現問題和產生思想的方法，而這與經驗主義的研究方法又是基本合拍的。因此，他的美學試圖將審美的直接感受能力與理性統一起來，對經驗主義的美學思想產生了明顯的影響。康德的無利害感思想在具體內容上明顯繼承了從夏夫茲別裏到伯克的英國學者的審美心理研究。他們的總體特點是從內在心靈能力和心理狀態兩個方面來考察審美的無利害感問題。因此，如果說我們現代意義上的美學實際上是從經驗主義開始拉開序幕的話，那麼無利害感的概念也同樣如此。美國學者傑羅姆・斯托爾尼茲將夏夫茲別裏看成第一個注意到無利害感概念的哲學家。[6]這未免絕對化了，但是英國經驗主義對無利害感的系統討論則無疑源自夏夫茲別裏。

夏夫茲別裏曾強調美在對象上沒有自己獨特的領域，它存在於各類事物中。審美心態不同於功利心態。欣賞美與征服對象完全是兩種心態。他曾在晚期著作中指出：「設想一下，假如你在為遠方海洋的美景所陶醉的同時，竟然要想到如何去征服海洋。如何像海軍將領那樣去征服海洋，這種想法不顯得荒唐嗎？」他認為「佔有」大海所產生的愉快「和自然而然地從靜觀大海的美所產生出來的愉快是非常不同的」[7]。他將審美歸為靜觀，而不同於現實的征服或

---

[5]　聖・湯瑪斯・阿奎那《神學大全》第一卷第五章第四節，轉引《朱光潛美學文集》第四卷，上海文藝出版社 1984 年版，第 137 頁。
[6]　參見斯托爾尼茲：a.《夏夫茲別裏在現代美學理論中的意義》，美國《哲學季刊》1961 年第 11 期；b.《「審美無利害感性」的起源》，美國《美學與藝術批評雜誌》1961 年冬季號。
[7]　斯托爾尼茲：《「審美無利害感性」的起源》，參見思羽譯《美學譯文》第 3

佔有。聯繫他的內在感官說，這種靜觀便不只是外在的五官感覺在起作用，而更重要的是內在心靈和理想，即內在感官感覺在起作用。康德則繼承了夏夫茲別裏的靜觀的看法，認為「鑒賞判斷僅僅是靜觀的」[8]，同時將夏夫茲別裏的所謂內在感官歸為主體的情感。審美判斷的衡量標準主要是主體情感的快與不快。

主體通過審美情感對對象進行審美判斷的看法來自休謨。休謨認為美不是對象本身的一種性質，而是對象的形態結構在人的特殊構造的心靈中激發起某種情感的效果，「美並不是圓的一種性質。美只是圓形在人心上所產生的效果，這人心的特殊構造使它可感受這種情感」[9]。「這種情感必然依存於人心的特殊構造，這種人心的特殊構造才使這些特殊形式依這種方式起作用，造成心與它的對象之間的一種同情或協調。」[10]休謨不僅不承認美僅存在於對象的性質中的看法，同時還駁斥了將美的根源僅僅歸於主體心靈，各美其美的看法。他認為：「有一派哲學卻認為我們這種企圖（引者按：指尋求審美趣味的標準）全是妄想，因為「趣味的標準」永遠無法找到。據那些哲學家說美就不是客觀存在於任何事物中的內在屬性，它只存在於鑒賞者的心裏；不同的心會看到不同的美；每個人只應當承認自己的感受，不應當企圖糾正他人的感受。」[11]朱光潛先生將此段休謨所駁斥的反對派的思想誤為休謨本人的思想，並且進一步推論說休謨的美學觀點有相對主義的一面，乃是一種誤解。

輯，中國社會科學出版社 1984 年版，第 24－25 頁。

[8] 康德《判斷力批判》上卷，宗白華譯，商務印書館 1964 年版，第 46 頁。

[9] 休謨《論懷疑派》，轉引《朱光潛美學文集》第四卷，上海文藝出版社 1984 年版，第 237 頁。

[10] 休謨《論懷疑派》，轉引《朱光潛美學文集》第四卷，上海文藝出版社 1984 年版，第 239 頁。

[11] 休謨《論趣味的標準》，吳興華譯《古典文藝理論譯叢》第五冊，人民文學出版社 1963 年版，第 3－4 頁。

　　與情感標準相聯繫的是休謨將審美愉快的原因歸於同情[12]。這種同情說類似於後來立普斯的移情說，是一種設身處地的類比的思維方式，與康德的「美是道德的象徵」說法是一致的，反映出合目的性與無利害感的統一。可惜休謨沒有從審美的角度展開論述，只是在闡述財富與權貴的問題時附帶涉及。

　　直接對康德產生影響的另一個學者是伯克。作為政治家的伯克，在年輕時代所寫的《論崇高與美兩種觀念的根源》顯得比較龐雜，其論述方式和結論也多有值得商榷之處，但是其中許多天才的見解，卻頗有啟發性，對康德等人產生了相當的影響。伯克認為美感是對象的某些特徵引起主體由感官進入到心靈的感動，而這種感動與主體的生理欲望是迥然不同的。「美在更大的程度上是通過感官的介入而機械地作用於心靈的某種品質。」[13]「是指物體中的那種性質或那些性質，用其產生愛或類似愛的情感」[14]，「我把愛與情欲或色欲加以區別（我所說的愛是指心靈在思考美的或具有類似性質的東西時產生的滿足），而欲望是心靈的一種活力，它驅使我們去佔有某些對象，這些對象不是以美而是用完全不同的手段來影響我們」[15]。在論述崇高問題時，伯克主張要與危險和痛苦保持距離，才能獲得審美愉快。[16]這也正是一種無利害感的思想，它對康德是有影響的。不過伯克對於美的愉快與善的愉快的關係的看法，頗多夾纏，在康德批判時期產生了消極的影響。康德在《判斷力批判》中的《關於反省判斷力的解說的總注》裏，專門花了一段對伯

---

[12]　《人性論》，關文運譯，鄭之驤校，商務印書館1980年版，第394－403頁。

[13]　《崇高與美——伯克美學論文選》，李善慶譯，上海三聯書店1990年版，第128頁。

[14]　《崇高與美——伯克美學論文選》，李善慶譯，上海三聯書店1990年版，第101頁。

[15]　《崇高與美——伯克美學論文選》，李善慶譯，上海三聯書店1990年版，第101－102頁。

[16]　《崇高與美——伯克美學論文選》，李善慶譯，上海三聯書店1990年版，第37頁。

克進行評述。他讚揚伯克強調官能感覺與心理的結合、想像力和知解力結合的審美心理，認為這「作為心理學的解釋，對於我們心靈現象的這些分析是極為精細的，而且為經驗人類學的令人喜愛的研究提供了豐富的資料」[17]。不過康德對此並不滿意，認為這只是經驗的解釋，而康德尋求的則是先驗的解釋。

　　一般認為，康德的哲學思想先是接受了萊布尼茨—沃爾夫學派的思想，屬於理性主義的學說，後來在休謨等經驗主義學者的影響下，打破了他獨斷論的迷夢，形成了他的先驗辯證論學說。但在美學問題上，康德卻是首先受經驗主義的影響。從 1764 年出版的《觀察》中，明顯可以看出艾迪生、哈奇生和伯克等人影響的痕跡。在批判哲學初期，康德甚至認為美學是感性的東西，根本不能進入他的批判哲學體系。後來通過目的論的研究，他才對審美判斷力進行評判，將美學納入批判哲學體系之中，並且認為它起著前兩大批判的橋樑作用。因此，康德邏輯哲學和道德哲學是由用經驗主義糾正理性主義偏頗而形成的。而美學則是將經驗主義的美學納入理性體系之中產生的。其中的無利害感思想，在前批判時期基本上沒有涉及，甚至還有將美與道德混為一談的言論。只有到了《判斷力批判》，康德才接受了英國經驗主義的無利害感思想，並且把它們放到先驗辯證論的體系之中進行闡述。

二、審美的無利害感的內涵

　　康德在分析審美判斷的無利害感之前，首先區別了審美與同樣無利害感的認識之間的差異，再將審美愉快與生理快感和欲望能力這兩種利害感的快感進行比較。在經驗的層面上，他明顯地繼承了英國學者的看法，認為審美愉快是一種靜觀的愉快，與實

---

[17] 康德《判斷力批判》上卷，曹俊峰譯《康德美學文集》，北京師範大學出版社 2003 年版，第 528 頁，參見宗譯本第 120 頁。

際的征服、感官的欲望是根本不同的。同時，他又超越了英國學者，明確地闡述了審美快感與道德快感的區別，將審美愉快看成感官愉快與善的愉快的矛盾統一，並追溯其無利害感的普遍有效性的先驗根源。

審美與認識在無利害感和普遍有效性方面是相似的，但兩者的區別又是明顯的。審美判斷本身不是邏輯的。阿斯穆斯根據康德用質、量、關係、模態四項知性範疇來進行美的分析，便斷定康德以為美的東西與邏輯的東西分不開[18]。其實兩者不是一回事。美的分析只是從理性角度對審美判斷進行評判，與審美判斷和邏輯判斷自身的內容與形式無關。審美的鑒賞判斷不是將對象的表像通過知解力與對象本身相連接來求得知識，而是通過想像力或想像力與知解力的協調，同主體的快與不快的情感相連接。因此，審美判斷不是邏輯判斷。

審美也不僅僅是通過感覺間的關係，即通過經驗表像來作判斷，而是通過特殊的心理功能（想像力與知解力的協調）來發揮作用。在知性判斷中，主體必須以對象本身為根據；而在審美中，對象的表像只是刺激心態的一種媒介罷了。「用自己的認識能力去瞭解一座合乎法則和合乎目的的建築物（不管它是在清晰的或模糊的表像形態裏），和對這個表像用愉快的感覺去意識它，這兩者是完全不同的。」[19]審美的判斷力完全是在快與不快的情感狀態中聯繫於對象的形式，這對認識是沒有任何幫助的，主要是讓心靈在情感狀態中意識到自身狀態。至於表像本身儘管是可以屬於純理性的，但由於在判斷裏只是聯繫於情感，因而是審美的。審美判斷是一種主觀判斷，而知性判斷則是一種客觀判斷。

康德的所謂審美的無利害感，主要是將美感與實際的欲望，審美關係與實際利害關係區別開來。康德認為：「凡是我們把它和一

---

[18]　參見阿斯穆斯《康德》，孫鼎國譯，北京大學出版社 1987 年版，第 346 頁。
[19]　康德《判斷力批判》上卷，宗白華譯，商務印書館 1964 年版，第 40 頁。

個對象的存在之表像結合起來的快感,謂之利害關係。」[20]這種利害感常常與欲望能力相關。審美則絲毫不夾雜利害感,「一個關於美的判斷,只要夾雜著極少的利害感在裏面。就會有偏愛而不是純粹的欣賞判斷了」[21]。審美本身則是一種純粹觀照,一種反省的或直觀的判斷。其中關鍵是我自己心裏從這個表像看出什麼來,而不是繫於這事物的存在。康德將審美看成是將對象的表像憑藉想像力(或想像力與知解力的結合)聯繫於主體和它的快感與不快感,與對象的實際存在無關。想像力本身的作用,就在於它將對象的表像與它的實際存在相脫離,從而新建意象。否則,主體與對象(被意識到的實際存在)就構成了利害關係,因為對象的實際存在常常容易與主體的欲望能力構成對應關係。欲望能力常常是主體對象的實際存在與主體之間必然連接的根據。審美則對對象本身即對象的實際存在純然冷漠,不對對象本身發生偏愛。只有通過這種審美的心態,就是中國古代哲學所說的平常心,主體才能在鑒賞中做個評判者,審美也因此是靜觀的。

康德具體地將美感與有利害感的生理快感和善的愉悅區別開來,分別進行比較闡述。康德以前,英國經驗主義者們曾將審美快感視為一種心理快感,以此與感官快適相區別。康德則認為審美的愉快也是基於感官快適的。但審美的快感只是一種主觀的快感,只與對象的形式相聯繫,而不涉及對象本身的存在。一般的生理快感總是與主體對對象的欲求相聯繫的,即由生理快感導向對對象本身的欲求,或是假定我在受著對象的刺激時,它的存在對我的狀況的關係,與私人佔有欲和感官享受自身聯繫起來,並且停留在感官之中。顯然,康德在此將經驗主義的思想大大向前推進了一步。

審美愉快與善的愉悅的區別,同樣在於對善的愉快是和利益興趣結合著的。根據康德的合目的性原則,美的對象與善的對象都是

---

20 康德《判斷力批判》上卷,宗白華譯,商務印書館 1964 年版,第 40 頁。
21 康德《判斷力批判》上卷,宗白華譯,商務印書館 1964 年版,第 41 頁。

合目的的，區別在於善的對象是對象的存在的合目的性，包括它本身是好的，是令人滿意的（直接的善），或者作為工具是令人滿意的（間接的善），對於某些東西是有用的，涉及與實際存在的對象通過主體的先天形式而形成的概念，即對象本身是什麼（是對我們有用的東西）的問題。因而對對象的看法直接涉及利益的興趣。而美的對象則是對象形式的合目的性，這是一種自由的想像的愉快或遊戲的愉快，而不涉及任何確定的概念。

善的愉悅與感官快適雖然均與利害關係聯繫著，但感官快適是直接使人滿意，而善的愉悅則通過目的概念而置於理性的原則之下。例如，抽鴉片有一種感官快適，但是當它被放在理性的原則之下，涉及對人體的利害關係時，它本身對人體和人的生存環境又是有害的。因此，這兩種相互矛盾的評價都直接涉及利害關係，都不是審美的判斷。而審美的愉快則不直接涉及對象本身或聯想到對象本身。例如，對罌粟花的鑒賞，只是從它形式的合目的性獲得愉快，而不直接去追究它的結果是否有毒。康德曾舉菜肴的佐料為例，認為它能給人以感官的快適，至於追究其對身體有利或有害時，則涉及善，讓人們「通過一個目的的概念而放在理性的原則之下」[22]。

在此基礎上，康德將感官快適、善的愉悅與審美愉快作了系統比較。感官快適與欲求能力相關，本身就帶著因刺激而生的受感性制約的愉快。而善的愉快是一種純粹實踐的愉快，是對象本身及其存在令人滿意。其中起支配作用的是理性。審美判斷與它們不同，審美判斷是靜觀的，既沒有官能方面的利害感也沒有理性方面的利害感強迫我們去贊許。因此，審美的愉快是唯一自由的愉快。

康德認為，感官快適是一種偏愛，它使人快樂，也同樣適用於無理性的動物，善的愉悅是一種尊重，被人珍視和嘉許，裏面肯定有一種客觀價值，它適用於一切有理性的動物；而美的愉快是一種

---

[22]　康德《判斷力批判》上卷，宗白華譯，商務印書館 1964 年版，第 44 頁。

惠愛，使人滿意，它只適用於人類，既具有動物性又具有理性的生靈。因此，比較起來，感官快適與善的判斷都是沒有自由的。「一個偏愛的對象或一個受理性規律驅使我們去欲求的對象，是不給我們以自由的，不讓我們自己從任何方面造出一件快樂的對象來的。一切利害關係以需要為前提，或帶給我們一種需要。」[23]對對象的判斷卻沒有自由。只有審美愉快才是唯一的無利害感和自由的愉快。

總之，感官快適主觀性很強，饑不擇食時，粗食亦佳，不以固定的鑒賞能力為標準。善的愉悅存在於主體的理性追求中，與現實本身密不可分。而審美的愉快則存在於主體運用想像力的自由感受之中，是活生生的心之悅樂。

三、無利害感的二律背反原則

康德的審美判斷的無利害感思想同時是辯證的，反映了他的二律背反原則。康德在對無利害感的直接闡述（第 1－5 節）中沒有直接地提及其中的二律背反，但是縱觀《判斷力批判》的全書及其行文意向，我們仍可見出其中所反映的感官快適與審美判斷的二律背反、善的愉悅與審美判斷的二律背反，以及感官快適與善的愉悅最終統一於審美判斷的辯證思想，並且由兩者之間的二律背反推論出審美的普遍有效性，從而由生理與心理的統一導向了審美的先天原則。

在康德思想中，感官快適與審美愉快之間存在著二律背反。一方面，審美判斷的愉快不同於感官快適，另一方面，審美判斷的愉快又基於感官快適。因為「鑒賞判斷是面向感官的對象」[24]。感官快適的對象不一定能引起審美愉快，而審美愉快的對象則要以感官快適為基礎。不可想像，一種震破耳膜的聲音能夠引起審美的愉快。顯然，有利害感的感官快適與作為審美判斷的感官快適，即上述的

23　康德《判斷力批判》上卷，宗白華譯，商務印書館 1964 年版，第 47 頁。
24　康德《判斷力批判》上卷，宗白華譯，商務印書館 1964 年版，第 186 頁。

二律背反中的兩個感官快適的內涵是不一致的。作為審美判斷的基礎的感官快適，首先排除了作為個人感覺的感官快適。例如，一般趣味和口味等。嗜辣的人吃辣是快適的，不嗜辣的人吃辣則不快。「對於眼和耳等所感的快適也是這樣」[25]，它們是無可爭辯的。而審美的感官快適則具有普遍有效性。審美的感官快適「不僅是根據我個人的感官感覺，而且也是根據一種被想像為適用於任何人的確定的規則來作選擇的」[26]。當感官快適滯留在感官（自然需要）本身的滿足，或是導向對對象的存在本身的欲望時，它便不是審美的。而當對象由感官快適導向對對象形式的判斷，它便是審美判斷，從中獲得的愉快便是審美愉快。正是在這個意義上，我們說感官快適與審美愉快之間存在著二律背反，它們是一種矛盾統一的關係。

　　康德的審美愉快與善的愉悅之間也存在著二律背反。一方面，康德將無利害感看成美與道德之間區別的重要標誌；另一方面，在先驗辯證論中，康德又設專節論述「美作為道德的象徵」（第 59節）。美不同於道德，同時又是道德的象徵，這就構成了二律背反。按照康德的說法，這種矛盾，當然只是一個假像，而實質上它們之間又是統一的。關鍵在於象徵。美被視為對道德和善的一種象徵，即在形式上被我們的思維方式看成是一種象徵。美實際上是通過特定的思維方式對道德上的善的一種合目的性的表述。通過這種表述，善的實質性內容被昇華了，從而不直接涉及利害本身，只是「在形式上受義務原則所支配的。因而，理想的鑒賞具有一種從外部促進道德的傾向」[27]。這種傾向使得美「對每個人是自然的；也要求著每個人作為義務」，因而，只有在「美是道德的象徵」的考慮中，「美才伴隨著每個別人都來贊同的要求而使人喜歡，這時內心同時意識到自己的某種高貴化和對感官印象的愉快的單純感受性的超

---

[25]　康德《判斷力批判》上卷，宗白華譯，商務印書館 1964 年版，第 49 頁。
[26]　康德《實用人類學》，鄧曉芒譯，重慶出版社 1987 年版，第 137 頁。
[27]　康德《實用人類學》，鄧曉芒譯，重慶出版社 1987 年版，第 143 頁。

升，並對別人也按照他們判斷力的類似準則來估量其價值」[28]。因此，這種無利害的純粹愉快，在形式上與道德是一致的，是通過想像力在它的自由裏達成的，並且最終間接地促進著道德。

在審美批判中，感官快適與善的愉悅獲得了統一，並最終導向了無利害的愉快。從一個角度看，審美判斷力正是這兩者統一的能力。「鑒賞力是感性判斷力作出普遍適用的選擇的那種能力。」[29]而且也只有感官快適與善的愉悅相統一，審美判斷才得以成立。主體由對象的形式本身獲得感官快適，即不是關注對象本身或導向佔有，而是使對象的表像在快與不快的名義下隸屬於情感本身，再通過道德評判的方式來感受對象，例如，「我們稱建築物或樹木為壯大豪華，或田野為歡笑愉快，甚至色彩為清潔、謙遜、溫柔，因它們所引起的感覺和道德判斷力所引起的心情狀況有類似之處」[30]。這種感覺方式實際上與我們對建築、樹木和田野自身存在的道德判斷無關，只是借助想像力運用道德評判的名稱對其形式所進行的反省判斷。這種意義上的感官快適與善的愉悅的統一，便必然地導向了無利害感。

康德以前，審美無利害感問題的闡述不夠系統，而且還存在著爭論。而康德對審美無利害感的系統論述，解決了美學中有無利害感的分歧，審美的無利害感從此便成為一條不爭的原則，作為審美與非審美的界定被確定了下來。至於審美判斷的無利害感的先驗基礎，則體現在先天共通感與合目的性的思維方式的統一之中。

---

[28]　康德《判斷力批判》，鄧曉芒譯，人民出版社 2002 年版，第 200 頁；參見宗譯本第 201 頁。

[29]　康德《實用人類學》鄧曉芒譯，重慶出版社 1987 年版，第 138 頁。

[30]　康德《判斷力批判》上卷，宗白華譯，商務印書館 1964 年版，第 203 頁。

第二節　共通感

　　康德審美判斷的第二個契機和第四個契機分別是：「不憑藉概念而普遍令人愉快的東西是美的」[31]和「不憑藉概念就被認為是一個必然使人愉快的對象的東西是美的」[32]。這兩個契機，實際上是從兩個角度闡述同一問題，美是一種不憑藉概念的普遍有效的愉快，而這種愉快又是先驗的，因此是必然的。康德自己曾認為：「只有當一種判斷對必然性提出要求時，才會產生對這類判斷的合法性的演繹，即擔保的責任。這也是當判斷要求主觀的普遍性，即要求每個人的同意時就會發生的情況。」[33]這句話意味著，主觀普遍性的要求，同時也是必然性的要求，因為它是先驗的。鮑桑葵曾從近代邏輯學很少區別普遍性和必然性的角度，決定將康德鑒賞判斷的第二契機和第四契機放在一起論述：「康德並沒有把鑒賞判斷的量的方面和語態方面放在一起論述。我卻把兩者放在一起，原因是，按照近代邏輯學，我們很少把量和語態，普遍性和必然性加以區別」[34]。美國學者瑪麗·邁克羅斯基在《康德美學》一書中，也將第二契機和第四契機合論，稱為「可傳達的愉快」，從普遍性和必然性兩方面進行闡述。[35]從康德這兩個契機的內容來看，第二契機涉及的是普遍贊同的共同心意狀態和審美的普遍傳達能力。第四契機則進一步尋求普遍贊同的必然性，即假設一種共通感作為先天基礎，進一步闡述普遍有效性的先驗根據。因此，康德根據他哲

---

[31]　康德《判斷力批判》上卷，曹俊峰譯《康德美學文集》，北京師範大學出版社 2003 年版，第 468 頁；參宗譯本第 57 頁。

[32]　康德《判斷力批判》上卷，曹俊峰譯《康德美學文集》，北京師範大學出版社 2003 年版，第 490 頁；參見宗譯本第 79 頁。

[33]　康德《判斷力批判》，鄧曉芒譯，人民出版社 2002 年版，第 121 頁；參見宗譯本第 123 頁。

[34]　鮑桑葵《美學史》，張今譯，商務印書館 1985 年版，第 342 頁。

[35]　瑪麗·邁克羅斯基《康德美學》第六章，紐約大學出版社 1983 年版，第 50—59 頁。

據他哲學體系的需要，從邏輯的角度將美的分析區分為四個契機，而第二契機和第四契機所闡述的實際上是同一個問題，即先天共同感問題。

康德以「共通感」這個假定前提作為審美判斷的基礎。審美的普遍有效性，乃在於它的共通感。康德整個審美鑒賞判斷理論，都是奠定在共通感的基礎上的。沒有共同感，主體的愉快的情感只是私人趣味或經驗，而無法獲得普遍傳達，因而也就無法引起共鳴。沒有共通感，審美判斷就沒有一種「理性的範式」，因而也就無法體現它的調節性功能，也就不能擔負起自由向必然過渡的橋樑作用。因此，康德的整個判斷力批判理論，是奠定在「共通感」這個假定前提的基礎上的。正是通過共通感思想，他的審美判斷理論才得以貫通起來，形成一個有機整體。

一、第二、第四契機歸併的理由

康德審美判斷四個契機的觀點，是他關於四項知性範疇的學說在審美判斷力研究中的運用。這四項知性範疇，即量、質、關係、模態，是從亞里斯多德《工具論》「範疇篇」中的十範疇（實體、數量、性質、關係、位置、時間、姿勢、所有、主動、受動）裏擷取的。亞里斯多德的範疇是建立在語法和邏輯的基礎上的，起著一種符號作用。康德認為，這個範疇是拼湊的、信手拈來的。於是，康德剔除了其中的非思維純粹形式的直觀形式範疇，列出四項知性範疇，每項又包含三個範疇，共 12 個範疇，作為自己對對象作知性分析的邏輯坐標，並且形成了一個有機整體。這個範疇體系是時間的先驗規定的先天內感形式，康德以此使得現象在時間中得到統一。

在「美的分析」中，康德運用知性範疇評判感性的審美判斷，是出於他先驗哲學建築術的需要，是用理性主義的邏輯框架吸納經驗主義的美學成果，憑藉概念對感性雜多進行綜合整理，目的是將

判斷力的評判納入他的哲學體系中，使得《判斷力批判》分析的範疇在形式上實現了與前兩大批判的貫通。康德的理由是「在鑒賞判斷裏總是含有與知性的關係」[36]。這種將審美判斷納入批判哲學體系中的嘗試，是可以理解的；但因為審美判斷是涉及知性的，就用知性範疇作分析，我認為這理由並不充分。康德由於忽略了審美判斷與知性理解在思維方式上的不同，基本照搬先驗範疇體系研究審美判斷，這樣做就常常顯得方枘圓鑿、牽強附會。因此，康德用他哲學體系中的四項範疇作美的分析，非但不能使他的分析更加系統化，反而使得他關於美的分析的思想在邏輯上多少有些混亂。

儘管康德在具體運用時，將量、質兩者的順序顛倒，將《純粹理性批判》中的量先質後，改為質先量後，而且放棄了他在《純粹理性批判》中將量劃歸數學的範疇，將關係和模態劃歸力學的範疇的做法，但依然只是形式上的運用，而不能在內容上將它們統一起來。因為審美活動作為不涉及概念的自由的遊戲，與純粹理性中的「先驗自由」和實踐理性中的「實踐自由」均不相同。審美判斷首先要將美與快適與善區別開來。知性判斷依據的是概念，而審美判斷作為一種範式的必然性，依據的卻是心意諸能力協調一致的情感。這使得康德美學因受哲學體系的約束而顯出矛盾。例如，「美的分析」中的「不涉及概念的普遍性」，其內容本身就與《純粹理性批判》中量的界定相矛盾。雖然康德在四個契機的分析中有著精闢的論述，但我並不認為這四個契機可以構成考察審美判斷力的完整體系。

在康德的「美的分析」中，第一契機是針對「鑒賞」下的定義，而第二、三、四契機是針對「美」下的定義。這使得四個契機的看法在美的分析中顯得不夠統一。其中第一個契機和第三個契機在內容上有重複，而角度不同，第二契機「不憑藉概念而普遍令人愉快的東西是美的」[37]和第四契機「不憑藉概念就被認為是一個必然使人愉快的

---

[36] 康德《判斷力批判》上卷，宗白華譯，商務印書館 1964 年版，第 39 頁注 1。
[37] 康德《判斷力批判》上卷，曹俊峰譯《康德美學文集》，北京師範大學出版

對象的東西是美的」[38]則是渾然一體的。按康德的哲學體系，一現象在與現實的連接中，凡是依照經驗的普遍條件而規定的，就是必然的。經驗與現象的直觀直接聯繫著，而必然性則涉及對象的本質，在美學中即審美活動的本質。因而其中的普遍性與必然性是統一的。

康德對於審美判斷四個契機的論述，還表現在他的「崇高的分析」中。康德認為鑒賞判斷的四個契機對於崇高的分析同樣適用，甚至更為適用。明顯的表現，一是在「崇高的分析」中，康德將在「美的分析」中的質先量後的邏輯範疇順序，又改回到了《純粹理性批判》中的量先質後，理由是「審美判斷是涉及對象的形式」，而對崇高的判斷「卻能夠是無形式的」[39]，崇高「是一個理性概念的表現」[40]。二是康德認為對崇高的判斷不像美的鑒賞那樣以心意的靜觀為前提，而是在自身結合著心意的運動，「這運動將經由想像力或是連繫於認識能力，或是連繫於意欲能力」[41]，分別體現著數學的情調和力學的情調，於是康德把崇高分為「數學的崇高」和「力學的崇高」。在《純粹理性批判》中，康德把知性範疇分為兩類，其中量、質是數學的，而關係、模態則是力學的。這是康德在「美的分析」中沒有用到的。其實，這只是為著先驗哲學建築術的需要所作的一種比況的分析，說到底也還是形式上的。在「崇高的分析」中，這種分類的效果並不明顯。

康德運用知性範疇的目的，在於把普通的知識提升到科學的地位。但事實上，崇高隸屬於依存美，因而並不嚴格地符合康德純粹美的理想，倒更合適用知性範疇體系進行分析，儘管這種合適依然是形式上的。離理性概念愈近，愈適合用知性範疇。

社 2003 年版，第 468 頁，參見宗譯本第 57 頁。
[38] 康德《判斷力批判》上卷，曹俊峰譯《康德美學文集》，北京師範大學出版社 2003 年版，第 468 頁，參見宗譯本第 79 頁。
[39] 康德《判斷力批判》上卷，宗白華譯，商務印書館 1964 年版，第 86 頁。
[40] 康德《判斷力批判》上卷，宗白華譯，商務印書館 1964 年版，第 83 頁。
[41] 康德《判斷力批判》上卷，宗白華譯，商務印書館 1964 年版，第 86 頁。

　　鮑桑葵在《美學史》中把第二、第四契機放在一起論述，其理由是：「按照近代邏輯學，我們很少把量和語態，普遍性和必然性加以區別。」[42]而克羅齊更是將康德第四契機中的必然性也理解為普遍性[43]。這樣做，雖然有合理的一面，而在哲學的層面上卻是錯誤的。在普通邏輯學裏，必然和普遍兩者的內涵雖有重合之處，而且可以看成不可分割的整體，但普遍性和必然性依然是有區別的。必然性是一個邏輯的概念，包含在因果之中，普遍性則指經驗的現象。必然性是就其內在規律而言的，普遍性則是就外在現象而言的。必然性是超越現實的，而普遍性則是基於現實的。與必然相對應的是偶然，與普遍相對應的則是個別。在邏輯判斷裏，普遍性與必然性本來都是客觀的。

　　不過，康德在論述審美判斷問題時，倒是將必然性和普遍性兩者更緊密地聯繫在一起了。審美判斷的普遍性與必然性和邏輯判斷的普遍性與必然性，畢竟是不同的。首先，在康德關於審美判斷力的論述中，必然性和普遍性成了主觀性的範疇。換句話說，審美判斷中的普遍有效不是對象的普遍有效，而是判斷主體的普遍有效。黑格爾在《哲學史講演錄》裏，曾經這樣評價康德的普遍性與必然性：「康德哲學的一般意義在於指出了普遍性與必然性那樣的範疇，像休謨提到洛克時曾經指出那樣，是不能在知覺中找到的；這些範疇在知覺之外有著另一個源泉，而這個源泉就是主體、在我的自我意識中的自我。」[44]康德認為，鑒賞判斷不等於邏輯判斷，其必然性是一種主觀的、範式的必然性。與客觀必然性不同，鑒賞判斷是建立在想像力和知解力協調的基礎上的，主要涉及先驗的情感體驗。審美判斷沒有客觀原理，不強制別人贊同，而要求別人「應

---

[42] 鮑桑葵《美學史》，張今譯，商務印書館 1986 年版，第 342 頁。

[43] 克羅齊《作為表現的科學和一般語言學的美學的歷史》，王天清譯，中國社會科學出版社 1984 年版，第 122 頁。

[44] 黑格爾《哲學史講演錄》第四卷，賀麟、王太慶譯，商務印書館 1978 年版，第 258 頁。

該」贊同。在康德那裏，這個原理是先驗的，同時是假設的，設想每個人都會贊同的。在第二契機裏，康德論證了個體心理機能的知解力與想像力的協調；而在第四契機裏，康德則探尋了作為群體的人的先驗心理功能，這是將主觀的東西當作客觀的東西表像出來。

其次，對於審美判斷的普遍性問題，康德在第二契機裏只說了一半，另一半則在第四契機裏。在第二契機裏，康德論述鑒賞判斷不涉及概念的普遍性的時候，強調「美若沒有著對於主體的情感的關係，它本身就一無所有。但是這問題的說明，我們要留待下列問題解答以後，即：先驗的審美判斷是否以及怎樣可能」[45]。到了第四契機裏，康德才通過對內在共通感的說明，解答了審美判斷是否可能及怎樣可能的問題。在討論第四契機的第 18 節中，康德論述了審美判斷的可能性；而在第 19－22 節中，康德則討論了審美判斷是如何可能的。這就進一步闡明了審美判斷的普遍性。這樣，康德「美的分析」中的必然性與普遍性就有了更多的相通和互補的一面。

第三，康德先天設定人人所具有的共通感，把它作為審美判斷普遍性和必然性的共同基礎和依據。其中，必然性本身是普遍性的基礎。第二契機和第四契機不是一回事，但它們可以互補，形成一個有機的整體。如果說第一契機和第三契機分別是從對象形式和主體的判斷兩個方面去界定審美問題的話，那麼第二契機和第四契機則是從不同角度對對象進行論證，兩者在闡釋上處於互補的關係。康德認為，審美判斷是一種心意狀態的普遍傳達，它同時是必然的。「一種判斷，當它提出了必然性的要求時，這時演繹的任務就出現了，這就是要證明它這要求的合法性來。如果它要求的是主觀普遍性，這就是說要求每個人的同意，那麼，同樣這場合也出現。」[46]康德強調審美判斷的普遍性和必然性，目的在於將審美的快感與其他不涉及概念的主觀一般快感區別開來。共通感思

---

45 康德《判斷力批判》上卷，宗白華譯，商務印書館 1964 年版，第 56 頁。
46 康德《判斷力批判》上卷，宗白華譯，商務印書館 1964 年版，第 123 頁。

想使得第二契機和第四契機成了一個有機整體，進而也使得康德的審美判斷理論成為一個有機整體。

因此我認為，第二契機和第四契機作為同一角度對審美判斷的互補性闡釋，不宜被第三契機拆開。康德之所以將兩者拆開，主要是為了讓他對審美判斷問題的研究服從於其哲學體系的知性範疇系統。這是我將第二契機和第四契機合論的主要理由。

坦率地說，康德從哲學體系出發來闡釋審美判斷的共同性，並且把它絕對化，是有其局限性的。這一點，康德自己在後面的闡述中，已經不自覺地有所改變，這就是強調後天的社會性因素的影響。儘管康德認為經驗層面上的審美的社會傾向並不重要，研究審美判斷的先天原則才是他研究審美判斷的任務，但是我們如果聯繫到康德純粹美和依存美的思想進行思考，就會感覺到康德思想的矛盾性。這種矛盾反映了第二契機和第四契機的局限性，卻同時也突破了他的思想體系給人以啟發。

康德為著「美的分析」的需要，設定了「純粹美」，假定美是不依附任何先決條件而存在的。在此基礎上，康德提出了審美判斷的普遍性和必然性的先天原則。但事實上，這只能算是一種實驗室式的假設，美常常是依附於現實的關係的，只有在現實關係支撐的基礎上的美，才能成為美的最高理想。因此，康德提出「依存美」的概念。依存美不符合「美的分析」中的範式，而符合康德經驗的規範表像，並因社會性因素而具有一定的相對性和差異性。當共通感成為先天自然性與後天社會性相統一的時候，第二契機和第四契機所闡釋的普遍性和必然性就不是絕對的了。換句話說，康德的美的最高理想，是不符合他的「美的分析」的二、四契機的。正是在這個意義上，我認為康德的先天共通感思想不能絕對化。審美判斷的時代性和民族性乃至個性的差異等具體現實，有力地證明了康德先驗設定的審美判斷的普遍性和必然性原則本身是有局限的。

二、前人的共通感思想

西方的共通感思想並非從康德開始。古代及近代的神秘主義者，常常認為「共通感是上帝賜予人的偉大禮物。當人的洞察力和科學（精神）萎縮為杯中殘酒時，它是作為一種神諭出現的」[47]。這些人雖然沒有直接提到共通感，但他們的思想，大都把審美判斷的普遍有效性奠定在天國的神的世界中。例如，柏拉圖認為，美是不朽的靈魂從前生帶來的回憶。審美的共通感便是由天國絕對本體引發的，是不朽的靈魂對於理式的共同反映。普洛丁也繼承柏拉圖的學說並加以發揮，認為靈魂在迷狂狀態中從美的對象身上見到了絕對美，仿佛是回到了家，「與神契合為一體」[48]。共通感乃是人的靈魂對絕對家園的追憶。這些都是從神學目的論角度所進行的先驗界說。

另一類共通感的思想則側重於主體的身心尤其是心靈的先天相通方面來探討。例如，畢達哥拉斯學派認為人有內在和諧，這種和諧與宇宙大化的和諧是契合的。而人們在體現宇宙的和諧精神這一點上，是完全一致的。因此，主體的共通感就體現在人體天道上。它類似於中國古代道家的陰陽相生、五行相成的和諧體道思想，也類似於莊子的以氣合氣，以道統一的說法。對共通感思想作出類似評價的還有亞里斯多德。亞氏曾說：「我們具有一種共同的能力，它能感覺共同的事物，並且並非偶然地感覺。」[49]亞氏在《論靈魂》裏論述了人類精神活動的外在感覺和內在心靈及其相關的特徵，並對後世的共通感理論發生了一定的影響。雖然亞氏認為「在五種感

---

[47] 《康德1770年的就職演說》，威廉‧J‧艾克福述評，紐約 AMS 出版社1970年版，第24頁。

[48] 《九部書》第一部第六卷《論美》，轉引《朱光潛美學文集》第四卷，上海文藝出版社1984年版，第124頁。

[49] 《亞里士多德全集》第三卷，秦典華譯，中國人民大學出版社1992年版，第66頁。

覺之外（我是指視覺、聽覺、嗅覺、味覺和觸覺）並不存在其他感覺」[50]，「不可能存在某種特殊感官能感覺到共同的對象」[51]。但聖·湯瑪斯·阿奎那還是根據亞氏思想，把感覺劃分為外部感覺和內部感覺。外部感覺是指視、聽、嗅、味、觸五種感覺，而內部感覺則包括綜合感、想像、辨別和記憶等。在《論靈魂》、《論感覺及其對象》和《論記憶》等文章中，亞氏曾詳細論述到內部感覺諸內容（把它們視為靈魂的內在功能），卻並未認為它們是人的內部「感覺」。聖·湯瑪斯·阿奎那則對其詳細地加以發揮和闡述。在論述綜合感時，他曾說：「綜合感好比是外部感覺的根源和基礎」[52]。「綜合感的對象，就是視覺和聽覺感受到的感性事物。因而綜合感雖是一種能力，但是能伸展到五官的各個對象。」[53]這些說法，深深地影響了 18 世紀的英國學者們的「內在感官說」等，從而激發了康德共通感思想的形成。

　　18 世紀英國學者們對共通感問題普遍重視，討論亦多。大家相互激發和論爭，從而對這個問題有了比較深入的看法。首先闡釋這個問題的是夏夫茲別裏。作為一個劍橋派的新柏拉圖主義者，夏夫茲別裏反對他的老師、經驗主義者洛克的看法，而與萊布尼茨的理性主義思想一致。在 1711 年出版的《論特徵》第一編《道德家們》中，他主張人先天就具有辨別美醜的能力，這種能力並不借助於理性思考，而是借助於人的一種「內在感官」，即人的一種心靈能力。他還繼承畢達哥拉斯學派的看法，強調宇宙大化的和諧是「首要的美」，主體的內心世界只是這種「首要的美」的具體形態。接著，艾迪生在 1712 年發表《關於敏銳鑒賞力的培養》一文，把

---

[50] 《亞里斯多德全集》第三卷，秦典華譯，中國人民大學出版社 1992 年版，第 64 頁。

[51] 《亞里士多德全集》第三卷，秦典華譯，中國人民大學出版社 1992 年版，第 64 頁。

[52] 《亞里斯多德〈論靈魂〉》第三卷第三條，第 611 節。

[53] 《神學大全》第一集第一題，第三條。

這種先天能力的學說加以發揮，並且強調了後天的培養。他認為敏銳的鑒賞力是「心靈帶著愉悅體味作者的高妙和懷著厭惡感受作者的缺陷的一種能力」，「這種能力在某種意義上是我們生來就有的……儘管這種能力在某種意義上是我們生來就有的，但是仍要有些方法來培育它和提高它，否則它就會很不穩固，而且對具備它的人來說也不會有什麼用處」[54]。夏夫茲別裏和艾迪生的思想，已經基本上表達了當時對於共通感的主要看法：有先天素質，這是共通感的條件。同時這種奠定在共通感基礎上的鑒賞能力，後天也可以培養和提高。後來，夏夫茲別裏的門徒哈奇生的思想大抵不出這個範圍。他在 1725 年的《論美和德行兩種觀念的根源》之中，主要是在為夏夫茲別裏辯護，論證內在感官，強調它是「天生的，先於一切習俗、教育和典範」，「教育和習俗可以影響我們的內在感官……但是這一切都必須假定美感是天生的」[55]。

　　直接對康德產生影響的是休謨和伯克。在 1757 年的《論趣味的標準》裏，休謨認為人在審美趣味的素質上是相通的，而審美能力的強弱，則是在素質的基礎上發展起來的。「因此雖然趣味的原則是有普遍意義的，完全（或基本上）可以說是人同此心，心同此理；但真正有資格對任何藝術作品進行判斷並且把自己的感受樹立為審美標準的人還是不多。」[56]在休謨看來，人的審美能力是共通的，個人氣質的差別，時代與民族的差異，以及年齡的懸殊雖然存在，使得審美趣味「仿佛是變化多端，難以捉摸，終歸還有一些普遍性的褒貶原則」。這些原則，天才可以通過藝術品表現它們，學者則可以「經過仔細探索」，找到「這些原則對一切人類的心靈感受所起的

54　《西方美學史資料選編》上卷，章安祺譯，馬奇主編，上海人民出版社 1987年版，第 467－469 頁。

55　《西方美學史資料選編》上卷，程介未譯，馬奇主編，上海人民出版社 1987年版，第 475 頁。

56　休謨《論趣味的標準》，吳興華譯，《古典文藝理論譯叢》第五冊，人民文學出版社 1963 年版，第 12 頁。

作用」。如果有人在審美時「沒有能造成預期的效果，那就是因為器官本身有毛病或缺陷」[57]。如同發高燒的人舌頭不能辨別食物的味道，害黃疸病的人眼睛不能辨別顏色一樣（本書作者按：休謨黃疸病一例與事實不符）。休謨強調審美趣味先天的普遍意義的思想對康德的影響是顯而易見的。康德對休謨極為推崇，認為他打破了自己獨斷論的迷夢，對自己的整個思想方法發生了相當的影響。

　　伯克是最直接地影響了康德美學思想的英國學者。伯克的美學著作《論崇高與美兩種觀念的根源》出版於 1756 年，但該書的導論《論審美趣味》卻是 1757 年再版時加進去的。一般認為休謨對伯克影響較大，也可認為休謨 1757 年《論趣味的標準》影響了伯克的《論審美趣味》。因為這篇導論與全書的內容有所抵牾（儘管同時作了一些修改），而與休謨的文章比較接近。伯克的思想雖然是奠定在繼承前人的基礎上的，但畢竟對前人的思想加以深化和系統化了。他強調了審美判斷的普遍原則與現實生活的關係：「如果沒有全人類共同的一些判斷原則和感性原則，人們的推理與情感就不可能有任何根據以保持日常生活的聯繫。」[58]他認為人們審美感受的差別主要由於兩方面的原因：一是「天然敏感性」的強弱，二是由於「對對象的較密切、較長久的注意」[59]。審美判斷是「所有的人都依賴天然的同感來感覺，不借助於任何推理，每個人心裏都承認它們的正確性」[60]。他把人的鑒賞力分為三個組成部分，即想像力、情感與知解力。前兩種是「天性」，而在知解力方面他則認為知識的改進對知解力有著影響。

---

[57] 休謨《論趣味的標準》，吳興華譯，《古典文藝理論譯叢》第五冊，人民文學出版社 1963 年版，第 6 頁。

[58] 《崇高與美——伯克美學論文選》，李善慶譯，上海三聯書店 1992 年版，第 1 頁。

[59] 《崇高與美——伯克美學論文選》，李善慶譯，上海三聯書店 1992 年版，第 15 頁。

[60] 《崇高與美——伯克美學論文選》，李善慶譯，上海三聯書店 1992 年版，第 16 頁。

　　伯克是康德《判斷力批判》之中唯一明確提到的美學家。但在前批判時期，除了荷迦茲之外，康德幾乎沒有提到英國學者。康德在《觀察》一書中曾側重於強調個體間的審美差異。其中開門見山地指出：「與其說愉快或煩惱的不同情緒取決於激起這些情緒的外在事物的性質，還不如說取決於每個人所獨有的，能夠被激發的愉快或不愉快的情感。」[61]這說明，伯克的思想和康德批判時期的思想有一定的差異。

　　有一種意見認為：「康德通過孟德爾松的介紹，瞭解了英國美學家舍夫茲別利和伯克的思想，促使他寫作他的早期論文《對優美感和崇高感的考察》（1764 年），而當他在晚年寫作《判斷力批判》時，則更全面地利用了伯克的一系列觀點。」[62]如果我們仔細思考這段話，不妨可作如下補充：康德在寫《觀察》一書時，還沒有讀到伯克的《論崇高與美兩種觀念的根源》。伯克著作的德譯本出版於 1773 年，因此，康德前批判時期不可能把握到這部著作的全部內容，而只能通過孟德爾松的介紹簡單瞭解其大概。《論崇高與美兩種觀念的根源》對康德的系統影響反映在《判斷力批判》一書中。

　　康德還從批判哲學體系的角度，對伯克的思想提出了批評。他認為伯克對審美判斷的解釋主要是生理學的，是「純經驗解釋」。「作為心理學的解釋，對於我們心靈現象的這些分析是極為精細的，而且為經驗人類學的令人喜愛的研究提供了豐富的資料」，但是，這種解釋「我們肯定就不能指望其他人贊同我們所下的審美判斷」[63]。儘管心理活動的生理機制是人們共同擁有的，但沒有先天法則把私人趣味排斥在審美鑒賞之外，讓審美鑒賞受必然

---

[61]　康德《對美感和崇高感的觀察》，曹俊峰、韓明安譯，黑龍江人民出版社 1989 年版，第 1 頁。

[62]　汝信、夏森《西方美學史論叢》，上海人民出版社 1963 年版，第 112 頁。

[63]　康德《判斷力批判》上卷，曹俊峰譯《康德美學文集》，北京師範大學出版社 2003 年版，第 528－529 頁，參見宗譯本第 119－120 頁。

的原則的拘束，而只是依賴於自然的權利，服從於個人情感的活動。因此，伯克的審美判斷，還不能算作具有真正的普遍有效性。它沒有每個鑒賞者必然應該遵守的法則，算不上真正的共通感。

　　英國學者卡瑞特曾認為：「康德的美的哲學，除了它的體系形式外，幾乎各方面都要歸功於英國著作家們。」[64]這話說得太絕對了。不過，就共通感這一點來說，卻有一定的合理性。康德的共通感思想的具體內涵，明顯地繼承了英國學者的看法。但是，康德與伯克等人的真正區別，不只是卡瑞特所說的「體系形式」，而是康德通過他的先驗學說，把共通感放到他的批判思想體系中，使之系統化、理論化，並且更深刻地追尋其內在動因。正是在這種意義上，康德認為必須有先驗原理作為鑒賞判斷的根基。「人們通過探索心意變化的經驗的規律是達不到這先驗原理的。」[65]這種作為共通感的先驗原理是一種絕對的命令，要求每個鑒賞者必須服從，規定他們「應該怎樣判斷」[66]。而且從中所感受到的愉快直接地和特定表像結合著。

　　總之，18 世紀以前的學者對審美共通感的看法，既有神秘的解釋，也有對身心的先天要素的分析，還有從心理學角度對內外感覺的區分。這些看法，對 18 世紀的英國學者產生了深刻的影響。康德在批判時期閱讀了英國學者相關的看法，並且由目的論的思想出發，從先驗角度對共通感進行系統把握，提出了自己獨到的見解。

三、共通感的先驗原則

　　康德系統化了前人關涉共通感的精闢見解，以期與他的哲學體系相吻合。在《判斷力批判》中，康德將共通感嚴格確定在審美領

---

[64]　《一元論者》第 35 卷，芝加哥公開出版發行公司 1935 年版，第 315 頁。
[65]　康德《判斷力批判》上卷，宗白華譯，商務印書館 1964 年版，第 120－121 頁。
[66]　康德《判斷力批判》上卷，宗白華譯，商務印書館 1964 年版，第 121 頁。

域進行闡述。通過審美判斷與認識、審美愉快與感官快適的區別來設定主觀心態的共通感，認為它具體表現在心理諸機能協調的心意狀態中。這種心意狀態基於共同的先天素質，並且通過範式來體現必然性的要求，表現出普遍的可傳達性。儘管它具體地表現在個別的鑒賞者身上，但它可以期望每個人都有一種「應該」的感動。

康德共通感的前提條件是不涉及概念。他在第二、第四契機中強調審美判斷「不憑藉概念」，這就明確將審美與認識區別了開來。《判斷力批判》第一章「美的分析」一開始，就開宗明義地指出：「為了判別某一對像是美或不美，我們不是把（它的）表像憑藉悟性連系於客體以求得知識，而是憑藉想像力（或者想像力和悟性相結合）連系於主體和它的快感和不快感。」[67]這樣，審美判斷就不只是判斷方式問題，而且還是主體特定的能力使然。康德給審美判斷和鑒賞的定義是：「鑒賞乃是判斷美的一種能力。」[68]這種能力便是審美判斷力。判斷力是使特殊包含在一般之中的能力，而「一般」則通過概念來反映。判斷分兩種，一種是規定判斷，將特殊事物歸於預先給定的法則、原理之中，從而達到對事物的認識。這是涉及概念的邏輯判斷。另一種是反思判斷，指僅有特殊而求包含特殊的一般規律。這是一種主體對特定對象的態度，這種態度本身包含著一種主體情感對它的價值評判，有一種合目的性的原則在其中起支配作用。因此，它是一種主觀的、與情感相聯繫的判斷。這種判斷之所以叫作審美的，是「因為它的規定根據不是一個概念，而是那在心意諸能力的活動中的協調一致的情感」[69]。判斷力批判的目的，乃在於尋求這種反思判斷力的先天基礎。而先天共通感，正是對這種先天基礎的先驗設定。

---

[67] 康德《判斷力批判》上卷，宗白華譯，商務印書館 1964 年版，第 39 頁。
[68] 康德《判斷力批判》上卷，宗白華譯，商務印書館 1964 年版，第 39 頁注 5。
[69] 康德《判斷力批判》上卷，宗白華譯，商務印書館 1964 年版，第 66－67 頁。

　　先天共通感使得審美愉快不同於一般的感官快適，乃在於判斷和快感孰先孰後。這不僅是先天共通感的關鍵，也是整個審美判斷的關鍵。「在鑒賞判斷裏是否快樂的情感先於對對象的判定還是判定先於前者」，「這個問題的解決是鑒賞判斷的關鍵」[70]。如果是先有快感而後再發生判斷，則是感官快適。「依照它的本質來說只能具有個人有效性，因為它直接系於對象所由呈現的表像」[71]，而不具有普遍有效性。因此，這只是一種帶有利害感的感官快適，限於私人的主觀感覺，對象與情感之間沒有必然聯繫。而主觀的普遍有效性是一種先有判斷後有快感的判斷，它不只是停留在外在感官的快適之中，而是導向情感，導向心意狀態，即心理諸功能的協調。這種協調即想像力與知解力和諧自由活動的方式是可以普遍傳達的。這是一種主觀的普遍可傳達性，人們可以共同分享審美的愉快。

　　這種不涉及概念、不同於感官快適的主觀的先天共通感是康德假定的「人同此心，心同此理」的普遍心意狀態。這種心意狀態不是指某種外在感覺，而是心理諸功能協調的效果。按照康德的先天原則，只有在假定的共通感的前提下，我們才能進行審美判斷。離開了人的先天共通感，便無法構成審美判斷的普遍性。這種諸功能協調的心意狀態，主要是指想像力和知解力的自由活動的狀態。

　　想像力和知解力是主體在審美時的兩種重要的心理機能。審美對象的表像「必須具有想像力，以便把多樣的直觀集合起來，也必須具有悟性（即知解力——引者），以便由概念的統一性把諸表像統一起來」[72]。在這種心意狀態中，想像力有著創造性的自發的特徵。它是可能的直觀的諸形式的創造者。體現主體的共通感的審美理想正是憑藉想像力才得以完成的。「想像力在一種我們完全不瞭解的方式內不僅能夠把許久以前的觀念的符號偶然地召喚回來，而

---

[70]　康德《判斷力批判》上卷，宗白華譯，商務印書館 1964 年版，第 54 頁。
[71]　康德《判斷力批判》上卷，宗白華譯，商務印書館 1964 年版，第 54 頁。
[72]　康德《判斷力批判》上卷，宗白華譯，商務印書館 1964 年版，第 55 頁。

且從各種或同一種的難以計數的對象中把對象的形象和形態再生產出來。甚至於，如果心意著重在比較，很有可能是實際地縱使還未達到自覺地把一形象合到另一形象上去，因此，從同一種類的多數形象的契合獲得一平均率標準，這平均率就成為對一切的共同的尺度。」[73] 人在作鑒賞判斷時，想像力必須在它的自由裏被考察著，但是當想像力把握眼前的某一具體對象時，受著具體對象形式的限制，而對象的形式正賦予想像力以具體的形態。由於對象本身的形式含有多樣統一的特徵，這種多樣統一與想像力的自由活動可以起到一種協調作用，在一定的範圍內給想像力提供自由。但是這想像力由於植根於理性中的更高原則，根據類比規律，仍可獲得共同的基礎。因此，想像力與知解力的合規律經由情感（而不是概念）的協調，由於形式的多樣統一而體現出自由與合規律的統一。

而知解力則由想像力在它的自由中喚醒，知解力「沒有概念地把想像力置於一合規則的遊戲之中，這時表像傳達著自己，不作為思想，而作為心意的一個合目的狀態的內裏的情感」[74]。知解力在審美判斷中不是作為一個認識的功能，而是作為這種判斷和它的不依賴概念的表像規定的功能，「依照著這表像對主體的關係和主體的內在情緒，並且在這個判斷按照普遍法則而可能的限度內」[75]。這種想像力與知解力的自由協調以適應對象評判的心意狀態，便是人們主觀上共同具備的，即所謂共通感。按照康德的說法，它「不是理解為外在的感覺，而是從我們的認識能力的自由活動來的結果」[76]。其內在的共通的根源，則在於假設的先天原則。

從先天的角度，康德認為共通感同時具有必然性，而不只是一種經驗的心理事實。「在那裏能夠先驗地認為每個人將感到對於這

---

[73] 康德《判斷力批判》上卷，宗白華譯，商務印書館 1964 年版，第 72 頁。
[74] 康德《判斷力批判》上卷，宗白華譯，商務印書館，1964 年版，第 140 頁。
[75] 康德《判斷力批判》上卷，宗白華譯，商務印書館 1964 年版，第 67 頁。
[76] 康德《判斷力批判》上卷，宗白華譯，商務印書館 1964 年版，第 76 頁。

個被我稱為美的對象的這種愉快」[77]，這種必然性被稱為是一種範式。這種範式表明：審美判斷力不需要我們「從他那自然素質的粗糙的根底開始」，「不陷入錯誤的諸試驗裏去」[78]。審美判斷力不是通過對前人模仿獲得的，「不需要到別人的判斷裏去摸索經驗」[79]。審美判斷力有繼承性的一面，這種繼承同時有喚醒的意味。它不是從後天經驗積累的，而是在先天素質基礎上，與先進者「從那同一的源泉裏來汲取，像那先進者自己所以汲取的，並且只學習先進者在汲取時是怎樣做的」[80]。康德認為「在一切機能和才能之中正是鑒賞最需要範例，即那些在文化的進展中獲得讚揚最久的」，「因為鑒賞的能力是不能由概念和訓示來規定的」[81]。正因為這種範式的存在，當審美對象出現時，每個人都「應該」判斷它是美的。而且每個個別的具體審美對象，都因這種范式而必然地包容在普遍贊同的原則之中。因此，審美判斷的必然性作為一種範式，不只是一種普遍的規則，也不是客觀的和知識的判斷，更不是由經驗獲得，它可以無條件地期待每個正常人的普遍同意。

　　如同在美的分析的其他部分乃至康德整個美學和哲學思想之中一樣，共通感的思想的闡述反映了他的二律背反。首先他認為審美判斷是一種單稱判斷，而單稱判斷一般是不能顯示出普遍性的，如感官快適。但康德又認為它同時具有普遍性，因為這種單稱判斷不涉及到利害計較（欲念），讓人們在審美判斷中在喜愛這個對象中完全是自由的，因而也就看不出有什麼只有他個人才有的私人特殊情況讓他感到不自由。其中所產生的愉快的理由對一切人都應該是有效的，可以相信每個人有理由假定一切人都能感到同樣的愉快。這個二律背反的關鍵，在於對判斷的界定。一般單稱判斷屬於

[77]　康德《判斷力批判》上卷，宗白華譯，商務印書館 1964 年版，第 75 頁。
[78]　康德《判斷力批判》上卷，宗白華譯，商務印書館 1964 年版，第 126 頁。
[79]　康德《判斷力批判》上卷，宗白華譯，商務印書館 1964 年版，第 125 頁。
[80]　康德《判斷力批判》上卷，宗白華譯，商務印書館，1964 年版，第 126 頁。
[81]　康德《判斷力批判》上卷，宗白華譯，商務印書館，1964 年版，第 126 頁。

規定的判斷力，故有單稱全稱之分。而審美判斷是一種反思判斷，不涉及概念，而以情感為橋樑，通過合目的性的原則作為共同的價值標準和心意諸能協調的依據，因此是普遍有效的。

共通感的第二個二律背反是不涉及概念，不是認識活動，卻又需要想像力和知解力這兩種認識功能的自由活動。康德認為，審美判斷中的想像力和知解力及其協調，已經不是我們認識意義上的想像力和知解力。其想像力不只是一種對特定對象特定形式再現的想像，而是一種自動受感性形態感發的創造性想像，即自由的想像，這種想像沒有強制的規律，沒有實際的目的。其知解力也不是一般憑藉概念導向確定理解的認識的知解力，而是一種不確定的理解，始終不脫離感性，使想像在沒有概念的情況下協調成一個體系。因此，一方面自由的想像力，不可能是自主的，必須通過知解力的協調；另一方面知解力若按照一定的規律去規範它，「那麼它的成果將在形式方面被概念規定著」[82]。因此，審美判斷力乃是通過確定的知解力，通過合目的性的思維方式對想像力的協調。這種想像力與知解力和諧的心意狀態，屬於情的體驗，而不是知的認識。

共通感的第三個二律背反，也是根本的二律背反，即審美判斷雖然是主觀的、個別的，卻又有普遍性和必然性，是奠定在先驗假設的基礎上的。這就是「人同此心，心同此理」的共同心意狀態。這個心意狀態是人類先天就共同具有，不是約定俗成的。這個假設如同他的《純粹理性批判》中的經驗假定一樣，是論證的前提，而本身卻未經過論證，只能期待每個人都普遍認同。這個先天共通感正是康德整個審美判斷的前提。

總之，康德在假定共通感的先驗基礎上，對共通感的現象進行了闡釋，認為它是不涉及概念的反思判斷。這具體表現為想像力與知解力協調的心意狀態，通過一種必然性的範式的喚醒而獲得的共

---

[82] 康德《判斷力批判》上卷，宗白華譯，商務印書館 1964 年版，第 79 頁。

鳴，並且通過他的二律背反的認證方式對共通感進行辯證的解說。其精闢之處昭然若揭，但由於共通感的先驗基礎無法界定，因而在此基礎上推論的精確性是無法確定的。後人也無法用康德同樣的方法來解開康德先驗假定之謎。對這個問題的真正解決，只能是另闢路徑，再從康德的闡述中吸收有價值的成分。正是在這個意義上，我們認為康德的這種系統解說有其精闢、深刻的優點，也有其體系的不可繼承的弱點。

四、共通感的社會歷史基礎

在《判斷力批判》中，康德著力於運用《純粹理性批判》中所確定的方法論，從先驗、辯證的角度對共通感的問題進行研究。同時隨著康德本人思想的發展，他已開始注意到社會歷史因素的影響。這種社會歷史因素，康德曾在前批判時期的《觀察》一書中涉及，但那主要只是從經驗的角度作一些零散的描述，顯得很不系統，而且側重於不同民族、不同年齡、不同性別之間的差異。到了《判斷力批判》，康德便開始注重社會環境及其社交因素對共通感的影響。有了這方面的影響，共通感便不只是先天的，而且也與後天的交流、協調有關。共通感的具體內涵，也不是靜態的、固定不變的，而是隨著社會生活的發展，隨著交流的不斷深化，隨著知解力的不斷提高，而不斷豐富、深化的。隨之，人類所追求的自由的具體形式也在不斷改進。因此，審美理想的具體形態也是不斷發展著的。

康德哲學的最初宗旨，本來是從邏輯角度運用先驗辯證方法研究知識和道德的，而對社會歷史因素則態度冷漠。1783 年前後，在康德展開他的哲學體系的同時，德國學者開始關注社會歷史問題。伊薩克・伊澤林出版了《論人類歷史》，認為人類歷史是理性和道德逐漸地和持續地向著越來越完善的境地運動的過程。阿德隆出版了《人類文化史初探》（1782 年），探討文明史的發展因素和

規律。受他們的影響，康德也開始問津歷史問題。1784 年，康德
發表了《世界公民觀點之下的普遍歷史觀念》，1785 年應約寫出赫
爾德《人類歷史的哲學觀念》一書的書評，以此與《人類歷史起源
臆測》一起作為對赫爾德反對和責難的答復。康德的社會歷史思想
從此展開。到 1790 年的《判斷力批判》，康德突破了既定的哲學體
系，將社會歷史因素滲透到具體的論述中。康德在對審美判斷共通
感的闡述中，強調人的社會性和社交性，談到文明的發展對審美的
普遍有效性的影響，並從歷史的角度探究民族性和時代性對共通感
的影響，從而使美學思想超越了先驗辯證法的樊籬。

　　康德認為，審美判斷的先天共通感必須通過社會環境才能實現
其普遍有效性。「美只在社會裏產生著興趣。」[83]在這種實現的過
程中，人們借助於天然的社交傾向，把自己審美愉悅的情感傳達給
別人，從而促進了每個人的審美的天然傾向性，協調了整個社會群
體的人的審美感受。同時，也只有在社會環境中，人才會反映出社
交的天然要求，期待審美鑒賞的普遍傳達，讓其他人與自己分享審
美的愉悅，認同自己的喜悅，這就是共通感。因此，共通感本身就
是一種社會性的要求，「恰似出自一個人類自己所指定的原本的契
約那樣」[84]，「一個孤獨的人在一荒島上將不修飾他的茅舍，也不
修飾他自己，或採摘花草，更不會種植花草來裝點自己」[85]。

　　審美的共通感因其普遍的可傳達性而借助於社交來實現其先
天和後天的協調。共通感既有基於個體心靈最深處的先天基礎，又
可以普遍而深刻地傳達，人類便有條件進行社交，通過交流而形成
共同的東西。這樣，共通感便不只是先天的，而是先天與後天的統

[83] 康德《判斷力批判》上卷，宗白華譯，商務印書館 1964 年版，第 141 頁。
[84] 康德《判斷力批判》上卷，宗白華譯，商務印書館 1964 年版，第 141 頁。
[85] 康德《判斷力批判》上卷，宗白華譯，商務印書館 1964 年版，第 141 頁。

一，「以便人類和獸類的局限性區別開來」[86]。而作為繼承和交流仲介的所謂審美的範式，也同樣是先天和後天的統一。

審美共通感的先天因素與後天因素的交融統一是在矛盾衝突中尋求中間點來溝通和實現的。就一個民族來說，該民族裏合法的社交的內在要求與面臨的巨大困難進行鬥爭，而這困難便是「把自由（並且也就是平等）和強制（這強制是由於責任感的尊敬和服從，超過了由於畏懼）結合起來」[87]。這就是說，自由與道德律令（義務）之間只有協調才能作為社交的基礎。這種社交的辦法通常是不同層次的人之間的共識，以尋求文化與天性之間的中間點作為共通感的法則。即特定民族內部借助於藝術來使文化人與較粗野的人之間得以交流和溝通，使他們之間相互傳達諸觀念，使前一部分的人博大、精煉同後一部分人的自然純樸與獨創性相協調。並且在這種協調中尋求文化與正確性之間的聯結點，實際上是人的先天自然性與後天社會性之間協調的中間點，這才是審美判斷的真正的共通感的法則所在。也正因為如此，共通感才有先天法則與後天社會性的統一，才有審美觀念的具體內容的發展。

共通感的具體內容通過人際間的交流而不斷向前發展。在自然向人生成的歷史過程中，人的自然傾向冀求在社會中獲得實現。文明的人便是「傾向並善於把他的情感傳達於別人，他不滿足於獨自的欣賞」[88]，並希望在社會裏和別人共同感受。每個人都期待和要求著從他人那裏來的普遍傳達，仿佛是由人性本身所擬定的原始契約。人類從文身發展到文化發展的高峰時代，正通過普遍可傳達性而提高審美意識的價值。這種發展的契機與人的知解力和道德原則均有密切關係，既然共通感的心意狀態是想像力與知解力的協調，人的知解力在不斷發展著；這種共通感的心意狀態自然也在不斷發

---

[86] 康德《判斷力批判》上卷，宗白華譯，商務印書館 1964 年版，第 204 頁。
[87] 康德《判斷力批判》上卷，宗白華譯，商務印書館 1964 年版，第 204 頁。
[88] 康德《判斷力批判》上卷，宗白華譯，商務印書館 1964 年版，第 141 頁。

展。同時，美作為道德的象徵，審美判斷能力是「一個對於道德性諸觀念的感性化」[89]的評定能力。而道德是在不斷發展的，其象徵則不可能固定不變。正是在上述意義上，我們認為共通感的具體內容是隨著社會的發展而發展的。

當然，共通感的發展畢竟是相對的。共通感基於人類本性的先天因素是不變的，主體的先天的感性形成，想像力與知解力的協調原則，主觀形式的合目的性的先天法則，以及在此基礎上所體現出來的審美心理功能是不變的。所變的只是受社會歷史因素影響的共通感的具體內容。因此，康德從自己的哲學體系出發，闡述了共通感的先天性，又突破了這一框架，強調它的社會歷史因素，其意義是重大的。這雖然離共同感的精確解釋的距離依然遙遠，但在研究的思想方法和思想高度上，確實比前人有了質的突破。

第三節　無目的的合目的性

無目的的合目的性問題是康德審美判斷理論的樞紐所在。正是由於目的論的發現以及對審美合目的性問題的研究，康德才發現審美判斷力也能評判，也能納入批判哲學體系之中，並且可以作為自然向自由過渡的橋樑。在美的分析中，合目的性原則被作為一種奠定在共通感基礎上的審美的思維方式，審美的普遍有效性的主觀依據。康德對社會歷史因素的重視，也正由合目的性原則的運用，而使之滲透到美的分析之中。

---

[89]　康德《判斷力批判》上卷，宗白華譯，商務印書館 1964 年版，第 204 頁。

一、合目的性的心意狀態

康德認為，審美判斷作為一種反思判斷，它的先驗原理便是自然的合目的性。這種合目的性只是一種對對象進行反省，使一般對象成為審美對象的思維方式。它所涉及的不是對象自身的目的，而是通過特定的思維方式把對象視為是合目的的。審美本來沒有自己的地盤，通過合目的的思維方式，自然和自由便被納入審美的領域。因此，合目的性既不是認識自然的法則，也不是決定行為的道德律令，而是一種不涉及對象自身，不具有實質性內容的具有普遍有效性的主觀法則。

康德將目的判斷分為兩大類，即內在目的和外在目的。外在目的指事物本身的有用性，涉及現實的利害關係和道德的善。內在目的指事物自身的完滿性，即在概念上符合事物的目的，涉及對象的知性理解，但審美判斷既不涉及概念，又不涉及實際的利害關係，即「無主觀的目的（引者按：即既無內在目的也無外在目的）」[90]，只是一種主觀的形式上的合目的性。這是主體把受必然法則支配的自然的個別想像看成一個自由體，是以自由的眼光看待自然的結果。從這個角度講，審美判斷的主觀合目的性，實際上是一種不依據知性和理性而依據情感的思維方式。

正因為審美的合目的性是一種通過情感體悟對象的思維方式，是奠定在快樂的情感基礎之上的，其合目的性中的目的，便不是現實中的目的，如外在目的和內在目的。根據康德在「無利害感」和「共通感」中的闡述，美不涉及概念，與效用、善和感官快適不同，沒有明確的現實目的。審美的合目的性的目的，只體現一種順

---

[90] 康德《判斷力批判》上卷，宗白華譯，商務印書館 1964 年版，第 59 頁。

情適性的情調，一種不刻意為之的行為，與對象的表像緊密地結合在一起。

正是在這個意義上，康德駁斥了鮑姆嘉通的目的論美學。鮑姆嘉通從客觀的內在目的的角度界定審美，從對象本身尋求美感的共同性。他認為美在於感性認識的完善：「美學的目的是感性認識本身的完善（完善感性認識）。而完善就是美。」[91]他還把美學視為一種低級的認識論，認為審美的真與邏輯的真的真正區別在於：邏輯的真屬於高級的認識，是抽象的普遍性的真；而審美的真屬於低級的認識的真，是個別具體現象的真。這種通過知性對對象的考察屬於邏輯，而不屬於審美。康德在《判斷力批判》中不點名地批判了這位曾使他受益匪淺的「有名的哲學家」[92]，認為審美意象反映了一種主觀的合目的性，主體可以借助於想像力來把握，本身並沒有反映出對象的完滿性。因為在審美中，對象不是通過一個特定的目的來被思考的，而是在主觀心意狀態中，體現了形式的合目的性。

合目的性的思維方式處於特定的心意狀態之中。合目的性是對象對主體的合目的性。對象是合目的性的形式，主體則是想像力與知解力不涉及概念的協調的情感。通過這種情感，主體將諸多個別的自然現象統一於一個先驗的自然整體，從給定的特殊去尋求普遍，從偶然中尋求法則。通過這種心意狀態，主體以自身的情理來理解自然，這是一種擬人化的方式。通過這種方式，主體將作為必然的自然看作一大整體，而這個整體是自由的，這便是審美判斷。「審美的合目的性是判斷力在它的自由中的合規律性」[93]。判斷力是把知解力作為先驗的合目的性附加於自然的，「沒有這個形式的合目的性，悟性在自然裏面不能安頓自己」[94]。這種知解力在審美

---

[91] 鮑姆嘉通《美學》，簡明、王曉旭譯，文化藝術出版社 1987 年版，第 18 頁。
[92] 康德《判斷力批判》上卷，宗白華譯，商務印書館 1964 年版，第 65 頁。
[93] 康德《判斷力批判》上卷，宗白華譯，商務印書館 1964 年版，第 112 頁。
[94] 康德《判斷力批判》上卷，宗白華譯，商務印書館 1964 年版，第 32 頁。

判斷中是作為判斷和它的不依賴於概念的表像的規定的功能，知解力依照著這表像對主體的關係和主體的內在情緒，並且在這個判斷依照普遍法則而有可能的限度內。作為一種主觀性的原理，它完全不能成為知識的組成部分；而作為一種范導性原理，它對於我們人類的判斷力又是必然有效的。

自然形式的合目的性作為一種主觀的合目的性始終不脫離表像。它不依據概念，卻通過表像將對象聯繫於主體，「並且不讓我們注意到對象的性質，而只讓我們注意到那決定與對象有關的表像諸能力底合目的的形式」[95]。這種表像的單純形式不是客觀的，而是符合主觀心意狀態的（合目的的）形式。體現在某一表像裏的心意狀態的普遍傳達能力，對於鑒賞的條件來說，是最基本的能力，其結果是必然對對象發生快感。這種表像的合目的性的單純形式，本身無任何目的，不依賴概念而能獲得普遍可傳達性的愉快。

因此，康德的合目的性原理，是從想像力與知解力協調的情感狀態的角度，始終不脫離感性形態去尋求審美的普遍有效性的依據。在《判斷力批判》第 11 節標題中，康德把對象的合目的性的形式作為鑒賞判斷的唯一根據。通過合目的性的心意狀態，審美判斷成為一種先驗判斷，從而區別於一般的感官快適、知性判斷和道德評判。

二、合目的性原則的辯證性

合目的性原則反映了康德二律背反的辯證思想，是一種無目的的合目的性。兩個目的概念的前後內涵是不同的。客觀上，美不是有用的，審美是無利害感的，也不涉及到概念，不強求事物本身的完滿性。主觀上，它又是有目的的。這種目的反映的是主觀的想像

---

[95] 康德《判斷力批判》上卷，宗白華譯，商務印書館 1964 年版，第 66 頁。

力與知解力協調的心意狀態的情感形式，這種情感形式通過一種類比、一種擬人化的思維方式，使得對象始終不脫離表像而體現合目的性。可見，審美的合目的性僅是形式本身同快樂與不快樂的情感的一種關係，與通常意義上的目的不同。因此，這種關於目的的悖論實質上是不存在的。

但康德合目的性問題中的辯證思想並不限於這個基本的二律背反。對於依存美，或美與其他性質相容的形態，他的看法也頗為深刻。他認為美不同於完滿，不以一個確定的概念為前提，這是從純粹的角度來討論美的。但有時，美與完滿和善是相容的。主觀的合目的性對象不以完滿和善為存在前提，但當對象既符合於我們的審美要求，又符合於善的概念和完滿性時，我們不能說它反而不美了，而應該說這種美善相彰的對象更加美。美不同於善和真，當真善美重合時，它便美得更具有豐富性。美不在於善和真，是說明善和完滿不是美的必然條件，不能說美的東西就一定不能具有真和善的基礎，就一定與對象的完滿概念相衝突。美不以目的為標準，但不代表符合目的的東西就不能符合審美標準。

對審美對象的評判，不以對象本身為起點，而以一個特定的概念為前提。在隸屬於特殊目的的概念之下，「後者的審美判斷卻被做成繫於前者的目的而作為理性判斷從而被制約著」[96]，「鑒賞因審美的愉快和理智的愉快相結合而有所增益」[97]。美本身雖然不因有完滿性和善的內容而有所增益，但美善相兼的對象或美真相兼的對象若「同時跟主體的感覺一起予以考慮，那麼，如果兩方心意狀態協調的話，想像力的全部能力就有所獲益」[98]。

正因為依存美是相容的，所以它不但不比純粹美遜色，而且還使之錦上添花，相得益彰。這也充分表現在藝術之中。當一件藝術

---

[96] 康德《判斷力批判》上卷，宗白華譯，商務印書館 1964 年版，第 68 頁。
[97] 康德《判斷力批判》上卷，宗白華譯，商務印書館 1964 年版，第 69 頁。
[98] 康德《判斷力批判》上卷，宗白華譯，商務印書館 1964 年版，第 69 頁。

品僅僅具有美的功能時，它是一件「純」藝術品，體現了純粹美。當一件藝術品在具有審美功能之外還具有認識功能和道德功能時，或者審美功能附庸在認識功能和道德功能之上時，該藝術品便是依存美，而美的理想正從依存美中得以充分體現，使美在與確定觀念的關係中獲得確定的表現。這就是想像力在眾多的感性形態中形成標準的規範觀念，與體現道德理想的理性觀念的統一。所以，美的理想不僅僅屬於鑒賞，而且屬於真善美高度統一的形態。換句話說，只有在這種形態或相互關係中，才有美的理想，依存美也因此比純粹美內容更豐富，範圍更廣闊。

與此相關的矛盾還表現在美的理想的界定之中。在康德看來，純粹美是沒有理想可言的，依存美中如住宅、花園等，只是附庸於一定的目的，也沒有理想可以表像，因為它們沒有經由概念的規定和固定。美的理想實際上要經由概念，要奠定在客觀合目的性的基礎上。這與康德的美不涉及概念、本身是無目的的說法是相矛盾的。看起來，美的理想與美的質的規定性似乎是衝突的。

從質的規定性上看，一方面，審美理想既不能以概念的方式存在，又不能以範例的形式存在。因為概念會導致知性理解，而範例易導致機械模仿。而審美是感性的，又是具有獨創性的。另一方面，審美理想是將個別事物作為適合於某一個觀念的形象顯現。其中的觀念在本質上是一種理性概念，這種理性概念是不確定的，並且不能用概念的形式來表達，而只能在個別形象裏表達出來，因而被稱為美的理想。

同時，美的理想實際上觸及了康德哲學的根本問題，即人的問題。人是最後目的。審美本身服從於這個最後目的。因此，美的最高理想，應該是人本身及其文化與自身的高度契合，即人的自然形態的形體理想（通過感覺相互消長的調節求得千百人平均數）與道德理想的統一，而這正是奠定在客觀合目的性的基礎上的。「所以

只有「人」才獨能具有美的理想,像人類盡在他的人格裏面那樣,他作為睿智,能在世界一切事物中獨具完滿性的理想」[99]。

因此,審美本身沒有目的的考慮,也不涉及理性概念。但審美在人的自我實現的大背景下,在從必然走向自由的歷程中,又是有目的的,又是涉及理性觀念,即人的自覺意識的。正是在這個意義上,我們說審美是從特定的思維方式出發,最終服務於人的生存、成就人自身,把人引向自我實現的境界的。人通過理性為審美立法,並通過審美,使人從大化的意匠經營,即人的自然形態通過表現人的理想,表現道德而進入審美境界,最終使自然與自由在人本身獲得高度統一。由此出發,我們認為,審美的合目的性與審美理想最終服務於人的終極目的,兩者是不矛盾的。

---

[99] 康德《判斷力批判》上卷,宗白華譯,商務印書館 1964 年版,第 71 頁。

第四章　崇高論

在《判斷力批判》中，康德沿襲了前批判時期的美學內容，把崇高與優美平列起來研究。他認為，主體對於崇高的對象「那判斷本身始終保持著它的審美特性，因為它不以任何關於對象的規定性概念為基礎，只是通過心靈能力（想像力和知性）的對照把它們的主觀活動表現為和諧的」[1]。在「美的分析」中，康德主要涉及了審美判斷的一些基本原則。到了「崇高的分析」中，康德則對優美與崇高的差異進行了系統闡述，並依據先驗方式，把崇高分為兩類，分別稱為「數學的崇高」與「力學的崇高」。雖然這種分類尚有一定的欠缺，但在具體的闡述中，康德對「數學的崇高」側重於量和質的分析，而對「力學的崇高」側重於關係和模態的分析，使他的崇高觀得到了深化。這樣，康德的崇高觀就從對象的感性形態，主體感性與對象的衝突和道德理性所獲得的伸張這三個方面論述了崇高的現象及其根源。這一理論是非常深刻的。席勒在評述康德的崇高論時曾這樣歸納其基本內涵：「在崇高概念中我們區別三個組成部分：第一，作為一種力量的自然界的現象；第二，這種力量和我們身體上的抵抗能力的關係；第三，它和我們的道德品格的關係。」[2]這種概括雖然與康德的某些論點有矛盾之處，但與康德崇高論的整體思想卻是吻合的。

---

[1]　康德《判斷力批判》上卷，曹俊峰譯《康德美學文集》，北京師範大學出版社 2003 年版，第 508 頁，參見宗譯本第 98 頁。

[2]　古留加《康德傳》，賈澤林等譯，商務印書館 1992 年版，第 194 頁。

第一節　崇高論思想的來源及意義

在《判斷力批判》中，康德著力研究崇高問題，一方面是繼承了前批判時期對優美和崇高兩個範疇的對比研究；另一方面也是時代精神，包括社會思潮和文學運動的影響。因此，康德進一步系統地接受了前人關於崇高的論述，特別是朗吉諾斯和伯克著作中的思想，對崇高進行系統研究。在具體研究中，康德將崇高問題納入他的先驗哲學體系，促成了由審美判斷向審目的判斷的過渡，並將對美的形式感受推進到「美是道德的象徵」，從中強調了人的理性能力和主體道德精神的偉大意義，從而把他的人本主義精神提到前所未有的高度。因此，一般認為崇高在康德美學中佔有著極為重要的地位，並在他的整個批判哲學體系中具有相當大的價值。

一、時代精神的感召

康德的崇高觀反映了他對時代精神的回應。過去有人誤解康德，認為他脫離實際，只會坐在書齋裏玄想。實際上，康德時時關注著社會發展的脈搏，敏銳地體會到社會和文化的變化。只不過他是以他自己的方式在領會和適應這些變化，以他自己的方式表達著他的革命思想。馬克思要求「公正地把康德的哲學看成法國革命的德國理論」，正肯定了康德思想的革命性。而康德的崇高理論，乃是他人文精神的最高度的體現。

在法國大革命前夕，法國啟蒙思想家們的思想就給康德以強烈的震撼。到法國大革命時代，不管康德對大革命的態度有多大程度的保留，法國革命深深地觸動了他卻是事實。《判斷力批判》正是這個背景下寫作的。他對德國啟蒙運動中理性和自由的高度弘揚，正反映在崇高的分析中。

在文學上，當時的浪漫運動對古典主義的拘泥法則、雕琢做作的頹廢作風深惡痛絕，竭力倡導天才和崇高。早在前批判時期，康德就曾受到過啟蒙主義思想家和文論家的影響。艾迪生《論想像的愉快》1745 年出版德譯本後，就曾影響到康德《觀察》。艾迪生還專門撰文發表在《觀察者》（康德《觀察》一書曾提到該雜誌）第489 號上，欣賞海洋上狂風暴雨的崇高，把它稱之為「可喜的恐怖感」：「我所見的一切物體，沒有比海洋能震撼我的想像力。這一望無垠的起伏的波瀾，即使風平浪靜，我也有一種可喜的驚訝。但當暴風怒號於水面，至一直窮盡水平線的整個海洋，充滿泡沫的巨浪與卷起的水山，這時的光景所予我的可喜的恐怖感，竟非筆墨所能形容。」[3]這種思想對伯克和康德都有著明顯的影響。

對康德影響較大的盧梭就曾激烈反對古典主義的藝術風格，他指責在藝術上崇尚古典主義的伏爾泰：「大名鼎鼎的阿魯埃啊！請你告訴我們，為了我們的虛偽纖巧，你犧牲了多少雄渾而豪壯的美啊！」[4]他還批評了卡爾和比爾這兩位畫家：「你們那支筆本來是畫崇高而神聖的畫像，用以恢宏我們神殿的莊嚴的，從你們手裏放下那支筆的時刻已經到來了，不然也會被收買去給那些馬車裝飾淫蕩的壁畫了。」[5]因此，盧梭否定藝術，主要是否定纖巧、頹靡的古典主義藝術。「返回自然」的藝術乃是要求藝術表現原始的質樸和崇高。狄德羅曾經說：「如果它（天才）感到最高度的英雄激情，例如，感到具有一顆偉大的心靈的藐視一切危險的信心，例如發展到忘我境地的愛國心，它就產生崇高。」[6]他還說：「詩需要的是巨

[3] 衛姆斯特・布魯克斯《西洋文學批評史》，顏元叔譯，中國人民大學出版社1989 年版，第 260 頁。

[4] 馬奇主編《西方美學史資料選編》上卷，上海人民出版社 1987 年版，第614 頁。

[5] 馬奇主編《西方美學史資料選編》上卷，上海人民出版社 1987 年版，第614 頁。

[6] 狄德羅《天才》，《古典文藝理論譯叢》第六冊，人民文學出版社 1963 年版。

大的粗獷的野蠻的氣魄。」[7]這些都是在推崇藝術的崇高風格。在古典主義者指責莎士比亞不合規範、不登大雅之堂的時候,赫爾德則這樣形容莎士比亞:「高高地坐在一塊岩石頂上!他腳下風暴雷雨交加,海在咆哮;但他的頭部卻被明朗的天光照耀著!」[8]

二、前人的影響

在前批判時期,康德就接受了英國經驗論美學的崇高論,特別是伯克的思想。到了批判時期,康德進一步全面系統地研究了崇高問題。其中可以明顯地看到朗吉諾斯影響的痕跡,而伯克的影響在《判斷力批判》的「崇高的分析」中更為明顯。從《判斷力批判》的注釋中,我們知道康德在批判時期讀到了伯克《論崇高與美兩種觀念的根源》1773 年的德譯本。康德認真閱讀了這個德譯本,並且給伯克以很高的評價。他稱伯克的著作是經驗論著作中最優秀的,並且大段地引述伯克關於崇高的論述。[9]這在《判斷力批判》中是獨一無二的。

崇高的範疇最早是古希臘人在討論演說的修辭時提出來的。據說西元一世紀的演說術教師蔡齊利專門寫了《論崇高》的論文,討論了崇高語體的規則、演說技巧、修辭格和比的分類等問題。

系統討論文章的崇高風格而又不限於文章風格,又從自然對象的形態和主體心靈感受的角度對崇高進行闡述的是朗吉諾斯的《論崇高》。朗吉諾斯的《論崇高》從文學作品的角度認為莊嚴而偉大的思想、慷慨激昂的熱情、運用辭格的藻飾技術、高雅的措詞和堂皇的結構是文章崇高的五個來源,並且作了進一步的分

7　朱光潛《西方美學史》上卷,人民文學出版社 1979 年版,第 273 頁。

8　赫爾德《莎士比亞》,田德望譯《古典文藝理論譯叢》第九冊,人民文學出版社 1964 年版,第 69 頁。

9　康德《判斷力批判》上卷,宗白華譯,商務印書館 1964 年版,第 119 頁。

析。而朗吉諾斯對康德的影響主要有兩個方面。一是朗吉諾斯認
為對象形態的偉大和氣勢磅礴是崇高的前提條件。他說:「我們所
讚賞的不是小溪小澗,儘管溪澗也很明媚而且有用,而是尼羅河,
多瑙河,萊茵河,尤其是海洋。」[10]這一點對康德是有影響的。
康德雖然認為「崇高不存在於自然的事物裏,而只能在我們的觀
念裏尋找」[11],「真正的崇高只能在評判者的心情裏尋找,不是在
自然對象裏」[12],但實際上他是承認對象形式的前提作用的。他所
謂「全然偉大的東西」[13],是就對象的形式而言的。「高聳而下垂
威脅著人的斷岩,天邊層層堆疊的烏雲裏面挾著閃電與雷鳴,火
山⋯⋯我們願意稱呼這些對象為崇高⋯⋯」[14]這些無疑都承認了審
美對象的形式基礎。即使是人格與心靈的崇高,也是把它當作對象
進行審美評判的。只不過他不認為崇高單純地反映在對象上,而且
起主導作用的應該是主體心靈的自信心。否則,欣賞崇高而不涉及
對象豈不成了無源之水,無本之木?二是朗吉諾斯認為崇高的關鍵
在於主體由宏偉的對象所激起的莊嚴偉大的思想和強烈激動的情
感,「崇高風格是偉大心靈的回聲」[15]。宏偉的對象,通過激發我
們與之抗爭、競賽,使心靈得以提升。「作卑鄙無恥的傢伙並不是
自然為我們——他所挑選出來的子女——所訂的計畫,決不是的,
它生了我們,把我們生在這宇宙間,猶如將我們放在某種偉大的競
賽場中,要我們既作它的豐功偉績的觀眾又作它的雄心勃勃的競賽
者;它一開始就在我們的靈魂中植有一種不可抗拒的對於一切偉大
事物、一切比我們更神聖的事物的渴望。因此,就是整個世界,作

---

[10] 《論崇高》第三十五節,《朱光潛美學文集》第四卷,上海文藝出版社 1984
　　年版,第 120 頁。
[11] 康德《判斷力批判》上卷,宗白華譯,商務印書館 1964 年版,第 89 頁。
[12] 康德《判斷力批判》上卷,宗白華譯,商務印書館 1964 年版,第 95 頁。
[13] 康德《判斷力批判》上卷,宗白華譯,商務印書館 1964 年版,第 87 頁。
[14] 康德《判斷力批判》上卷,宗白華譯,商務印書館 1964 年版,第 101 頁。
[15] 《論崇高》第九節,《朱光潛美學文集》第四卷,上海文藝出版社 1984 年
　　版,第 115 頁。

為人類思想飛翔的領域，還是不夠寬廣，人的心靈還常常越過整個空間的邊緣。」[16]他認為大自然的偉大主要在於把人造就為萬物之靈，並在於與自然的競賽中培養起對比自己更偉大更神聖的東西的渴望，從震撼中使心靈具有氣吞山河的氣概。這一點深深地影響著康德的思想。康德認為：「我們稱呼這些對象（引者按：指斷岩、電閃雷鳴、火山、颶風等）為崇高，因它們提高了我們的精神力量越過平常的尺度，而讓我們在內心裏發現另一種類的抵抗的能力，這賦予我們勇氣來和自然界的全能威力的假像較量一下。」[17]康德這段話與朗吉諾斯的上面那段話有著明顯的承傳關係。

康德批判時期的崇高觀更多地吸收了伯克的思想或受他的啟發。這些思想不少都是來自前人的。如艾迪生曾認為在欣賞崇高的對象時，「我們非常高興地意識到，我們沒有遭受任何危險」[18]。伯克認為欣賞崇高涉及自我保全，由恐怖引發，類似痛苦和危險的緊張，但由於主體實際上處於安全地帶，與傷害保持一定的距離，所以這種痛苦的體驗雖然使人產生強烈的驚異，甚至靈魂停止活動，但最終依然從中體驗到快感。這種看法是對艾迪生的繼承和發揮，也影響了康德。康德認為各種崇高景象讓人們感到「我們對它們抵拒的能力顯得太渺小了。但是假使發現我們自己卻是在安全地帶，那麼，這景象越可怕，就越對我們有吸引力」[19]。這和艾迪生、伯克的觀點是一脈相承的。另外，伯克將崇高的對象分為度量的巨大（主要指數量的巨大，包括長度、高度和深度）和無限這兩種形態，提出了廣大性原則和無限性原則。這對康德批判時期的崇高論

---

16 《論崇高》，伍蠡甫主編《西方文論選》上卷，上海譯文出版社 1979 年版，第 129 頁。

17 《判斷力批判》上卷，宗白華譯，商務印書館 1964 年版，第 101 頁。

18 吉爾伯特、庫恩《美學史》上卷，夏乾豐譯，上海譯文出版社 1989 年版，第 314 頁。

19 《判斷力批判》上卷，宗白華譯，商務印書館 1964 年版，第 101 頁。

無疑是有影響的。雖然「數學的崇高」和「力學的崇高」與伯克的這種論述有所不同，但受伯克的啟發是無疑的。

　　一切偉大的思想都有著承前啟後的作用。康德的崇高論亦然。西方有些學者為了抬高康德學說的價值，漠視前人的影響是錯誤的。另一方面，有些學者為了強調前人的思想成就而貶低康德的貢獻，認為他的思想除了形式的作用外，其基本思想都來自英國經驗主義思想家們，這也同樣是偏激的。

三、崇高論的體系意義

　　在康德對審美判斷力的評判中，崇高的判斷在自然向人生成的過程中起著重要作用，在他的思想體系中也同樣起著重要作用。整個《判斷力批判》是康德由知識論向道德論的過渡，而崇高又高度地體現了這個過渡，並由「美的分析」中的側重於知性轉向側重於理性，由美的分析中的側重於形式體驗轉向側重於對主體內在道德精神的喚醒，從中強調了主體的精神力量在審美過程中所顯示的博大。因此，《判斷力批判》的橋樑作用，在崇高這個環節中，走向了高峰。

　　在對美的分析中，康德繼承英國經驗論學者哈奇生等人的看法，提出了「純粹美」和「依存美」這一組範疇。就形式而言，純粹美是標準的美。它可以擺脫功利和確定概念的干擾，讓主體感受到形式所帶來的想像力與知解力協調的快感。雖然從理論上說，審美判斷中的優美與崇高雖有偏重於合規律和合目的的傾向，卻並不因真善內容的融會而使美自身的強度得以增強。但當純粹美和認知的完善、合目的的善相容時，即我們通常說的善美統一時，美則可與真善相得益彰。因此，理想的美是依存美而不是純粹美。在傾向性上，依存美進一步強化了「道德的象徵」的意味，而崇高範疇正是將審美原則和道德原則相溝通、相結合的關鍵因素，其中尤其側重於視對象為道德的象徵因素。「讓自己被鼓動著和那含有更合目

的性的觀念相交涉著。」[20]它使人與自然、必然與自由得到了統一，並且突出了主體的主導作用。尤其是道德和文化在崇高的判斷中得到了肯定。「事實上，若是沒有道德諸觀念的演進發展，那麼，我們受過文化陶冶的人所稱為崇高的對象，對於粗陋的人只顯得可怖。」[21]同時，審美活動本來是一種感性活動。在崇高的分析中，康德認為崇高體現了人類道德的真正特徵，「理性必須對感性施加威力」，「這個威力是表像為通過想像力自身，作為理性的一個工具，來發揮著的」[22]。這與前批判時期從經驗的層面研究對象與心靈的關係有著根本的不同。

康德在崇高論中尤其突出了主體的價值，充分肯定了主體在感性與理性、個體與社會、自然與人的統一中的主導作用。在審美理論的研究方法和方向上作出了可貴的探索。這使得崇高論在該書中具有重要的價值。對此，叔本華曾給予高度的評價：「在《美感判斷力批判》中遠過於（其他部分）的最卓越的東西就是關於壯美的學說，這和關於優美的學說相比，有著不可倫比的良好成績，並且不僅是指出了這個研究的一般方法，而且也指出了一段正確的途徑；已有了這樣可觀的成績，即是說雖沒有提出問題的真正解決，然而畢竟是很近乎問題的解決了。」[23]現代美學關於崇高問題的研究，同樣強調主體的心理反應的作用，把社會衝突與主體價值衝突相聯繫，從而在驚奇、狂喜、景仰、尊崇、悲壯、豪邁、勝利感中尋求崇高的情感反應。

---

[20] 康德《判斷力批判》上卷，宗白華譯，商務印書館 1964 年版，第 85 頁。

[21] 康德《判斷力批判》上卷，宗白華譯，商務印書館 1964 年版，第 105 頁。

[22] 康德《判斷力批判》上卷，宗白華譯，商務印書館 1964 年版，第 110 頁。

[23] 叔本華《作為意志和表像的世界》，石沖白譯，楊一之校，商務印書館 1987 年版，第 722 頁。

第二節　崇高與優美異同論

　　在批判時期，康德將美的分析與崇高的分析並列分述，指出優美的愉快與崇高的愉快作為審美判斷的效果既有著共同的原則，也有著一定的差異。康德《判斷力批判》第二章分析崇高時，第 23 節的標題是「從「美」的判定能力向「崇高」的判定能力的遷移」，表明康德對這兩種審美感受能力分析的過渡。在美的分析中，康德擬定了一些審美的基本原則。到崇高的分析之後對審美判斷力的總結，反映了康德由對合規律性的重視轉向對合目的性的強調，也反映了康德由第一批判知識論的探求向第二批判道德論過渡的邏輯進程。因此，崇高與優美的問題，既處於審美判斷的原則之下，又是兩個有相當區別、缺一不可的重要環節。兩者合璧，才構成了由必然向自由過渡的橋樑。

一、崇高與優美的共同性

　　康德首先闡釋了優美與崇高的一致性。這種一致性就是兩者都是自身令人愉快的，即以合乎反省判斷為前提條件。這種反省判斷不是感官的快適，也不是依靠理智邏輯地規定著，並不涉及到確定的概念。作為一種單稱判斷，崇高和優美一樣，對每個主體都具有普遍有效性。這種普遍有效性是針對快樂的情緒而不是對象的知識而言的。這樣，對崇高與優美的感受作為美感便與感官快適和善的愉快區別了開來，崇高感和美感便關聯到不確定的概念，聯繫於單純的表現和表現力。在給定的直觀中，表現力或想像力以知性或理性的概念能力作為促進者，使兩者處於協和一致中，分別帶來美感或崇高感。

　　既然在本質上優美與崇高是一致的，那麼審美判斷的四個特徵，即就量來說是普遍有效的，就質來說是無利害感的，就關係來

說是主觀合目的性的，就情狀來說是必然的，就共同適合於優美感和崇高感，雖然各自在側重點上有所不同。

在「關於審美反省判斷力的解說的總注」中，康德從兩個方面闡釋了優美感與崇高感的共同根據。首先是崇高與優美的普遍有效性的共同主觀根據。一是感性的根據，當它便利於知性靜觀時，二是當主觀的根據逆著這感性而協助實踐理性的諸種目的時，感性和理性仍然結合在一個主體內，對道德情緒的關係仍是合目的性的，雖然對優美和崇高的感受在感性與理性的協調的側重點和方式上有所不同。優美中不依照知性概念，沒有一切利害感而令人愉快。崇高則通過它對於官能的利益興趣的反抗而令人愉快。

其次是崇高與優美所依賴的社會基礎。康德說：「對美的和對崇高的愉快不僅是由於普遍的可傳達性從其他的審美性的諸判斷中辨別出來，而且由於這社會性的本質（在社會裏它能被傳達）獲得一興趣，儘管從一切社會脫離能被視作某種崇高，如果這脫離是基於超越一切感官利益以上的諸觀念的，自己滿足，即不需求社會，而非不喜社交，逃避社會，這是接近於崇高的，就像那對一切欲求的超脫。」[24]他認為，崇高與優美的審美價值都必須從社會的本質中獲得，即在社會裏它能夠被普遍傳達。雖然崇高感有時意味著超塵出世，而且因對崇高的鑒賞需要一定的文化素養，崇高的境界越高，對文化素養的要求越高，時常也就越難獲得最廣泛最普遍的共鳴，但這並不意味著崇高感的獲得可以逃避於社會。相反，獲得崇高感的人應該具有更廣博的胸懷，更積極地對待社會、社交和人生。而且，如此對待文化素養的要求並不意味著崇高感的獲得僅僅是後天的培養和習俗的產物，它的基礎依然是人類的本性，即依然是具有普遍有效的道德觀念，以便作出「應該」的判斷。

---

[24] 康德《判斷力批判》上卷，宗白華譯，商務印書館 1964 年版，第 117－118 頁。

　　康德從主體的心理機制和社會因素來闡述優美與崇高的共同性，使得審美的先驗基礎和後天的社會環境都得到了重視。在先驗的層面上，康德強調了共通感的心理機制的必然性。在經驗的層面上，康德強調了審美的社會傾向的天然性和社交性，即通過情感的普遍可傳達性及其相互影響，包括高度的文明在審美趣尚和審美理想中尤其是在崇高的鑒賞過程中的作用。康德在《判斷力批判》中對社會因素的重視，實際上是在「崇高的分析」之後。這是因為，「崇高論」是康德美學這座橋樑中更接近於實踐理性的部分，人文精神在其中得到了更充分的體現。

二、崇高與優美的差異

　　在「崇高的分析」中，康德對於崇高與優美的差異作了更為充分而深入的討論。

　　首先，康德從對象的形態與主體心態的關係角度闡釋了崇高與優美的差別。康德認為優美是奠定在對象的形式之中的，而這形式又是合乎一定的規範的。以自然為例，對象形式的均衡、對稱、和諧正是優美對象的形式條件。相反，崇高雖然也可以從對象的形式中表現出來，同時「也能在對象的無形式中發現」[25]。這種無形式不是不涉及對象的形式，而是見不到對象的整體，只是從所見到的形式中感受到無限的意味，同時借助於想像力成就對象的巨大或無限的完整性。而「無限」本身涉及的是理性觀念，這種理性觀念由對象給主體帶來的無限或巨大的感受所喚醒。從生理的角度看，主體的感官被征服，甚至產生恐懼的感覺。而從心理的角度看，主體又由崇高的對象喚起一種信念，一種「欲與天公試比高」的信念。這種信念使得主體對無限巨大等崇高對象肅然起敬，但又不是畏懼

---

[25] 康德《判斷力批判》上卷，宗白華譯，商務印書館 1964 年版，第 83 頁。

它們。因此，優美似乎只是涉及對象不確定的知性感覺，並且對象「自身攜帶著一種促進生命的感覺」[26]，並由對象直接調動起主體具有遊戲心態的想像力。這種在知解力與想像力協調中所創構的審美意象，有著一種誘人的魅力。由於優美感是對象的形式直接引起的，故更多地涉及對象的質。而崇高感則是由對象形式或無形式給人們的體積和力量的感覺感發的，故更多地涉及對象的量。同時，崇高似乎只是涉及主體的理性觀念，是由對象所喚起的理性觀念的表現。崇高對象所帶來的愉快不是對象直接感發的結果，因此被稱為間接的愉快。這愉快是由對象所喚起的主體的理性精神所帶來的，而主要不在於對象自身。因此，在分析崇高時，更側重於主體的理性精神，但並不偏廢崇高的對象所起的作用。康德是這樣闡述崇高感的效果的：「它經歷著一個瞬間的生命力的阻滯，而立刻繼之以生命力的因而更加強烈的噴射，崇高的感覺產生了。」[27]對象強烈震撼著主體，甚至在瞬間阻滯著生命力的正常活動，通過這種壓抑導致生命的抗爭和活躍，而產生崇高的感覺。崇高的感受主要不是對象魅力的吸引，而在於格格不入和抗爭中激起驚贊和崇敬。康德據此繼承伯克的看法，把崇高帶來的快感稱為「消極的快感」，優美的快感稱為「積極的快感」。

其次，康德還從先驗的合目的性角度闡釋了自然對象的崇高與優美的差異，並且將這種差異看成是最重要的和內在的差異。這種差異就是，自然的合目的性，在優美與崇高中的表現方式上，存在著根本的差異。自然的優美在形式裏帶著合目的性，對象的形式先驗地符合主體的判斷力，對象自身就構成了愉快的對象。自然的崇高則不同，它是對象不經過思維在我們內心激起崇高的情緒，與主體的判斷力相抵觸，與我們判斷力的表現功能不相適應，它們好像

---

[26] 康德《判斷力批判》上卷，宗白華譯，商務印書館 1964 年版，第 83 頁。
[27] 康德《判斷力批判》上卷，宗白華譯，商務印書館 1964 年版，第 84 頁。

是粗暴地干涉我們的想像力，向我們的想像力進行挑戰，而不是契合於既定的審美理想。

因此，我們稱許多自然對象為優美，而稱另一些自然對象為崇高一般是可以的，但嚴格說來並不準確。因為自然對象本身並不符合目的。自然對象的崇高乃是當我們用藝術的眼光把自然變成一個整體時，對象刺激我們的感覺表達我們的心意狀態中所具有那種崇高性的特徵，於是我們認定它是崇高的。正是在這個意義上，康德認為崇高的實質並不存在於對象的感性形式中，而只存在於理性觀念之中。這在語言上顯然是過激的，與康德的整個分析是不吻合的。實際上，康德意在強調理性觀念沒有適合於準確傳達的表現形式，只是由於對象的感性形式所激發，調動起主體的理性觀念，並且將這種理性觀念引發到情感面前。但這種理性觀念的激發畢竟需要令人驚心動魄才行，康德後來的所謂力學的崇高與數學的崇高，是就感發主體的對象而言的，而不是就不同的感受者的心靈而言的。

可見，對象的形態依然起著重要作用。即使是氣勢磅礴，對象也必須以主體的承受能力為度，而不能超越主體的理性觀念。否則，主體的自信心就會遭到摧毀。主體在對象面前便只會處於恐怖之中，毫無崇高感可言。康德認為廣闊的、被風暴激怒的海洋不能被稱作崇高的，而只是可怕的。這是因為主體沒有處於安全之境，或則對象的巨大與無限超越了主體自信心的承受能力。「如果人們的心意要想通過這個景象達到一種崇高感，他們必須把心意預先裝滿著一些觀念，心意離開了感性，讓自己被鼓動著和那含有更高合目的性的觀念相交涉著。」[28]即如果想讓引起恐懼的對象產生崇高感，主體心中必須裝著更高的合目的性的觀念，使主體超越原先的恐懼而獲得崇高感。

---

[28] 康德《判斷力批判》上卷，宗白華譯，商務印書館 1964 年版，第 84－85 頁。

自然對象在被視為崇高和優美時，是以不同的方式體現出合目的性的。我們稱自然對象為優美的，在自然對象的背後似乎有一種高超的技巧，使這種對象對我們表現為一種體現和諧原則的合規律的體系。這種合規律的體系不是知性所理解的規律體系，而是涉及一種合目的性，即把造化視為藝術家，把自然現象看成一種類似巧匠藝術創化的東西。這樣，自然的優美乃是一種通過藝術的觀念看待自然的結果，其形式表現為合規律性與合目的性的統一。

　　自然對象的崇高與此不同。引發崇高感的對象往往沒有固定的秩序或規則，「它們（按：指自然裏的崇高現象）卻更多地是在它們的大混亂或極狂野、極不規則的無秩序和荒蕪裏激起崇高的信念，只要它們同時讓我們見到偉大和力量」[29]。自然對象引發的崇高並不顯示自然對象本身的「任何合目的性」，只是在自然對象的感性形態的可能運用中在主體的內心裏激起一種合目的性，這種合目的性並不隸屬於自然界和自然對象。因此，康德認為自然的優美要到主體以外去尋求合目的性的特徵，而自然的崇高只存在於主體內部及其思想形態之中，是主體的思想形態將崇高帶進了自然的感性形態。

　　總之，在康德看來，自然對象崇高的合目的性與自然界的合目的性並無直接關係。崇高理論只能是自然界的合目的性的一個附錄。崇高並沒有感性地體現出自然界的任何特殊形式，而只是發展著主體的想像力的合目的性的運用。這是想像力在理性的要求下所進行的合目的性的運用，把我們的心靈境界提升到無限的理性觀念的世界，從而使主體的精神力量得以弘大，從精神上獲得了一種超越於自然的優越感。

---

[29] 康德《判斷力批判》上卷，宗白華譯，商務印書館 1964 年版，第 85 頁。

三、想像力在崇高中的特殊作用

康德在分析崇高的過程中，特別強調了主體的想像力在崇高感中的特殊作用。想像力使人們在對引發崇高的自然對象的感性超越中，獲得合目的性的表達。這樣，想像力既因脫離感性服從於理性而被剝奪了自由，又因離開了有限的感性而獲得了導向無限的表現空間。

在崇高中，主體感覺到通過想像力不能實現主體心意中的主觀合目的性的表達，而理性的超感性使命卻通過想像力迫使我們主觀地將自然自身在它的整體裏作為一種超越性的東西表現出來進行思維。因此，崇高取決於主體通過超感性的理性所運作的體悟能力和思維方式，而不是對象的純然客觀表現。

在對崇高的評價中，主體的理性強迫著想像力向想像力的極限決戰，通過擴張和對心意的威力，肩負著道德上的使命感，這就完全超過了自然對象的感性形態領域。因此，崇高的自然對象的表像是主觀地合目的性的。在對崇高的體悟中，當主體的感性方式在與類似的道德情調的心情結合著時，理性通過想像力自身，以想像力作為理性的工具在發揮作用。在這個過程中，由於想像力服從於理性，想像力自由活動的感覺被剝奪了，所以崇高的愉快是消極的愉快。但同時，想像力因此獲得了一種擴張和勢力，這種勢力超過了它所犧牲的自由。這種勢力的根據就是理性。這是想像力所不認識的理性（由眼前的自然對象所調動和喚醒），卻又通過理性感覺到自身的犧牲和被剝奪，並為之屈服。而人們對崇高的情感並不會因為理性對感性的消極的超越的表現方式而有所減損，因為想像力超越了既有的感性對安頓主體精神的限制。正因如此，基督教和佛教起初都反對雕刻成型的偶像限制。因為那樣，內在精神的自由傳達就受到了束縛。

主體在高聳入雲的山嶽、無底的深淵這樣的大自然面前，感覺到被對象所征服，產生恐怖感。但主體又知道自己身處安全之境，這樣，想像力就能達到一種超乎尋常的境界，即通過理性的力量將激蕩的心情和超功利、超認知的平常之心協調起來，並超越外在的自然界和內在的自然性的生理機能。

儘管如此，想像力在合目的性之中依然體現著合規律性。因為依照著聯想法則，令我們滿意的狀態受著物理法則的支配。同時，其中的合目的性又不是一個客觀目的，而是主體在審美活動中所賦予的主觀目的。儘管審美對象並不違反那些目的（例如天空中的星星符合於宇宙的某種和諧，偉男子的肢體符合於實用目的），而這種客觀目的在一定程度上體現了合規律性，但崇高的合目的性乃是主體審美的思維方式中所理解的擬人化的合目的性，正如詩人對氣勢磅礴的山河的觀照那樣。正是在這個意義上，康德認為「審美的合目的性是判斷力在它的自由中的合規律性」[30]。

康德在崇高的分析中，將伯克把崇高感歸為人的「自我保全」的基本衝動昇華為實踐理性的追求，把崇高的感受視為主體自我尊嚴的維護和提升，使主體憑藉想像力由感性而上升到理性。但這種理性作用又不是簡單的過渡，而依然是在審美的思維方式的基礎上超越既有的感性，又憑藉想像力建立起適應主體實踐理性的新感性。說康德的崇高更偏於審美判斷力這座橋樑的實踐理性這一側，最終達到通過審美的方式對人的尊嚴和價值的充分肯定是對的，但又不像吉伯特和庫恩所說的那樣：「從美學領域（他借助假定完全把它變成了一個獨一無二的東西）滑到了道德領域，按照康德的意見，我們幾乎可以說，崇高感是道德的一種規範。」[31]這樣評價就顯得偏頗和簡單化了。

---

[30] 康德《判斷力批判》上卷，宗白華譯，商務印書館 1964 年版，第 112 頁。
[31] 吉爾伯特、庫恩《美學史》上卷，夏乾豐譯，上海譯文出版社 1989 年版，第 449 頁。

第三節　數學的崇高與力學的崇高

在《判斷力批判》中，康德出於先驗哲學的建築術的需要，將崇高分為「數學的崇高」與「力學的崇高」。「我們所謂的建築術，是指構成種種體系的技術。由於是系統的統一性最初把普通的知識提高到科學的地位，即從單純的知識堆積而成一個體系，所以建築術就是我們的知識中關於科學的東西的學說，因而就必須形成方法論的一部分。」[32] 這裏的建築術主要指構成科學的知識系統。在《純粹理性批判》的先驗分析中，康德的建築術主要指在理性理念的範導下，在數學和力學基礎上所建立起來的形而上學的方法，這是人的理性能力的方法。康德在「崇高的分析」中運用這種方法的形式與目的論的範導方法相結合，實際上是試圖通過對審美判斷力評判這座橋樑中逼近實踐理性的崇高的分析，把這種範導方法全面運用到對純粹理性和實踐理性、必然與自由的全面分析之中，使這種方法具有普遍性。

但實際上，這種分類的效果並不明顯。因為在批判時期，康德有意貶低自然對象的感性形態在崇高中的作用。康德只是通過「數學的」和「力學的」比況在對各類引起崇高感的自然對象的感受過程中，主體伴隨著想像力的思想特徵和情調。即對象形態引發我們或採取數學的情調，其中想像力更多地與認識能力相聯結；或採取力學的情調，其中想像力更多地與意欲能力相聯結。過去有人認為數學的崇高和力學的崇高是康德對引發崇高的不同對象的區分，其實是不準確的。它主要應指主體對崇高的感受方式。雖然主體採取何種感受方式與對象的形態有一定的關係，但即使同一對象，也可以採取「數學的」和「力學的」兩種不同的比擬性的感受方式。「因依著第一種將把數學的情調，依第二種時將把力學的情調賦予對

---

[32] 康德《純粹理性批判》，韋卓民譯，華中師範大學出版社 1991 年版，第 683 頁。

象，於是這對象將在所述的兩種樣式中作為崇高被表像著。」[33]也正因如此，在對優美的分析中就無需作數學的和力學的區分了。「因為對美的鑒賞以心意的靜觀為前提，並須維持著它」[34]。

一、數學的崇高的量的規定性

康德在對數學的崇高和力學的崇高的闡述中，並沒有從對象入手分析，而是先從量和質的角度論述數學的崇高，再從關係和模態的角度論述力學的崇高。前者更多地聯結著主體的認識能力，後者更多地聯結著主體的意欲能力。對兩種崇高類型分析的整體就構成了審美判斷的基本原則在崇高中的運用，說明對崇高的兩種不同感受方式是一個有機的整體。

在數學的崇高的分析中，由於對象不像優美那樣合乎一定的規範，在形態上有著相當大的差異，康德便先從量開始進行分析。因為崇高實際上是由對象所激發的理性觀念的表現，和量結合著。對象的量包括形態的無限和力量的巨大（絕對的偉大）對人的感性生命進行震懾，使之「經歷著一個瞬間的生命力的阻滯，而立刻繼之以生命力的因而更加激烈的噴射」[35]，主體的崇高感隨之產生。正因為如此，康德崇高的分析先從量開始。數學的崇高從量的角度上看，「是一切和它較量的東西都是比它小的東西」[36]。這種量，不是主體知性概念和數學符號所判斷的無限，即不是通過數的概念進行評量的，而是主體在單純的直觀裏，通過想像力（不憑藉知性概念）而作出的無限大的判斷。這是一種通過純然感性直觀憑藉想像力對數的觀念的運用，於是獲得一種絕對的大的尺度。這是一般的

---

[33] 康德《判斷力批判》上卷，宗白華譯，商務印書館 1964 年版，第 86 頁。
[34] 康德《判斷力批判》上卷，宗白華譯，商務印書館 1964 年版，第 86 頁。
[35] 康德《判斷力批判》上卷，宗白華譯，商務印書館 1964 年版，第 84 頁。
[36] 康德《判斷力批判》上卷，宗白華譯，商務印書館 1964 年版，第 89 頁。

通過數學的估量所不能引起的，表示著主觀感覺中的絕對的數量，這種絕對的數量是導向無限的，主觀上是不可能更大的。

正因為崇高的量是一種主觀的審美的印象，而不是知性的度量，主體與對象的合適的距離便顯得很重要。康德認為主體對金字塔的崇高的把握不能離得太近，也不能離得太遠。只有這樣，想像力方可恰如其分地發揮作用，而不至於因太遠而模糊，不能進行審美判斷；也不至於因太近而不能使視覺通盤把握，因為在「那場合裏眼睛需要一些時間才能完成從基礎到頂尖的把握，而當構象力尚未把握上面頂尖時，下層卻又部分地消失掉了，全面地把握永遠不能完成」[37]。

與此相關的是從量的角度看，自然的崇高是不涉及對象的合目的性的。因為刺激主體心意狀態作出「無限」的判斷的，通常是意料之外的表像，這種表像對我們的感官來說，首先是不適應我們主體量的估計的。只有經過了主體心意能力的調整，對象的大，經由想像力的擴張，才概括成一個整體，而這個被視為無限的整體喚醒了主體的理性能力和自信心，令主體作出崇高的判斷。因此，「一個純粹的對於崇高的判斷都必須完全沒有對象的目的作為規定的根基」[38]。

基於對象的「合目的性」原因，康德不重視評判藝術中的崇高。因為藝術家在構思和表現崇高時，如建築和柱子等，「在這些自然物的概念裏已經在自身帶有一個規定的目的」[39]。有些學者認為在這裏康德不重視藝術作品中所見出的崇高，而在崇高的分析中又列舉埃及的金字塔和羅馬聖彼得大教堂等，可見康德前後是矛盾的。其實，聯繫康德關於純粹美和依存美的分析，就可見出，藝術作品中的崇高的目的，常常涉及的是藝術的其他功能（如道德功能或教化功能），而非僅指審美的功能。如果把這種有非審美功能融會在其中的依存美視為純粹美，即「如果審美判斷是純

---

[37] 康德《判斷力批判》上卷，宗白華譯，商務印書館 1964 年版，第 91 頁。
[38] 康德《判斷力批判》上卷，宗白華譯，商務印書館 1964 年版，第 92 頁。
[39] 康得《判斷力批判》上卷，宗白華譯，商務印書館 1964 年版，第 92 頁。

粹的（不和任何作為理性判斷的自的性的判斷混合著），並且在它上面給予我以一個完全符合審美判斷力批判的範例」[40]，顯然是不能在其中指出崇高的。

康德把數學的崇高的量的特徵根源歸結為主體的心意機能。在主體的心意機能中，想像力在表像（大）所需要的綜合裏超越了感官的一切尺度，自然地趨向於無限。這種主體通過審美的思維方式超越感官尺度對對象的數學式的把握，是康德視其為數學的崇高的主要原因。「最主要的是，能夠把它作為一個整體來思想，這就已表示著心意的一種機能，這機能超越了感官的一切尺度。」[41]因為崇高對象的現象的直觀在自身帶著它們的無限性觀念，僅僅靠想像力的全部機能使用在上面是沒有結果的，於是，想像力便反對把對象的感性的體驗引導到超感性的根基，而把那估計它的時候的內心情調評判為崇高。正是在這個意義上，康德才說：「真正的崇高只能在評判者的心情裏尋找，不是在自然對象裏。」[42]因為崇高實際上是，「僅僅由於能夠思維它，證實了一個超越任何感官尺度的心意能力」[43]。這種心意能力既有一定的普通有效的先驗基礎，又因個體的文化素養的差異而有所區別。由此可見，這種關於崇高的判斷與社會歷史是有關係的。

二、數學的崇高的質的規定性

康德將崇高的質的規定性也放在數學的崇高下面進行討論，他提出：「崇高情緒的質是：一種不愉快感，基於對一對象的審美評定機能，這不愉快感在這裏面卻同時是作為合目的的被表像著：這

[40] 康德《判斷力批判》上卷，宗白華譯，商務印書館 1964 年版，第 92 頁。
[41] 康德《判斷力批判》上卷，宗白華譯，商務印書館 1964 年版，第 94 頁。
[42] 康德《判斷力批判》上卷，宗白華譯，商務印書館 1964 年版，第 95 頁。
[43] 康德《判斷力批判》上卷，宗白華譯，商務印書館 1964 年版，第 90 頁。

是因此而可能的，即那自己的「無能」發現著這同一主體意識到它自身的無限制的機能，而我們心情只能通過前者來審美地評判後者。」[44]宗白華先生對此專門作了說明，即主體在對崇高的評判中「通過無能之感發現著自身的無限能力」[45]。也即主體在感官的層面上由對對象感受的力不勝任或感性生命的相形之下的渺小，產生了一種不愉快的感覺，這種不愉快感在主體的審美心態中以合目的性的方式被表現著，通過想像力的擴張使之獲得完善，於是感受到自己精神能力的無限。

在崇高的質的規定性中，康德強調了想像力的核心作用。既然康德側重於強調崇高的自然對象在主體心目中的效果，自然對象與主體理性觀念的嚴重不協調就必須由想像力進行溝通。想像力以現象與觀念的協調作為自己的使命。主體對自然所產生的崇高感乃是對主體自身使命的崇敬。在審美活動中，主體只是經由某一「暗換」[46]將對自身使命的崇敬付予了自然的對象，從而把對主體以想像力為核心的人類觀念的崇敬轉變為對對象的崇敬。同時，由於想像力在對崇高的感性估量中與理性的估量不一致，故有不快感。但因在對崇高的感受中感性機能的不協調，正好適合於體現導向無限的理性觀念，於是又引起一種快感（正是在這個意義上，康德認為崇高感是一種通過不愉快達到愉快）。這是因為想像力在對自然對象的大的作用中，要聯繫到「絕對的大」，故與理性觀念相關聯。當感性尺度對於理性中的大的估量不合致時，內心的感覺正和理性規律相應合，故由不愉快導致愉快。這種愉快由超感性的情感通過想像力在內心激起。

在主體對崇高的審美判斷中，想像力見到了自身能力的極限。崇高的自然對象的直觀對於想像力是一個超絕的東西，想像力在把

---

[44]　康德《判斷力批判》上卷，宗白華譯，商務印書館 1964 年版，第 99 頁。
[45]　康德《判斷力批判》上卷，宗白華譯，商務印書館 1964 年版，第 99 頁。
[46]　康德《判斷力批判》上卷，宗白華譯，商務印書館 1964 年版，第 97 頁。

握直觀時如臨深淵，害怕迷失在其中，不過在理性的超絕觀念中卻不超絕，這導致想像力企圖以其靈活性過渡到合規律性，但由於想像力自身與理性的對立，便將心情諸能力的主觀的合目的性引導了出來。

想像力在直觀與理性間的協調中體現了合目的性。主體由超感性的使命發現感性界的每個尺度不適合理性觀念，於是由想像力的主觀活動——測量，把連續納入瞬間。這種測量是審美中的一種「數學」的形式。它不同於知性的數學形式，而是通過想像力達到把握一個尺度單位對於它是合目的的，而不是「數量概念」。想像力通過這種測量對內心的意識進行強制，並把對象巨大的量的尺度收入一種單一的直觀裏來，形成一種表像形式。在這種表像形式中，想像力終將被擴張，以期適應理性機能裏的無限。作為一種表像形式，它在主觀上是不合目的的，而主體對於大的估量又是適應理性的需求的，故是合目的的。主體對於無限的追求的同一的強制勢力，通過想像力施行著的心情的全整的規定是合目的的。因此，想像力機能的不合目的對於理性機能和它的理性諸觀念的呼喚仍表現為合目的性。

因此，康德認為崇高是對象的感性形態因其主體內在固有的尺度和觀念的不協調而帶來不愉快感，導致主體內心的強烈的震撼，帶來這種強烈的震撼的對象經由想像力的作用被合目的地表像著，從而導致主體由自己感性能力的無能與自身感性存在的渺小而感受到主體理性能力的偉大，並且將這種對自身理性觀念的崇敬「暗換」到激發主體自信心與自豪感的自然對象上，於是我們感到氣勢雄偉、博大的自然對象是崇高的。其中，康德強調了想像力的作用，並且貫穿了對感官直觀表像評判的合目的性原則。

三、從關係中看力學的崇高

康德在「力學的崇高」的分析中，從關係和情態兩個方面對自然的崇高進行了評判，即「第 28 節作為勢力的自然」和「第 29節就情狀來看對自然界的崇高的判斷」。從形式上看，「第 27 節評賞崇高中愉快的性質」，應該是談無利害感的，但康德在其中主要談的卻是想像力在感性與理性中的仲介作用及其合目的性。第 28節應該是談主觀目的性的問題，而康德在此節談的卻是自然對象與主體理性能力的關係。可見，康德的「崇高的分析」並不是很嚴謹的。所謂「力學的崇高」與「數學的崇高」的分類本身既不是對不同對象特徵的分類表述——因為兩者都是把自然作為整體從不同角度評判的，而且兩者的對象大都是重合的——又不是對主體的不同感受方式的分析。分析「數學的崇高」和「力學的崇高」的這四節內容乃是從不同側面對自然對象與主體感性能力和理性能力的關係、合目的性原則以及主體的文化素養等方面進行分析。即使所謂「數學的」與「力學的」崇高對象有些差異，也只是在大的量上有些細微的區別。這種界定根本不及前批判時期從其程度上對崇高進行三分，即把崇高分為「恐懼的崇高」、「高貴的崇高」和「壯麗的崇高」，以便與優美相銜接。因此，所謂「數學的情調」和「力學的情調」根本是無稽之談。先驗哲學建築術的形式統一，反而妨礙了他的崇高的分析自身的邏輯性。

儘管如此，康德《判斷力批判》第 28 節對於涉及帶有恐懼感的崇高對象的分析，依然頗有精彩之筆。

康德借鑒了伯克對崇高的闡述，他這樣來描繪「力學的崇高」及其鑒賞心態：「高聳而下垂威脅著人的斷岩，天邊層層堆疊的烏雲裏面挾著閃電與雷鳴，火山在狂暴肆虐之中，颶風帶著它摧毀了的荒墟，無邊無際的海洋，怒濤狂嘯著，一個洪流的高瀑，諸如此類的景

象，在和它們相較量裏，我們對它們抵拒的能力顯得太渺小了。但是假使發現我們自己卻是在安全地帶，那麼，這景象越可怕，就越對我們有吸引力。我們稱呼這些對象為崇高，因它們提高了我們的精神力量越過平常的尺度，而讓我們在內心裏發現另一種類的抵抗的能力，這賦予我們勇氣來和自然界的全能威力的假像較量一下。」[47]

這種「力學的崇高」的自然對象是激起恐懼的對象，在鑒賞過程中從我們內心激起一種不付諸實施的抵抗力量。當我們確信自己在「安全地帶」，在精神上有一種優越感，認為我們精神上的抵抗力量超越了對象的時候，我們才進入審美狀態，判定對象為崇高。當我們感到我們的抵抗力量不及對象的時候，我們在判斷時便感到自信心不足，只能產生恐懼、害怕的感覺。自然對象優越於巨大障礙或巨大力量的威力，但這種威力又不對我們構成威脅，而是在我們心中喚起一種由理性產生的優越於對象的力量感，故康德稱其為「力學的崇高」。

康德在這裏再度強調了他關於崇高感的由來的觀點。這就是我們的感性能力中沒有與自然的「大」相適應的尺度，這反映了我們感性能力的局限，從而對自然界的現象不可度量，但我們的理性中又有著一種非感性的尺度。這種尺度以無限自身來衡量對象，認為自然界中的一切是渺小的，於是在心中發現了一種超越不可度量中的自然界的優越性。這樣，雖然我們在感性上，在物理上無力抵抗自然物，而我們同時發現自己理性中的一種能力，這種能力使我們不屈從、附屬於自然，並有一種對自然的優越性。在這種優越性上我們建立了一種自我維護，這種維護不同於感性生命受到自然界的傷害而進行的那種自我保護，而是一種人格尊嚴的維護。因此，自然對象的崇高是因為它在我們內心裏喚起我們的力量，這種力量憑藉想像力的協調使得心情能讓自己感覺到它的使命自身的崇高性

---

[47] 康德《判斷力批判》上卷，宗白華譯，商務印書館 1964 年版，第 101 頁。

超越了自然。儘管我們身處安全地帶，自然對象所造成的危險的感覺並不是真的，但我們對它的體驗卻是認真的。

康德還把這種崇高推及到人格的品評上。他認為人的不屈不撓的精神品質是崇高的。如「不震驚，不畏懼，不躲避危險」[48]的堅強性，甚至野蠻人也成為最大的詠歎對象。而在文明社會中，這種在危險中的勇猛性格則當與仁愛之心相統一，同時具有溫和與同情心等和平時期的一切德行。這樣，康德就把人格的崇高與人的道德品質聯繫了起來。甚至戰爭，只要它符合正義的準則，維護了人民的利益，那麼這種戰爭愈是艱難險阻，人民在戰爭中的表現愈是英勇頑強，就愈顯得崇高。這就在人格和社會的崇高的品評中融進了道德的標準。也就是說在這種情景下，對象作為一種依存美，是美善相統一的。

康德由上述分析得出結論，認為崇高並不存在於自然界的任何物體裏，而是當我們超越了影響著我們的內心的自然和外面的自然時，它內在於我們的心裏。自然的對象不僅以其威力激發了我們的崇敬，而且更重要的是激發了我們的心意狀態，讓我們以無所畏懼的態度去評判它，使我們的內心以一種優越於自然的使命感去體悟對象。

四、從情態中看力學的崇高

康德最後還從情態角度來討論對自然界的崇高的判斷。根據康德審美判斷的基本原則，本節應該討論的是崇高判斷的必然一致性，即要求每個人都普遍同意的。但康德又強調了後天的文化差異。雖然康德在這裏並不否定崇高評判中的人類天性基礎，「但在對自然界的崇高下判斷時，我們卻不能輕易地指望別人的贊同」[49]。

---

[48] 康德《判斷力批判》上卷，宗白華譯，商務印書館 1964 年版，第 102 頁。
[49] 康德《判斷力批判》上卷，曹俊峰譯《康德美學文集》，北京師範大學出版社 2003 年版，第 514 頁，參見宗譯本第 105 頁。

因為對於崇高的評判需要主體有相當的文化修養，不同的文化環境薰陶下的人，文化修養程度不同的人，對於崇高的評判是有著一定的差異的。

對於人的感性來說，可怕的對象在不協調的理性觀念看來卻常常是崇高的。這種崇高感當然是需要想像力的緊張努力的，但理性觀念在評判中起著重要作用。「事實上，若是沒有道德諸觀念的演進發展，那麼，我們受過文化陶冶的人所稱為崇高的對象，對於粗陋的人只現得可怖。」[50]如果說文化上的差異在優美的評判中常常只是量的差異，那麼在崇高的評判中甚至可能會成為質的差異。康德在這裏強調了文化的意義，這使得他的審美作為認知向道德的過渡，必然向自由的過渡的環節更靠近了道德和自由的一面。他認為，人的意志的強弱是與人的文化素養有關係的。那些顯示自然巨大威力的對象，對於目光短淺、見識淺陋的人來說，只顯得恐怖，讓他們感到艱難、危險和困乏。

在此基礎上，康德為了強調崇高的判斷作為審美判斷的一種形式依然符合審美判斷的必然性，而強調了「由文化產生出來的和習俗地導進社會」的修養並不是主要的，主要的仍是崇高的判斷在人類的天性裏是有它的基礎的。這種基礎就是實際的諸觀念亦即道德的諸觀念的情感是天賦的。這種天賦的道德情感對於每個具有健康理性的人都必然具備著，並且對他們要求著的。因為對崇高的判斷與對優美的判斷不同：優美的判斷是判斷力把想像力聯繫到作為概念的機能的知性上面，於是，要求每個人都普遍贊同，而對崇高的判斷則是判斷力把想像力聯繫到作為觀念機能的理性上面，於是，只在人類內在的道德情緒的普遍而必然有效方面，要求每個人贊同。

---

[50] 康德《判斷力批判》上卷，宗白華譯，商務印書館 1964 年版，第 105 頁。

　　這樣，康德依然把崇高的判斷納入先驗法則之中，從而使整個審美判斷力的評判進入了他的先驗哲學體系。至於文化修養的意義在崇高的評判中的地位，文化修養與天賦道德情感的關係，康德並沒有進行闡述，於是留下了矛盾。根據上下文判斷，康德一方面想保持先天法則的一貫性，另一方面又想強調社會因素對審美判斷的影響。具體到崇高的判斷，則先天的道德情感是基礎，而後天的文化素養則決定了主體對道德情感自覺意識的程度。野蠻人道德情感未開化，不能對崇高進行評判，不代表他先天沒有道德情感。可惜在康德的闡述中缺少了這一環節。

第五章　審美意象論

　　康德在論述審美理想和藝術創造時，均提到了審美意象問題。
「審美意象」一詞，康德的原文是 sthetische Idee，字面意思一般
譯為審美觀念，但在具體闡釋時，康德則以它指稱由想像力在感性
形態基礎上所創構的顯意之象，加之 Idee 一詞在希臘文中本來就
有體現理性觀念的感性形象（範本）的義項，故朱光潛先生和蔣孔
陽先生均將它譯為審美意象。譯為「審美意象」是符合康德本義的。

　　康德在具體闡釋過程中，是把審美意象作為一個對審美判斷普
遍有效的範疇來使用的。他在孤立地對審美判斷進行純粹的分析的
基礎上，對審美意象進行了綜合的總體分析，並且從審美意象與審
美理想的關係、審美意象與藝術創造的關係中強調了審美意象在審
美活動中的重要作用，從而反映出康德對審美判斷的完整思想。

第一節　審美意象的含義

　　康德系統闡釋審美意象的基本含義是在《判斷力批判》第 49
節討論藝術創造的天才中進行的。但審美意象的原則卻具有普遍的
意義，意象的表現形態貫穿在自然和藝術之中而不僅僅局限於藝
術。因為審美活動本身就是一種創造，想像力乃是審美活動中必不
可少的主體心理能力。康德是這樣界定審美意象的：「我所說的審
美意象，就是由想像力所形成的那種表像。它能夠引起許多思想，
然而卻不可能有任何明確的思想，即概念，與之完全相適應。因此，

語言不能充分表達它，使之完全令人理解。很明顯，它是和理性觀念中相對立的。理性觀念是一種概念，沒有任何的直覺（即想像力所形成的表像）能夠與之相適應。」[1]從這個定義中我們可以見出，康德的「審美意象」範疇，就是我們通常意義上所說的美。因此，在分析了審美意象之後，康德曾經這樣說：「美（無論是自然美還是藝術美）一般可以說是審美意象的表現。」[2]在一定程度上可以說，審美意象是康德美學的核心範疇。在美的基本形態上，它貫穿著自然美和藝術美；在美學的基本範疇上，它貫穿著優美和崇高。其中既反映了審美活動的成果，又體現了審美判斷的過程。

一、審美意象的定義

在「審美意象」的定義裏，康德的中心詞是「表像」。作為一種審美的表像，它是通過想像力聯繫了主體的快感與不快感的。所謂表像，乃是感覺給予我們的關於外物的主觀印象。審美判斷不管是優美還是崇高，都要涉及對象的表像，朱光潛先生把德文 Vorstellung 看成 Idee 的同義詞，認為譯為「表像」顯得不夠明確。[3]但從上下文意思看，康德卻常常以它指稱外物的感性形態的主觀印象，作為想像力（Vorstellungvermögen）的前提。當表像作動詞使用（Vorstellen）時，康德則以此指審美的感性顯現方式。

表像涉及一切審美對象的共同基礎。康德雖然說優美涉及對象的形式，而崇高涉及的是對象的無形式，似乎崇高只在主體心靈與理性觀念中相統一。但實際上崇高依然涉及對象的表像。無形式是說見不到對象的整體，從所見到的形式中感受到無限的意味，並借

---

1 康德《判斷力批判》第 49 節，見蔣孔陽《德國古典美學》，商務印書館 1980 年版，第 113 頁，參見宗譯本，第 160 頁。
2 《朱光潛美學文集》第 4 卷，上海文藝出版社 1984 年版，第 425 頁。
3 《朱光潛美學文集》第 4 卷，上海文藝出版社 1984 年版，第 380 頁注。

助於想像力成就對象的巨大或無限的完整性。因此，崇高依然以表像為其感性形態，而且依然以對象的形式為基礎，是建立在對於物的表像的一個反省判斷的基礎上的。

同時，康德還認為，審美的表像與整個表像能力是截然對立的。因為整個表像能力時常是合規律或合目的的，或者涉及各種認識能力，受概念局限；或者涉及各種客觀目的，受效用影響。審美的表像則必須超越於這個層面，直接與主體的情感相聯繫，而不與對象的存在相聯繫。「審美的判斷只把一個對象的表像連繫於主體，並且不讓我們注意到對象的性質，而只讓我們注意到那決定與對象有關的表像諸能力底合目的的形式。」[4]

這種合目的的形式反映了體現先驗原則的主觀性特徵。表像之所以具有必然的普遍有效性，乃是因為它通過想像力聯繫了快樂的情感。這種快樂的情感是先驗地規定著，對於每個人都普遍有效的。同時，主體對表像進行體驗的時空意識，也只是主觀的先驗設定。通過它，主體才能感受外物的感性形態。康德有時使用「表像」的動詞形態，乃指想像力在對象形態基礎上的創構，如認為優美或崇高是作為合目的性被表像的。

二、想像力在審美意象創構中的作用

想像力在審美意象的創構過程中起著關鍵作用。康德認為，審美意象乃是主體的想像力在表像的基礎上創構的結果，「想像力（作為生產的認識機能）是強有力地從真的自然所提供給它的素材裏創造出像似另一自然來」[5]。這種經過想像力創構並灌注情感的表像被稱為意象，超越於經驗的意味。這種創造意識不僅僅體現在藝術中，藝術

---

[4]　康德《判斷力批判》上卷，宗白華譯，商務印書館 1964 年版，第 66 頁。
[5]　康德《判斷力批判》上卷，宗白華譯，商務印書館 1964 年版，第 160 頁。

不過是天才通過特定符號把審美意象傳達出來，想像力的活動乃是貫穿在整個審美判斷之中的。當我們判定一個對象是美的的時候，實際上我們所說的美已經不是對象的表像，而是經過想像力加工過的感性形象。這種感性形象是主體把對象的表像憑想像力（或想像力和知性的結合）「連系於主體和它的快感和不快感」[6]而產生的。想像力作為一種創造能力，它的活動具有靈感的特徵。當它受到感發時，它的活動方式是我們所不瞭解的。想像力在它的活動中，能突破現實時空的局限，自由馳騁，並且即興喚醒或回憶起深藏在繁雜的記憶中的特定的符號或形象。「想像力在一種我們完全不瞭解的方式內不僅是能夠把許久以前的概念的符號偶然地召喚回來，而且從各種的或同一種的難以計數的對象中把對象的形象或形態再生產出來。」[7]

同時，這種想像力又不是無限自由的，而是作為一種先驗的機能無意識地和知性相協調的。「想像力（作為先驗諸直觀的機能）通過一個給定的表像，無意識地和悟性（作為概念的機能）協合一致，並且由此喚醒愉快的情緒，那麼，這對象就將被視為對於反省著的判斷力是合乎目的的。」[8]看起來想像力是隨心所欲的，而實際上是由不確定的知性，以表像為機緣的媒介不著痕跡地協調著的。康德在評判鑒賞時說：「想像力在它自由中喚醒著悟性，而悟性沒有概念地把想像力置於一合規則的遊動之中，這時表像傳達著自己，不作為思想，而作為心意的一個合目的狀態的內裏的情感。」[9]它們以感覺作為推動力，「而感覺的普遍可傳達性正是鑒賞判斷所設定的」[10]。因此，想像力通過知性和特定理性的支配，讓人們從經驗性的聯想規律中解放出來，使得審美的意象超越於自

---

[6]　康德《判斷力批判》上卷，宗白華譯，商務印書館 1964 年版，第 39 頁。

[7]　康德《判斷力批判》上卷，宗白華譯，商務印書館 1964 年版，第 72 頁。

[8]　康德《判斷力批判》上卷，宗白華譯，商務印書館 1964 年版，第 28 頁。

[9]　康德《判斷力批判》上卷，宗白華譯，商務印書館 1964 年版，第 140 頁。

[10]　康德《判斷力批判》上卷，曹俊峰譯《康德美學文集》，北京師範大學出版社 2003 年版，第 467 頁，參見宗譯本第 56 頁。

然表像；尤其是主體從自然中體驗到的一種永恆的觀念，使得感性形態憑藉想像力超越於經驗的層面而獲得無限的意趣。

想像力在崇高意象的創構中同樣起著重要作用。康德雖然認為自然的崇高涉及對象的無形式，更主要地體現在主體的心中，但即使這種沒有確定形式可以體現的意象，依然是主體通過想像力在心中成就的。而且比起優美來更加離不開想像力。正是想像力，把對象在心中統合成一個整體，並且通過想像力喚醒超感性的感覺，使主體由對象導向無限。對於崇高來說，想像力的創造性作用發揮得更為淋漓盡致。鑒賞崇高的活動本身就是在向想像力的極限挑戰。通過想像力對對象的估量，並且借助於統合能力，對象的表像便上升到一個整體之中。因此在導向無限的崇高意象中，對象的表像是不能盡意的。作為一種審美活動，主體對於崇高，乃是通過想像力和理性的對立表現為和諧的感性形態，並且從中體現出心意能力的主觀合目的性，其中以人類內心的道德情緒的普遍有效性作為想像力的活動前提。

三、理性觀念在審美意象創構中的作用

康德在充分強調想像力作用的基礎上，還肯定了理性在審美意象中的作用。理性在想像力之中起著支配作用。這種理性的作用，不是以明確的概念的形式，而是不著痕跡地起作用的。想像力的創造性活動把理性的機能帶進了想像的活動之中，使得想像力之中有著高度的綜合性，卻又沒有明確的思想或概念與之相對應。在審美活動中，想像力與知性是相互協調、相互激蕩的，這使得審美意象擁有豐富的思想，從有限的感性形態中表達了無窮的意蘊。審美活動不同於一般的快適。「快適也適用於無理性的動物。美只適用於人類，換句話說，適用於動物性的又具有理性的生靈──因為人不

僅是理性（就是說有靈魂）的，但同時也是一種動物。」[11]從中強調主體感性與理性的協調。同時，由於審美活動是主體突破有限的現實世界走向理想世界的橋樑，它就不滿足於現實的經驗界，而力求進入到理想的境界之中，審美意象便通過想像力在理性的支配下實現這種對現實的超越。因此，審美意象正體現了感性與理性的統一。在《判斷力批判》第 56 節和第 57 節中，康德還通過他的哲學體系中的二律背反原則來闡釋審美的鑒賞中也即審美意象的創構中的理性問題。一方面，審美並不植根於觀念，否則便可以通過邏輯的方式對它的普遍有效性進行論證。另一方面，它又必須以特定的觀念為基礎，否則各美其美，各自心靈中所創構的審美意象迥然有別，便無可爭議。關鍵在於這兩個觀念「在審美判斷的兩種原則裏不是採取同一的意義」[12]。前者主要指知性觀念，「它是可以憑藉能夠與之相應的感性直觀的謂詞來規定的」[13]。後者卻是超感性界的先驗的理性觀念，即先天的存在於每個人的心靈。由於它是超感性的，故人們無法認識它，它不能為認知服務。而審美活動是面向感性的，又通過超感性的理性觀念使得對象始終不脫離感性而具有普遍有效性。這樣，理性在審美活動中發揮作用的根本原因便被康德封鎖在「人同此心，心同此理」的先驗法則之中了。

　　而理性觀念在審美意象中的存在方式，康德則用「美是道德的象徵」的命題加以論證。康德認為，一切表現作為感性的方式一般在兩種場合下進行：一種是用圖解的方式把知性觀念通過相應的先驗直觀加以表現，一種是通過象徵的方式表現不確定的理性觀念。審美意象便是在第二種方式中生成的，在感性形態之中體現著超感性的自由的法則，反映了表像與理性觀念在反省方式中的統一。在

---

[11]　康德《判斷力批判》上卷，宗白華譯，商務印書館 1964 年版，第 46 頁。
[12]　康德《判斷力批判》上卷，宗白華譯，商務印書館 1964 年版，第 186 頁。
[13]　康德《判斷力批判》，鄧曉芒譯，人民出版社 2002 年版，第 185 頁，參見宗譯本第 186 頁。

審美活動中，主體以經驗的直觀為基礎，並通過類比的方式達到先驗的直觀，從中反映出自律性原則。這種類比方式，康德稱之為象徵。在康德以前，義大利學者維柯曾在《新科學》中提出「詩性思維」的審美思維方式，即隱喻。維柯認為一切民族的語言都通過人體的各部分以及從人的感覺和情欲方面借來隱喻，如說天或海在「微笑」，風「吹」浪「打」等。康德的「象徵」說也正是說明這種審美的思維方式。「我們稱建築物或樹木為壯大豪華，或田野為歡笑愉快，甚至色彩為清潔，謙遜，溫柔，因它們所引起的感覺和道德判斷所引起的心情狀況有類似之處。」[14]正是在此基礎上，表像獲得了生動的情趣和意蘊，審美便進入了自覺狀態。這樣，對象對主體的感性刺激和主體對對象的道德興趣便獲得了貫通。可見，審美意象不僅讓人獲得單純的感官愉快，而且還讓人感受到具有文化意味的理性觀念。因此，康德「美是道德的象徵」[15]的命題，不僅意味著在審美判斷中強調了道德的主觀類比，而且更重要的還在於康德的審美觀從生理和心理的層面上升到了對社會歷史因素的重視。這在一定程度上彌補了他通過先驗法則對審美判斷和審美意象研究中疑難問題進行封閉的不足。

第二節　審美意象與審美理想

照一般理解，美的理想是審美的最高原則，而原則一般都是具有普遍意義的客觀規律。但康德認為：「尋找一個能以一定概念提出美的普遍標準的鑒賞原則，是毫無結果的辛勞，因為所尋找的東西是不可能的，而且自相矛盾的。」[16]審美判斷的先天法則就決定

---

[14]　康德《判斷力批判》上卷，宗白華譯，商務印書館 1964 年版，第 203 頁。
[15]　康德《判斷力批判》上卷，宗白華譯，商務印書館 1964 年版，第 201 頁。
[16]　康德《判斷力批判》上卷，宗白華譯，商務印書館 1964 年版，第 70 頁。

美的理想應該是不憑藉概念的幫助，而以跨越一切時代和民族的普遍有效的先天性主觀標準，即以先天共通感為基礎，通過範例可以驗證的。可見，審美理想本身不是概念的，而是感性的，是一種意象。這種意象康德認為是一種最高範本或原型，是通過個別形象表現的不確定的理性觀念。同時，主體在審美活動中總是不知不覺地運用著感性的存在於心靈中的美的理想——依據美的理想作判斷，依據美的理想進行想像力的創構活動。因此，審美理想是作為最高範本的審美意象。我們討論審美意象時，不能不討論作為它的最高範本的審美理想。

一、純粹美與依存美

　　康德為著「美的分析」的需要，設定純粹美。假定審美對象是不依附任何先決條件而獨立存在的，使之從現實關係中抽象出來，把審美判斷力假定為一種獨立的心理功能從其他心理中區別出來，以便對美的界定變得單純和明瞭。但在實際存在中，美常常都是依附於現實關係的，而且因這種現實關係充分而有力的支撐，才有可能成為最高的理想，使其奠定在高度的真和善的基礎上，使美與之交相輝映，放射出更加奪目的光芒來。儘管美與真、善反映了迥然不同的物我關係，審美意象的最高範本仍是包容著必然（完滿性）與自由（善）的觀念與理想的，並且從中更好地體現出審美的橋樑的。

　　在康德的闡述中，純粹美是不以對象的概念為前提的，對象的感性形態自身是自在的，符合審美判斷的基本界定。例如，花的美，並不考慮到花作為植物的生殖器對於植物來說是否體現著完滿性的觀念。其他如鳥類、海貝的形態及其花紋，繪畫中的幾何花紋，音樂中的無標題幻想曲等，都是在純粹的判斷中被判定為美的，不涉及任何目的的概念。這些都被稱為是純粹美。這種純粹美是研究

上的需要所進行的一種抽象而單純的假設，是一種實驗室式的。實際上，我們的審美活動不可能是純粹的。「感時花濺淚，恨別鳥驚心」（杜甫《春望》）。花讓人黯然流淚，鳥鳴讓人傷感心碎，這種審美活動讓人在觸目傷懷中抒發情思，顯然不是純粹的。而審美的橋樑作用正因此獲得了更充分的實現。康德的「美是道德的象徵」和中國古代的「比德」說，都反映出自然對象的美既以對象的感性形態為基礎，又都超越了對象的感性形態本身，把主體心靈及其情懷的深層意蘊不同程度地激發了出來，儘管這種深層意蘊並不是對象的自身特徵，卻被融會在審美意象之中。

　　但僅僅如此依然不夠。康德提出了依存美的範疇，更進一步地超越了純粹美的界定。他認為依存美是以對象自身的完滿性為前提，是符合於對象自身的質的規定性和自身的完滿性的概念。美的理想正是存在於依存美之中的。康德說：「美，若果要給它找得一個理想，就必須不是空洞的，而是被一個具有客觀合目的性的概念固定下來的美，因此不隸屬於一個完全純粹的，而是屬於部分地理智方面的鑒賞判斷的客體」，「必須有一個理性的觀念依照著一定的概念做根據。這觀念先驗地規定著目的，而對象的內在的可能性就奠基在它上面」[17]。例如一個人的美、一匹馬的美或一座建築物的美，是奠定在有特定目的的概念的基礎上的——當然並不以明確目的的概念為美本身——即它們的美是依存於某物之所以為其物的完滿性的概念的，故被稱作依存美。當對象的美依附著一定的條件時，便是依存美。如馬四足、健壯等，符合於它的生存目的，馬的美必須奠定在此基礎上。三足、病弱，便不美，雖然那樣有時與審美判斷的基本原則不甚衝突。再如建築，或符合使用原則，或體現無限與神聖觀念，其美必須奠定在實用、無限、神聖等原則或觀念的基礎上，雖然其美不是這些原則或觀

---

[17] 康德《判斷力批判》上卷，宗白華譯，商務印書館 1964 年版，第 71 頁。

念,而且建築的美與明確的原則或觀念本身是不相關的。依存美因與理智的愉快或善的結合而有所增益。因此,當特定對象在美或善的基礎上,體現了美與真的統一,或體現了美與善的統一,這種統一使得主體感受美的心意狀態與感受真的心意狀態,或者感受美的心意狀態與感受善的心意狀態不僅不相衝突而且可以協調。在這種的狀態下,想像力便可以在審美活動中使審美意象因與真相統一或與善相合拍而更增添了光彩。正是在此基礎上,真善美統一的依存美才符合美的理想。

過去有人把康德的合規律性與合目的性的統一推論為真與善的統一,認為美是真與善的統一,實在是差之毫釐、謬以千里了。審美意義上的合規律性與真、合目的性與善,在本質上都是兩回事,我們無從推斷出真與善的統一即美。它們之間只有形式上的相似和審美的思維方式上的貫通。正因為如此,才能談得上真與美統一或善與美統一的依存美。否則,美即是真與善的統一,如何談得上純粹美與依存美的區分?

二、審美意象中的理想

康德認為,美的理想是感性地存在於主體的心靈之中的。審美是不能憑藉概念來規定美的客觀法則的,而是以經驗獲得的理想的表像,以及以對對象表像的感覺的經驗性的一致性為基礎,同時又超越了這種經驗性的普遍有效性,並且超越了一切時代和民族的局限性,而具有先驗的共同基礎。康德一方面繼承了前批判時期對美的經驗性的看法,並對伯克等人對審美判斷的心理學的分析給予了足夠的重視。另一方面,他又不停留在心理學的經驗層面上進行研究,而是提升到先驗的層面上去尋求美的理想的必然性,使經驗的和先驗的兩個方面獲得統一。

　　康德把經驗的規範表像視為審美理想的基礎。所謂經驗的規範表像「這是一個單一直觀（想像力的直觀），它把人的評判尺度表現為一個屬於某種特殊動物物種之物的尺度」[18]。主體借助於想像力通過表像疊加的方式「認同一種類的多數形象的契合獲得一平均率標準，這平均率就成為對一切的共同的尺度」[19]。主體通過想像力在心靈中使諸多形象相互消長而獲得經驗性的審美的標準形象。不過這種規範表像常常受著主觀和經驗的限制，以至於不同民族和地域因對象及其主體經驗的差異而顯得不同。康德同時否定了那種從對象的比例如「黃金分割」等方面尋求美的做法，而強調主體按照規範的表像進行評定的規律，即主體的判斷力的規律，從中突出了主體對對象的感性形態進行直觀體驗的心理依據。「這規範觀念不是從那自經驗取得的諸比例作為規定的規律導引出來的，而是依照它（按指規範觀念）評定的規律才屬可能。」[20]這種主觀評判審美對象的規範的表像是經驗性的，是構成一切美所不可忽略的條件的形式。這樣，美的理想作為一種最高的範本和原型，都由人的內心產生出來，並且適用於評判一切對象，必然地具有普遍有效性。康德把它稱為符合不確定觀念的個體表像，即不經由概念，而又通過具體、個別的表像顯現出來。這正是一種典範的審美意象。

　　主體的審美鑒賞的能力是深藏在人的心靈之中的先天固有能力，而不是作為後天的模仿和學習得來的規範的表像存在於主體的心靈之中。因此，在美的理想中有著無私的普遍有效性，不可能被個人單獨佔有，而每個人又都可以通過想像力在心中把美的理想表現出來。這是因為美的理想在規範表像的基礎上同時還涉及不確定

---

[18] 康德《判斷力批判》，鄧曉芒譯，人民出版社 2002 年版，第 69 頁；參見宗譯本第 71－72 頁。

[19] 康德《判斷力批判》上卷，宗白華譯，商務印書館 1964 年版，第 72 頁。

[20] 康德《判斷力批判》上卷，宗白華譯，商務印書館 1964 年版，第 73 頁。

的理性觀念，於是具有先驗的特徵。康德認為美的理想乃是要在個別的感性形象中顯現出某種不確定的理性觀念。「理想本來意味著一個符合觀念的個體的表像。」[21]這種理性觀念不是自然因果，而是道德實體。這種道德乃指普遍而必然地植根於每個個體心靈中的善良意志。理想必須建立在理性觀念的基礎上，觀念作為理想的基礎先天地決定著目的，而事物的內在可能性則以目的為依據。故美的理想是先驗的，不同於經驗的範本，其根源乃在於人的心靈，並以人為最高目的。在審美活動中，主體把對象的感性形象看成道德的象徵。通過象徵，通過特定的思維方式，善良意志得以感性化，而美的理想正寓於其中。

　　本來，符合規範表像的感性形象是美的理想的必要前提，但是規範表像的共同性，並不具有任何個性特徵。於是，康德強調理性觀念的作用，把感性形態與道德表現貫通起來，並把美的最高理想歸為人的形體，強調天才的心意能力在審美活動中的協調作用。

三、人體中的美的理想

　　為著強調理性觀念的作用，康德把美的理想寄託在人的形體之中。「美的理想，由於上述的理由，我們只能期待於人的形體。在人的形體上理想是在於表現道德，沒有這個這對象將不普遍地且又積極地（不單是消極地在一個合規格的表現裏）令人愉快。」[22]他認為美的最高理想應該是在規範表像中自由自覺地表現出理性觀念。而這種自由自覺地表現出道德的，只有人。鮮花和駿馬是不能自由自覺地表現出道德的。

---

[21] 康德《判斷力批判》上卷，宗白華譯，商務印書館 1964 年版，第 70 頁。
[22] 康德《判斷力批判》上卷，宗白華譯，商務印書館 1964 年版，第 74 頁。

　　在第二版加的注中，康德認為，對於人來說僅有規範表像是不夠的，「經驗也指出，那完全合規則的臉在內心裏也通常暴露著一個平庸的人」[23]。對於美來說，實際上還要求某種特殊的東西。這種特殊的東西就是對道德充分而貼切的表現。人的感性形態及其行為（包括風度等）受著人的道德觀念的支配，人們可以從經驗中獲得這種體現道德觀念支配的感性風貌，但是由於這種人體的表現和我們的一切理性「與道德的善在最高合目的性的聯繫中相結合著」[24]，通過身體表現出從內部對體態產生影響的「那心靈的溫良，或純潔或堅強或靜穆等等」[25]。主體要想判定人的體態對道德的表現的這種特徵，甚至把它表現出來，必須具備純粹理性觀念和想像力相結合的巨大力量。通過這種力量的支配，主體才能對人體中的美的理想進行評判。這種評判不允許官能刺激的快感混和到審美的愉快之中，卻仍然對這種人的形體保持著濃厚的興趣。因此，對於美的理想的評判作為一種對依存美的評判，就決不可能是純粹審美的鑒賞判斷了，而是一種對真善美統一的綜合判斷。

　　康德在這裏把人體的美看成是美的理想的典範，把它看成是道德精神的表現和象徵，並因此而對每個人成為自然的「也要求著每個人作為義務」[26]。只有這樣，才能真正地「超越著單純對於感官印象的愉快感受」[27]，並且獲得普遍有效性，審美的鑒賞遂從感性刺激自然地過渡到習慣性的道德興趣，審美意象也正是在這種審美活動的過程中自然地得以生成。過去有人認為康德進行美的分析時是側重於形式的，而後來隨著探討的深入又轉向了對人文精神的內容的探討。這是一種誤解。以康德的思想能力，不可能在同一本書

---

[23] 康德《判斷力批判》上卷，宗白華譯，商務印書館 1964 年版，第 73 頁注 1。
[24] 康德《判斷力批判》上卷，宗白華譯，商務印書館 1964 年版，第 74 頁。
[25] 康德《判斷力批判》上卷，宗白華譯，商務印書館 1964 年版，第 74 頁。
[26] 康德《判斷力批判》上卷，宗白華譯，商務印書館 1964 年版，第 201 頁。
[27] 康德《判斷力批判》上卷，宗白華譯，商務印書館 1964 年版，第 201 頁。

中出現這類簡單的前後矛盾的錯誤。實際上，康德為著分析的方便，先假設審美判斷力是一種獨立的抽象的純粹的心理功能，審美不涉及欲念、利害計較、目的、概念等，而只是一種單純的愉快。而探討美的理想、審美判斷的活動過程和審美判斷力的辯證論問題時，康德才綜合地、全面地討論審美判斷力、美的理想和審美意象諸問題。因此，我們要正確地看待這種局部分析和全面闡釋的關係。

第三節　審美意象與藝術創造

前已述及，康德在對審美意象進行分析以後得出一個結論，即無論是自然美還是藝術美，均可看成是審美意象的表現[28]。而他在具體討論審美意象時，又是把它放在藝術問題中的，把藝術天才看成是傳達審美意象的功能，「更多地是在傳達或表現審美意象中顯示出來」[29]。審美意象在審美活動中的創構過程，乃是藝術創造的前提。而藝術創造又體現了主體對審美意象創構的高度自覺性和純熟性，使得天才在審美活動中所創構的審美意象得以物態化，成為交流審美活動、提高公眾審美能力的媒介，從中表現出特定時代的審美能力和審美風尚。因此，從藝術創造中去把握審美意象，是更全面更透徹的做法。

康德對藝術創造問題的總結性的概括是「美的藝術需要想像力，悟性，精神和鑒賞力」[30]，並且在注釋中特別說明「前三種機能通過第四種才獲致它們的結合」[31]。這些機能主要表現在審美意

---

[28] 康德《判斷力批判》第 51 節，參見宗譯本 167 頁。
[29] 康德《判斷力批判》第 49 節，參見宗譯本 164 頁。
[30] 康德《判斷力批判》上卷，宗白華譯，商務印書館 1964 年版，第 166 頁。
[31] 康德《判斷力批判》上卷，宗白華譯，商務印書館 1964 年版，第 166 頁注 1。

象的創構和傳達中。下面主要從審美意象與上述四種機能的關係來闡述藝術創造。

一、鑒賞力的前提作用

鑒賞力是藝術創造的前提。康德說：「自然美的評定只需要鑒賞力，而藝術美的可能性是要求著天才的（在評判這一類的物品時必須照顧到這一點）。」[32]對於自然美來說，只需要鑒賞力就可以了。藝術美雖然以鑒賞力為基礎，但僅有鑒賞力是不夠的。因為藝術美是一種依存美，美的理想正存在於依存美之中。所以在藝術美中，審美意象得到了更為理想、更為貼切的表現。正因為如此，鑒賞力在藝術創造中的表現是以複雜的方式而不是純粹的方式表現出來的。

康德是把藝術作為一種依存美，通過藝術美與自然美的比較來說明它的鑒賞力的基礎的。康德認為，自然美是不脫離直接對象的。它可作為純粹美，以其純粹形式打動人，在評判中自然而然地令人愉快。而藝術作品則是一種依存美。從功能上看，藝術有著客觀的合目的性，對於藝術的判斷不是單純地把它當作只有審美價值的對象來判斷。目的論的判斷本身雖然不是審美的，但藝術作為依存美，其客觀合目的性卻是構成審美判斷的基礎和條件。正如一美女，大自然在她的形體中表像著婦女軀體構造的目的一樣，藝術也通過它的形式表現著客觀目的。「因藝術永遠先有一目的作為它的起因（和它的因果性），一物品的完滿性是以多樣性在一物品內的協調合致成一內面的規定性作為它的目標。」[33]因此，藝術美的鑒賞必須以對象的完滿性作為基礎。對象的審美特徵必須奠定在完滿

---

[32] 康德《判斷力批判》上卷，宗白華譯，商務印書館 1964 年版，第 157－158 頁。
[33] 康德《判斷力批判》上卷，宗白華譯，商務印書館 1964 年版，第 157 頁。

性的基礎上，而又不是對象的完滿性自身。康德的這種闡述意在糾正鮑姆嘉通的觀點。這裏值得注意的是，康德並沒有把滿足鑒賞者的審美需求當作藝術的第一目的，他認為藝術作為人工創造物有著自身的目的，而這個目的本身並不是體現美。正如一個美女首先是為生存而活著，而不是為美而活著。但康德同時又把審美特徵看成是藝術與非藝術區別的重要特徵。

康德把藝術家鑒賞力的培養歸結為優秀藝術作品的薰陶和啟發及對大自然範本的觀摩、練習和修正。藝術家把這種鑒賞力的成果和在此基礎上形成的審美理想運用在創作之中，並在反復實踐和嘗試中發現自己滿意的表現形式，使自己的鑒賞力感到滿足。他認為藝術中的表現形式「不是一種靈感的事業或心意諸能力自由飛騰的結果」[34]，而是經過緩慢的，或是苦心推敲和不斷改正的，以便在保持心意諸能力自由的基礎上適應著思想的表現。

康德肯定藝術創作時精心推敲、反復琢磨和仔細修正，是正確的，但否認一時的思致煥發，使得心意活動自由而充分表現的瞬間靈感，卻是錯誤的。同時，康德認為，鑒賞是評判的機能，而藝術是創造的技能，這也是不準確的。我認為鑒賞活動和創造藝術都需要創造力，只不過程度上有區別。想像力的活動在本質上就是一種創造活動。藝術創作則還須在總體構思和藝術傳達中體現出創造性來。

與此相關的是，藝術美與自然美的不同還在於，自然美需在對象自身中見出美，而藝術美則須在藝術傳達中表現出來。描寫一個很美的對象和很美地描寫一個對象是不同的。康德說：「美的藝術正在那裏面標示他的優越性，即它美麗地描寫著自然的事物，不論它們是美還是醜。狂暴、疾病、戰禍等等作為災害都能很美地被描

---

[34] 康德《判斷力批判》上卷，宗白華譯，商務印書館 1964 年版，第 158 頁。

寫出來。」[35]除了本身令人作嘔的現象，因為它本身毀滅了一切審美的愉快，而且在審美意象中這種令人作嘔的現象自身的性質和作為藝術的表像之間不能區別開來。可見，藝術作品的審美意象是藝術品本身的表像所創構的，它雖然與藝術中所表現的對象的表像有一定的聯繫，但不能與對象的表像相等同。

二、想像力的作用

康德在討論藝術創造時，尤其突出想像力的創造作用。康德在作美的分析時，就曾強調過想像力與知性的協調，而且客觀上已經述及到想像力的創造功能。但到了論述藝術創造問題時，為了突出想像力在藝術創造中的作用，他認為想像力在鑒賞活動中還不能體現出創造力，前後之間多少有些矛盾。儘管如此，他在藝術創造的闡述中對於創造作用的肯定，帶有一定的普遍意義。

想像力的作用在鑒賞活動中就已得到表現，它「強有力地從真的自然所提供給它的素材裏創造一個像似另一自然來」[36]，並通過理性觀念擺脫陳腐的經驗，讓人們「感覺到從聯想規律解放出來的自由」[37]。這樣，經過想像力創構的表像便被稱為意象。而藝術作品作為一種依存美，在想像力的活動中尤其突出了對理性觀念的嚮往、追求與表現。這使得這些觀念獲得一種客觀現實性的外觀。另一方面，想像力作為一種主體的內在直觀表像的創造者和顯現者，沒有確定的概念與它完全契合。詩人們敢於把不可見的東西通過想像力進行具體化，如對於極樂世界、地獄世界、永恆界等等觀念，或者把那些在經驗界裏固然有著事例的東西，如死、妒忌等惡德，或愛、榮譽等美德，通過想像力的媒介，在成就其永恆與偉大的過

---

[35] 康德《判斷力批判》上卷，宗白華譯，商務印書館 1964 年版，第 158 頁。
[36] 康德《判斷力批判》上卷，宗白華譯，商務印書館 1964 年版，第 160 頁。
[37] 康德《判斷力批判》上卷，宗白華譯，商務印書館 1964 年版，第 160 頁。

程中追尋著理性，並且使其超過了經驗的界限在一種完善化的方式
中得以具體化。這樣，想像力所創構的意象便是自然中沒有範例
的，而藝術則可通過創造審美意象的機能使之得以充分而貼切的表
現。這種藝術中意象的機能「單就它自身來看，本質上僅是（想像
力的）一個才能」[38]，正是想像力創構了藝術的審美意象。

在藝術創造中，想像力所創構的意象中可以包容無限豐富的思
想含蘊，而這種思想常常又不是觀念所能完全把握和貼切表現的，
因此，想像力在它的活動中通過其創造性把觀念自身以審美的方式
擴張到無限，產生一種意在象外的藝術效果，使有限的表像表現出
無限豐富的意蘊。這種豐富的思想含蘊有時通過審美的表像採用
象徵、感性化的方式表現出來，正是想像力的傑作。這是概念所
無法達到的境界。如以朱比特的鷙鳥和他爪裏的閃電作為天帝的
象徵與表現，以孔雀作為天后的象徵與表現。這就通過豐富含蘊
的審美意象把理性觀念傳達出來，從中表現出邏輯所不能表達的
東西，並且給鑒賞者以豐富的想像的機緣。「它服務於理性的觀
念，本質上為了使心意生氣勃勃，替它展開諸類似的表像的無窮領
域的眺望」[39]。這使得理性觀念富於生機，並讓人產生豐富的聯想，
引發相關意象的出現。

三、想像力與知解力協調的作用

在藝術創作中，想像力和知性的協調能力就是藝術天才的心意
能力。審美意象正是在想像力和知性的協調中創構而成的。康德甚
至認為對於審美意象來說，豐富性和獨創性不是那麼重要的，「而想
像力在它的自由活動裏適合著悟性的規律性卻是必要的」[40]。因為

---

[38] 康德《判斷力批判》上卷，宗白華譯，商務印書館 1964 年版，第 161 頁。
[39] 康德《判斷力批判》上卷，宗白華譯，商務印書館 1964 年版，第 161 頁。
[40] 康德《判斷力批判》上卷，宗白華譯，商務印書館 1964 年版，第 166 頁。

如果僅有豐富性和獨創性，想像力在它的自由活動中可能只是創作出無意義的東西。而藝術美作為依存美，必須體現出自身的目的性。

知性與想像力的結合在藝術中與在認識中是不相同的。從事於認識的想像力是在知性的約束之下受知性限制，使想像力契合於知性概念，康德稱之為機械的藝術。在審美意象的創構中，想像力的活動是自由的。知性須尊重想像力的自由，而想像力則要求暗合著知性，以便使想像力在與知性協調的基礎上擴及到豐富、深刻、未曾展開、知性在概念中未曾顧及的內容。這樣，想像力所表現出來的意蘊常常超越了藝術家的自覺意識，超越了既有的知性概念，而想像力在超越知性之外所涉及的內容又使人們的認識能力間接地得到擴展。這種在審美意象創造過程中對想像力的運用，只有不可學習、不可傳授的天才才能實現。

同時，康德還認為，在藝術創造過程中，想像力不僅通過感性的表像暗合知性，而且可以反過來，把知性的觀念用作感性的象徵，把超感性的觀念作為表像予以生動化。例如，康德所引述的詩中說：「太陽湧出來，像靜穆從德行裏湧出來那樣。」[41]通常都是想像力通過感性的表像使理性觀念生動可感，而這裏則相反。從中說明當人們從思想上設身處於有德行的地位之中，道德意識會在人的心情裏彌漫著高尚的鎮靜情緒，無限地展望愉快的未來。康德的這種分析角度和方式是前人鮮有的，它對於我們把握相關的藝術作品乃至優秀的哲理詩中的審美意象無疑是有啟發的。

四、精神生殖力的作用

康德在藝術美的分析中，突出地強調了精神因素，所謂「精神」（Geist），或譯為「靈魂」，乃指藝術作品中審美意象的內在生命力。

---

[41] 康德《判斷力批判》上卷，宗白華譯，商務印書館 1964 年版，第 162 頁。

這種精神，不是純粹美所強調的單純形式方面的幾條審美原則之一，而是在審美的思維方式中把藝術品看成是具有生命力的對象。康德列舉了一系列的現象，認為它們符合於審美判斷的基本原則，卻沒有精神。例如，可喜、優雅的詩歌，精確整齊的故事，深刻而又經過修飾的莊嚴的演說，富有機趣的談笑，俊俏、正派而健談的女人，等等，都可能因缺乏精神而不能成為藝術品。

精神是什麼呢？吉伯特和庫恩把它解釋為「天生的「生殖力」——心靈的豐富性，這種「生殖力」促使那些甚至是飄忽不定和模糊不清的「枝條」的萌芽和生長，而在藝術創作中，若沒有這種「枝條」，則任何有獨創性的作品都不會問世」[42]。這是一種具有創造性的天才能力創造的結果，並且可以作為典範。他們認為精神是天才的藝術家創造藝術時賦予作品以生機的靈氣，這種靈氣促使對象中具有生命力的潛力得以萌生。打個不恰當的比方，就如同做豆腐時用鹽鹵或石膏點化豆漿，使豆漿成為豆腐。如果把創作的對象比作枝條，則精神的生殖力便如春風，春風吹拂了枝條，使之得以萌芽、生長。這種比方頗為形象生動，有一定的道理，但作為對康德思想的闡釋還算不上十分準確，更多的是他們自己的發揮。

康德說：「精神（靈魂）在審美的意義裏就是那心意付予對象以生命的原理。而這原理所憑藉來使心靈生動的，即它為此目的所運用的素材，把心意諸力合目的地推入躍動之中，這就是推入那樣一種自由活動，這活動由自身持續著，並加強著心意諸力。」[43]這裏，康德主要指主體通過審美將心意賦予對象，使對象的審美形式被灌注了精神或靈魂。通過感性對象，主體把心意的綜合功能推向一種自由的活動之中，從中賦予對象以生機，並在這種過程中活躍了主體自身的心意狀態。因此，藝術作品的審美意象中所具有的生

---

[42] 吉爾伯特、庫恩《美學史》下卷，夏乾豐譯，上海譯文出版社1989年版，第451—452頁。

[43] 康德《判斷力批判》上卷，宗白華譯，商務印書館1964年版，第159—160頁。

氣和精神，乃是主體心靈在審美活動中灌注的。這種灌注生氣的原理正是「審美意象得以表現的機能」[44]。

心靈賦予藝術作品精神或靈魂的創化能力的看法最早源自柏拉圖。柏拉圖認為：「一切人都有生殖力」，「都有身體的生殖力和心靈的生殖力。到了一定的年齡，他們的本性就起一種迫不及待的欲望，要生殖」[45]，「凡是有生殖力的人一旦遇到一個美的對象，馬上就感到歡欣鼓舞，精神煥發起來，於是就憑這對象生殖」[46]。「世間有些人在心靈方面比在身體方面還富於生殖力，長於孕育心靈所特宜孕育的東西。」「一切詩人以及各行技藝中的發明人都屬於這類生殖者。」[47]後來，亞里斯多德借用生物學的觀點又把作品看成生命有機體。這些都是對藝術的生命意識的看法，儘管從康德的美學思想系統來看，這些觀點無論就其完整性還是就其深刻性而言，都是很不夠的，但它們對康德多少有些影響。

這樣，康德就從對象表像、想像力、知性和精神幾方面較為系統地闡述了藝術中審美意象的創造。對此，康德在分析居於藝術首位的詩的時候作了全面的總結：「詩（其根源幾乎全在於天才，而極不願受陳規舊套的指引），在各種藝術中，佔據首位。它開拓人的心胸，因為它給予想像力以自由，並在一個既定的範圍內，在符合這一概念的無限多的可能的形式中，提供一種形式，這種形式把概念的形象顯現與語言所不能完全表達的豐富思想結合在一起，從而使它審美地上升到意象。它也使人的心靈生氣勃勃，因為它讓心靈感覺到自己是自由的、自主的、不受自然限定的。它按照自然在經驗中所沒有提供給我們的面貌，把自然作為

---

[44] 康德《判斷力批判》第 49 節，參見宗譯本第 160 頁。

[45] 柏拉圖《會飲篇》，朱光潛譯《文藝對話集》，人民文學出版社 1980 年版，第 265 頁。

[46] 康德《判斷力批判》上卷，宗白華譯，商務印書館 1964 年版，第 266 頁。

[47] 康德《判斷力批判》上卷，宗白華譯，商務印書館 1964 年版，第 269 頁。

現象來觀照和評判，這不是為了感官或理解力，而是為了用來作暗示超感官世界的一種圖式。」[48]這一結論對於我們今天研究藝術的審美意象仍有啟發意義。

---

[48] 康德《判斷力批判》第 53 節，蔣孔陽譯《德國古典美學》，商務印書館 1980 年版，第 114－115 頁，參見宗譯本第 173 頁。

第六章　藝術論

　　一般人認為康德不懂藝術，他一生偏居哥尼斯堡，缺乏音樂、繪畫的創作和鑒賞方面的訓練，無從接觸他同時代的偉大音樂家、畫家的作品（這是一個人才輩出的時代，巴赫、莫札特等人就生活在這個時代），這有一定的道理。但說他不接觸藝術，卻不符合事實。康德是個很勤奮的學者，閱讀過大量的文學作品。尤其酷愛 18 世紀英國詩壇領袖蒲柏、哈勒爾的詩，並經常朗讀它們。[1]韋勒克曾說：「從康德的其他論述，從他的講稿和書簡中，都有可能收集到他的文學見解和他的趣味方面的傾向性意見。不論德國文學還是法、英文學，他都愛不釋卷。」[2]不過，康德常常不是從藝術鑒賞的角度來讀文學作品的，而是將它們當作哲學、倫理學、社會學著作來讀的。

　　英國現代著名哲學家科林伍德曾把美學家分為藝術家型和哲學家型的美學家[3]，康德便屬於後者。這種類型的美學家的藝術理論，被稱為學院派的，缺點是「無法判斷美學理論在與事實關係中的真實性，只能運用一種形式上的標準」。後人批評康德沒有藝術趣味或不懂藝術，正可以從這個角度去理解。而其優點則是有辯證思想，可以從藝術批評上升到美學理論。

[1]　卡爾・福爾倫德《康德生平》，商章孫、羅章龍譯，商務印書館 1986 年版，第 59 頁。
[2]　韋勒克《近代文學批評史》第一卷，楊豈深等譯，上海譯文出版社 1957 年版，第 302 頁。
[3]　科林伍德《藝術原理》，王至元、陳華中譯，中國社會科學出版社 1985 年版，第 3-4 頁。

康德的藝術理論包括藝術特徵、創作天才和藝術分類等方面，他從自己體系的角度繼承了前賢的許多精闢論述，對歌德和席勒等同時代的藝術家、理論家產生了直接的影響，並深深地影響了現當代西方藝術觀念和藝術創作。

第一節　藝術特徵論

　　作為一名「哲學家型的美學家」，康德對藝術特徵的闡述，主要是從自己的思想體系出發，從理論上進行探討的。他將藝術作為人的能動創造物，通過藝術與自然、藝術與科學、藝術與手工藝的關係的研究，既看到了藝術與各相關領域相聯繫的一面，又分析了藝術的特徵。

一、藝術與自然

　　康德首先將藝術與自然進行比較，闡述兩者之間的聯繫與區別。康德所謂的自然，主要包括了兩方面的內容，一是自然而然，不假人為的，二是理性所把握的自然的形式規律。康德說天才「給藝術制定法規」[4]。這「法規」便是一種源自自然的理性規律，既屬於自然，又屬於人的理性。

　　在審美判斷理論中，康德將自然視為一個整體（這是康德重建形而上學的三大支柱之一），這個整體有著合目的的形式，以此與藝術相統一，因為藝術也有著合目的的形式。兩者共同成為審美對象。「自然美使我們發現自然的一種技術（實際上是造化之神功——引者），這技術把自然對我們表像為一個按照規律的體系，而

4　康德《判斷力批判》上卷，宗白華譯，商務印書館 1964 年版，第 152－153 頁。

這些規律的原則是在我們的整個悟性能力裏不能見到的；這就是當我們運用判斷力於諸現象時涉及一種合目的性，由於這個合目的性諸現象不僅僅隸屬於那在它的無目的性的機械主義中的自然，而是同時必須判定為隸屬於藝術的東西。」[5]即純然自在的自然被「擴大到自然作為藝術的概念」[6]。這樣，在審美的意義上，自然與藝術便貫通了起來。

當我們用審美的眼光去看待自然時，可以看成是用藝術的眼光去看待自然。認為自然在整體上是合目的的，便正是一種藝術化的眼光。所以，康德提出：「自然只有在貌似藝術時才顯得美，藝術也只有使人知其為藝術而又貌似自然時才顯得美。」[7]自然貌似藝術，是指在審美的眼光裏，自然作為一個整體，看上去是自由的。而藝術貌似自然，是指它充滿生機和活力，體現出自然界的必然法則，看上去渾然天成，無雕琢痕跡。這種藝術與自然的統一，在西方只有到了康德才有如此深刻、系統的看法。而在中國，類似說法卻古已有之，且源遠流長。早於康德 100 多年的清人王鑒（1598－1677 年）雲：「人見佳山水，輒曰「如畫」，見善丹青，輒曰「逼真」。」（《染香庵跋畫》）。其與康德言論，幾乎如出一轍，只是表述方式不同而已。

但是，自然的合目的性形式是自在的，是人眼中的合目的性。只有當它成為道德的象徵時，它才是主觀的合目的性的統一。而藝術的合目的性的形式畢竟是主體的產物，是人為的。「藝術永遠先有一目的作為它的起因」[8]，「通過一意圖，把他的諸行為築基於理性之上」。這時的所謂理性，主要被分成兩個方面：一是人類的主觀目的或意圖，包括道德原則和願望、意志，等等，這是與自然相

---

[5] 康德《判斷力批判》上卷，宗白華譯，商務印書館 1964 年版，第 85 頁。

[6] 康德《判斷力批判》上卷，宗白華譯，商務印書館 1964 年版，第 85 頁。

[7] 康德《判斷力批判》第 45 節，朱光潛譯，轉引自《朱光潛美學文集》第四卷，上海文藝出版社 1984 年版，第 406 頁，參見宗譯本第 152 頁。

[8] 康德《判斷力批判》上卷，宗白華譯，商務印書館 1964 年版，第 157 頁。

對的人的主觀目的;二是人的理智所把握到的自然,即自然的客觀規律。藝術恰似自然又不同於自然,正體現了合目的與合規律的統一。藝術的合目的,是合主觀目的,故不同於自然;合規律,則又體現了與自然的統一。

藝術作為自由意志的創造性的產物,是通過天才來實現的。它既反映了主體與生俱來的創造力,又反映了人們的主觀意圖——人們「時時有一確定的企圖來創造出某物」[9]。相比之下,作為自然行為的蜜蜂築巢,卻是(本能的)天性的行為。蜂巢儘管是那樣的精美、巧妙,卻只是純粹自然作用的結果,只是一種自然。從表現的角度來說,藝術與自然的另一區別在於,在自然中不是所有的對象都能具有審美價值。而「美的藝術顯示出它的優越性的地方,在於它把自然中本是醜的或不愉快的事物描寫得美。例如,復仇女神、疾病、戰爭的毀壞等等(本是些壞事)可以描寫得很美,甚至可以由繪畫表現出來」[10]。藝術的根本目的就在於實現它的審美價值。

同時,「美的藝術作品裏的合目的性,儘管它也是有意圖的,卻須像似無意圖的」[11]。即「美的藝術須被看做是自然,儘管人們知道它是藝術」[12]。藝術品雖然符合人工的或理性的規則,卻不見有人工做作的痕跡,看不見創作者的心靈活力受到過人工規則的束縛。因此,藝術又須體現出合規律的一面,使之看上去像似自然。「固然這一作品能夠成功的條件,使我們在它身上可以見到它完全符合著一切規則,卻不見有一切死板固執的地方」[13],非常自然而然地體現自然規律。當然,藝術作品中畢竟滲透了人

9　康德《判斷力批判》上卷,宗白華譯,商務印書館 1964 年版,第 152 頁。
10　康德《判斷力批判》第 48 節,轉引自《朱光潛美學文集》第四卷,上海文藝出版社 1984 年版,第 410 頁,參見宗譯本上卷,第 158 頁。
11　康德《判斷力批判》上卷,宗白華譯,商務印書館 1964 年版,第 152 頁。
12　康德《判斷力批判》上卷,宗白華譯,商務印書館 1964 年版,第 152 頁。
13　康德《判斷力批判》上卷,宗白華譯,商務印書館 1964 年版,第 152 頁。

的主觀目的，畢竟是一種再造自然，不可能完全同自然一致，而只能像似自然。

康德的這種對藝術和自然關係的看法，是在繼承了前人思想的基礎上加以闡發的。古希臘學者在倡導藝術模仿自然時，多在強調照人本來的樣子去模仿，而亞里斯多德則主張「按照人應當有的樣子來描寫」[14]。這應當有的樣子，便是理性所把握和所期望的自然。自然的這兩方面的含義，經古羅馬一直延續了下來。文藝復興時期達‧芬奇的「鏡子」說，乃是要求藝術模仿外在自然本來的樣子。而新古典主義者布瓦洛所說的自然，則指真實，指理性。他在《論詩藝》中強調自然與強調理性是一致的。朱光潛先生認為新古典主義者「把自然看作是與真理同一，由理性統轄著的，這就著重自然的普遍性與規律性」[15]。這兩種傾向影響了後來的古典主義和浪漫主義思潮，康德則綜合了兩方面的含義來闡述自然與藝術的關係，這是他調和古典主義和浪漫主義的結果。蔣孔陽先生曾精闢地指出：「浪漫主義者所說的自然，是和人為的規律相反的，含有天真自然之意；古典主義者所說的自然，則就是指理性，指古人的規範。康德正是從這個意義上，綜合了兩方面的意見。藝術看起來要像自然，要在形式上合於自然，那就是說，藝術要合乎理性的規律；同時藝術又是自由的，不能受任何傳統規律的束縛，因此，它要像自然一樣地自然，不應當有人為做作的痕跡。」[16]

二、藝術與科學

康德還將藝術與科學活動進行比較，見出兩者的區別。他認為：「藝術作為人類的一種技術本領，也不同於科學，正有如能不

---

[14] 《詩學》，羅念生譯《詩學‧詩藝》，人民文學出版社 1962 年版，第 94 頁。
[15] 《朱光潛美學文集》第四卷，上海文藝出版社 1984 年版，第 196－197 頁。
[16] 蔣孔陽《德國古典美學》，商務印書館 1984 年版，第 105 頁。

同於知，實踐的能力不同於認識的能力，技術不同於理論。」[17]一件事情，當人們知道能夠做、如何做、做的結果時，它屬於科學；當它不具備技巧實際操作時，它才隸屬於藝術。

對藝術與科學關係的看法，西方一直存在著兩種傾向。一是側重於強調藝術與科學的一致性。畢達哥拉斯學派曾從數學和聲學觀點去研究音樂節奏的和諧，認為美在於對象形式的和諧。這主要是從科學的角度替藝術尋求解釋。在歐洲有過重大影響的黃金分割律就源於該學派。古希臘曾有雕刻家集中全城美女，集各美女優點之大成來雕塑美女像，採取的也是一種科學態度。文藝復興時期一些雕塑家們還認真地研究過解剖學、透視學、配色學等。許多畫家都在尋求最美的線條和最美的比例，並試圖用數學公式表示出來。這些都是在強調藝術與科學相聯繫的一面。另一種傾向則強調藝術與科學之間的差異。柏拉圖曾認為，詩得自於神賜的靈感，乃是非理智的迷狂狀態下的產物，與理智的科學不同。亞里斯多德曾把科學分為三類：理論性科學，包括數學、物理學和形而上學；實踐性科學，包括政治學和倫理學；創造性科學，包括詩學和修辭學。「藝術」（指廣義的藝術，《亞里士多德全集》中譯本該處譯為「創制」──引者注）存在於過程的世界，而科學存在於事實的世界。」[18]後來的普洛丁等人認為藝術美在於藝術家心靈所賦予的理式，強調人的主觀因素。到了近代浪漫思潮，更是重視人文精神，尤其是人的情感等因素，而與科學精神迥然對立。這些對康德的思想都產生了相當的影響。

康德也曾看到了藝術與科學相聯繫的一面。按康德思想，審美對象作為合規律與合目的的統一，其合規律、必然的一面，正與科學相聯繫。同時，藝術美與自然美不同。評定自然美不需要預先從

---

[17] 康德《判斷力批判》第 43 節，蔣孔陽《德國古典美學》，商務印書館 1980 年版，第 102 頁，參見宗譯本第 149 頁。

[18] 《分析後篇》100 頁 a，塔塔科維茲《古代美學》，楊力等譯，中國社會科學出版社 1990 年版，第 207 頁。

對象獲得概念，而藝術則先「假定了事物究竟是什麼事物的概念作為它的基礎」[19]。「評判藝術美必須同時把物品的完滿性包括在內。」[20]「美的藝術在它的全部的完滿性裏包含著不少科學，例如對古代文字的知識，熟讀古典作家，歷史學，古代遺產的熟悉等等，因這些學識構成了美的藝術的必要的準備和根基」[21]。這種概念和完滿性，正體現了科學的精神。同時，藝術品的創作和鑒賞也需要一定的知識作為必要的基礎。

然而康德更強調藝術與科學相區分的一面。在康德的思想體系中，藝術品被視為審美對象，屬於判斷力評判的對象，而科學的內容則屬於知性認識的對象。前者屬於審美範疇，反映出情感的普遍性；後者則屬於認知的範疇，反映出知性的必然性。藝術是感性的，不直接涉及對象的概念，而科學則是對自然的認識，需要抽象為概念。藝術可以通過想像力將自由體現在自然之中，反映出無目的的合目的性。而科學在認識自然的過程中，不能夾雜主觀偏見（由目的或意圖而導致的傾向）。

藝術的獨特之處還在於，它是主體的產品，是人的創造物。康德認為科學是可以模仿的，而藝術則須有獨創性。科學是理智的，藝術是直覺的。藝術作為一種創造性活動，其創造的才能隸屬於發明的領域，而科學作為一種掌握知識的活動，科學研究的才能屬於發現的領域。「發明某件事是與發現某件事大不一樣的。人們所發現的事是被看作從前已經存在著，只是還沒有被人知曉的。」[22]

康德在闡述藝術與科學的區別時，主要是將藝術作為「一種技術本領」進行分析的。這種區別在康德的《判斷力批判》最後完成的部分即「導論」中獲得了明確而具體的說明。康德認為，合規律

---

[19]　康德《判斷力批判》第 48 節，蔣孔陽《德國古典美學》，商務印書館 1984 年版，第 111 頁，參見宗譯本第 157 頁。
[20]　康德《判斷力批判》上卷，宗白華譯，商務印書館 1964 年版，第 157 頁。
[21]　康德《判斷力批判》上卷，宗白華譯，商務印書館 1964 年版，第 150 頁。
[22]　康德《實用人類學》，鄧曉芒譯，重慶出版社 1987 年版，第 118 頁。

的技術實踐屬於自然的理論,即科學;而合目的的道德實踐,屬於道德的理論,即倫理學。從這個角度出發,康德提出:「一切技術地實踐的規則(就是那些藝術的和一般技巧的規則,甚至是作深謀遠慮的思考的規則,例如,作為一種對於人及其意志發生影響的技巧等),在它們的原理是基於概念的範圍內,必須只算作理論哲學的引申」,「但這類實踐的規則不喚做規律(像物理學的規律那樣),而只是諸指示:因為意志不單是立於自然概念之下,也立於自由概念之下」[23]。因此,在康德看來,藝術創造作為一種技術本領,不同於僅僅合規律的科學,還體現了自由的主體的一種實踐能力,是合規律與合目的的統一。

康德認為,機械實驗和化學實驗只是對規律的觀察和把握,只是自然理論的一部分。只有借助規律所進行的創造性活動,才能算是實踐。藝術作為一種實踐活動而區別於科學。同時,藝術的這種實踐活動,又不同於現實生活中的實踐,不是欲望的實際達成,而是借助於想像使願望得以審美地實現。藝術只具備通過想像表現的技巧,而不具備現實地實現的技巧。「人們儘管是已經全部地知曉了,卻還未具備技巧立刻來從事,在這範圍內才隸屬於藝術」[24]。許多現實的實現的東西,往往只是合規律的科學,而藝術所表現的科學的內容,並不需要真正地懂。藝術只是通過一種技巧,通過想像來實現認識與實踐、知與行的統一。

總之,康德在前賢的基礎上,考察了藝術與科學的異同。他看到了藝術與科學相聯繫的一面,即從一預設的概念出發,使美的藝術包容了對象的完滿性,並以一定的科學知識作基礎。同時,康德也看到了藝術與科學的根本區別。科學在本質上只是一種發現,科學知識只是一種知性認識,通過抽象的概念來加以表現。而藝術作為審美對象,隸屬於情感領域,在本質上是感性的,其中表現了主

---

23 康德《判斷力批判》上卷,宗白華譯,商務印書館 1964 年版,第 9－10 頁。
24 康德《判斷力批判》上卷,宗白華譯,商務印書館 1964 年版,第 149 頁。

體的創造精神，是一種合規律、合目的的技術實踐。通過想像，真與善、科學與道德在藝術中獲得了審美的統一。

三、藝術與手工藝

藝術的第三個特徵，是體現創作者的自由性和合目的性。康德認為這是藝術與手工藝的區別所在。在康德看來，藝術是自由的，好像只是遊戲。藝術品的創造對創作者來說是愉快的、合目的的，而手工藝則是雇傭的，是一種機械的勞作，其勞動過程作為一種逼迫的負擔是困苦的。只是由於它的結果，所獲得的報酬如工資吸引著勞作者。這是藝術與手工藝的根本區別。

人類早期的藝術與手工藝是相同的，藝術被統括在手工藝的名稱之下，這已經是眾所周知的事實。但把審美的藝術作為相對獨立的形態來研究，在古希臘時期即已露出萌芽。如柏拉圖所討論的詩及其創作靈感問題，即已區別於手工藝勞動，基本上是從我們今天的審美的意義上進行討論的。亞里斯多德《詩學》中的看法也大致相類。亞氏談到藝術時，包括了技藝部分，但在研究詩歌或悲劇時，則主要側重於審美，只不過這種區分不如後來那麼嚴格罷了。例如，巫術、占星術一類的宗教儀式也被包含在藝術中。美的藝術與一般技藝的明確的區分，原則上是從康德開始的。

對於藝術與手工藝的關係，康德曾指出過藝術的技巧與手工藝相類似的一面。他批評狂飆突進運動的激進分子倡導藝術的絕對自由，認為自由的藝術仍然要遵守某種機械性規律。只有通過這些規則，藝術品才能獲得物化形式，即通過藝術表現形式和物質手段使得富有生機的心靈創化獲得軀體而得以生成。例如「詩藝裏語法的正確和辭彙的豐富，以及詩學的形式韻律」[25]等，康德稱其為「強

---

[25]　康德《判斷力批判》上卷，宗白華譯，商務印書館 1964 年版，第 150 頁。

制性的東西」或「機械性的東西」[26]。康德曾認為天才的藝術家體
現自然之道,為藝術制定規則,而對規則和傳達符號的掌握與運用,
即藝術技巧的揣摩與學習,又需要付出艱辛的勞動。這與手工藝在
形式上是相通的。不過這種活動本身一般並不包含在審美範疇之內。

在審美的意義上,康德認為藝術與手工藝有著質的區別。

康德通過藝術與手工藝的比較,論述了藝術創造與物質生產在
心態上的區別。他認為藝術創造是一種自由的活動,體現了主體的
意志。這是一種自發的、通過靈感的激發、依靠天才的創造性活動。
手工藝則主要是一種滿足他人的意志和願望的活動。手工藝活動一
般只需要掌握一定的技巧,即可模仿和炮製,只要經過努力,都可
以完成,而較少受靈感的影響。

康德還論述了藝術與手工藝在創作效果上的區別。藝術是一種
「對自身愉快的」、「好像只是遊戲」[27]的活動。因此,藝術活動對
人的身心有著積極的影響。「一切感覺的變化的自由的遊戲(它們
沒有任何目的做根柢)使人快樂,因它促進著健康的感覺」[28],「不
需要有任何實際利益的意圖安置於根柢之上」[29]。藝術之中包含
著喜怒哀樂等情感活動,這些活動,「促進了身體內全部的生活機
能」[30]。而手工藝作為一種有報酬的勞動,勞動的過程是辛苦的、
不愉快的,只是為著工資而被迫進行。也正因如此,手工藝的目的
性、預見性很強。而藝術的自由,則是一種無目的的合目的性,具
有非自覺性的因素。

康德在藝術和手工藝之間,只強調對象本身性質的差異,而不
強調個體能力的高低。按照康德的思想,藝術屬於天才的產品,手
工藝則是模仿的產物,兩者就有能力高低的區別。但受盧梭的影響,

---

[26] 康德《判斷力批判》上卷,宗白華譯,商務印書館 1964 年版,第 149 頁。
[27] 康德《判斷力批判》上卷,宗白華譯,商務印書館 1964 年版,第 149 頁。
[28] 康德《判斷力批判》上卷,宗白華譯,商務印書館 1964 年版,第 178 頁。
[29] 康德《判斷力批判》上卷,宗白華譯,商務印書館 1964 年版,第 179 頁。
[30] 康德《判斷力批判》上卷,宗白華譯,商務印書館 1964 年版,第 179 頁。

康德一改早年鄙視「庸俗之輩」的陋習：「我學會了尊敬人。」[31]他是學會了尊敬那些從事強迫性勞動的手工藝者。在此基礎上，他根據當時所處的環境，對強迫性勞動的手工藝與自由的藝術所進行的區分和闡述，是有一定的積極意義的。

但是，康德對藝術與手工藝的區分，畢竟有些簡單化和形式化了。具有藝術形式的作品，有時可以是雇傭的，或是為著某種直接的功利目的的、或即興應酬的。例如，為人代筆之作，歌功頌德之作，應考的命題詩文等。而且即使這些非自由的藝術，倘若作者的心境恰好契合於要表達的內容，作者創作時的心態恰好也是自由的，仍可作出優秀的美的藝術品，如司馬相如的《長門賦》等，即屬此類。而有些手工藝產品，雖然是雇傭的產物，倘若激起了操作者的興趣，從事者能投身其間，能追求一種審美的境界，那麼它就與藝術相差無幾了，如莊子所說的「庖丁解牛」。可見，康德對審美藝術與實用藝術和一般藝術的界定是含糊的、不明確的。也正因如此，康德才會說「在所謂七種自由藝術裏是否有幾種可以列入學術，有幾種可以和手工藝相比擬」[32]，他不願談論。總之，藝術與手工藝的關係是複雜的，對此闡述宜全面、深入。

第二節　天才論

對主體性問題的重視和倡導，從文藝復興時期發端，經笛卡爾等人的發展，到康德的批評哲學體系可謂一集大成。康德對藝術天才的研究，正是奠定在主體性的基礎上的。從目的論原則出發，康德開始系統研究藝術問題。他將自然與藝術貫通起來，將天才的自然能力與藝術創造聯繫起來。受當時文藝界的狂飆突進運動的影響，康德特別

---

[31] 古留加《康德傳》，賈澤林等譯，商務印書館 1981 年版，第 46 頁。

[32] 康德《判斷力批判》上卷，宗白華譯，商務印書館 1964 年版，第 149 頁。

注重人的個性，關心個體的藝術創造能力，並且首次將天才與鑑賞聯繫起來進行考察，提出了西方美學史上第一個系統的天才理論。

一、天才的定義

康德研究天才問題，是從批判時期開始的。在前批判時期，康德雖然提到過荷馬、維吉爾以及彌爾頓等人或他們的作品，頌揚過荷迦斯的藝術才能[33]，但他從來沒有系統地論述過藝術，更沒有研究過天才。康德對天才問題的重視，主要是他自身哲學體系的推衍和受當時德國狂飆突進運動的影響。

對於天才的討論，符合康德的目的論原則。康德在《論目的論原則在哲學中的運用》一文中，曾把自然與藝術並列起來，將藝術作為一個系統，一個活生生的整體進行研究，並將藝術創作與生氣灌注的自然統一起來，從合目的性的角度看待藝術與自然的相通之處。而天才正是以一種創造藝術的自然能力為基礎的。通過人的自然能力的創造，康德實現了自然與藝術的貫通。正因如此，在《判斷力批判》中，康德系統地研究了藝術問題和天才問題，以此作為自然與自由之間的中介。

然而，在康德的思想體系中，天才又不被包含在主體的三種基本認識能力（即理智能力）之中。康德寫《判斷力批判》的目的，主要是評判主體的審美鑑賞力，從中強調判斷力與知性、理性的並列關係，而對天才的討論，則既以判斷力為基礎，又超越於判斷力之外。天才是一種以判斷力為基礎又偏重於想像力的先天直覺能力，它並不包括在作為審美鑑賞力的判斷力之中，在藝術方面，創造與鑑賞在心理功能上有相對應和貫通的一面——即想像力與知解力的協調。但創造並不等於鑑賞，天才也不同於判斷。

---

[33] 康德《對美感和崇高感的觀察》，曹俊峰、韓明安譯，黑龍江人民出版社 1989 年版，第 3、8、11 頁等。

　　1790 年，《判斷力批判》出版後不久，康德在給俄國駐德累斯頓公使 A・M・別洛謝裏斯基的信中，把人的認識能力分為兩大部分，其一是理智的能力，包括知性、判斷力和理性。康德分別將它們看成三個圈，這三個圈又包容在一個大圈之中，這就是人的思想能力。而與理智能力相對應的，則是人的直覺能力，即作為人的創造和想像的部分。就如同在美的藝術中所發生的那樣，「那它們就構成特殊的天才（它與「才能」、「創造者」這個詞有相同的意義）的圈」[34]。這樣直覺能力就構成了與哲學的大圈相對應的另一個圈。天才屬於人的直覺能力，並不包含在審美鑒賞的判斷力之中，雖然它在一定程度上須以判斷力為基礎。

　　康德在《判斷力批判》中強調天才，固然有使藝術探討在形式上臻於完整的一面，但用了五節篇幅專門加以詳細討論，與當時的時代精神，特別是狂飆突進運動的影響是分不開的。康德是一位密切關注社會現實的學者，他的學生和論敵赫爾德又是狂飆突進運動的先鋒，康德曾認真地閱讀過他的文學作品和學術著作，回答過他的批評，當然也會受到他的影響。康德和狂飆突進運動者們一樣，對專制制度強烈不滿，與既有現實格格不入，因此，反對扼殺人的創造才能和天性，反對窒息人的個性的行為。盧梭要求「返回自然」、尊重人的個性的思想激發了康德對天才的謳歌。揚格《試論獨創性作品》1759 年發表後，1760 年同時出版了兩個德譯本，反映了德國學者尤其是狂飆突進運動者們對它的要求的迫切性。其中的天才和獨創性思想也直接地影響了康德。

　　康德把天才看作是「天賦的才能」，是天生的心靈稟賦，是「藝術家天生的創造機能，它本身是屬於自然的」[35]，這種才能「是和模仿的精神完全對立著的」[36]。

---

[34]　轉引古留加《康德傳》，賈澤林等譯，商務印書館 1987 年版，第 297 頁。
[35]　康德《判斷力批判》上卷，宗白華譯，商務印書館 1964 年版，第 152 頁。
[36]　康德《判斷力批判》上卷，宗白華譯，商務印書館 1964 年版，第 154 頁。

　　把天才看成有別於理智能力的先天能力，古已有之。古希臘學者曾有人從冥冥之中的神助來解釋天才現象。蘇格拉底認為：「詩人做詩不是出於智慧，其作品成於天機之靈感，如神巫和預言家之流常作機鋒語而不自知其所雲，我想詩人所感受亦複如此。」[37]柏拉圖則將天才看成「有神力憑附著」[38]。這些都是神秘的解說。但從這些說法中，我們已經見出，天才作為一種藝術創造的才能，不是人人所能擁有的，而是少數人先天獲得的稟賦。天才的藝術家在創作過程中，常常處於非自覺的狀態之中。

　　把天才看成是一種與生俱來的自然現象，則從古羅馬開始。賀拉斯把天才與苦學訓練相提並論，認為優秀的作品是先天素質和後天努力的結合：「苦學而沒有豐富的天才，有天才而沒有訓練，都歸無用；兩者應該相互為用，相互結合。」[39]到了朗吉諾斯時代，許多人認為天才是天然的產物，「崇高的天才是天生的，不能傳授，而天分就是唯一能產生崇高的技術」，「天才的作品，繩之以僵硬的清規戒律，就不啻焚琴煮鶴」[40]。

　　德國啟蒙運動時期，把天才視為人的先天素質的看法，已經相當流行，尤其是在沃爾夫學派中。鮑姆嘉通認為天才是人的「天生的」稟賦，蘇爾策爾也把天才看作自然的天生能力，並將天才與技巧、理性、判斷相並列。赫爾德則認為天才是「最高的、天賜精神，按照自然規律活動，與個人的本性一致，對人有益處」。他還認為天才是一種天生的能力，出於那種對於人的精神的先驗

37　《蘇格拉底的申辯》，見《遊敘弗倫・蘇格拉底的申辯・克力同》，嚴群譯，
　　商務印書館 1983 年版，第 56 頁。
38　《伊安篇》，柏拉圖《文藝對話集》，朱光潛譯，人民文學出版社 1980 年版，
　　第 8 頁。
39　賀拉斯《詩藝》，楊周翰譯，見《詩學・詩藝》，人民文學出版社 1962 年版，
　　158 頁。
40　《論崇高》，譯文見《繆靈珠美學譯文集》第一卷，中國人民大學出版社 1987
　　年版，第 80 頁。

的本原。[41]這些思想無疑直接地影響了康德。克羅齊曾認為《判斷力批判》源於鮑姆嘉通及其弟子梅耶爾[42]，康德曾多次用他們的著作作教本。至於赫爾德的影響，如前所述更是毋庸置疑的。另外，在揚格的影響下，康德還將天才看成是藝術家的特有稟賦，與學問迥然不同。

但是天才的先天性還不足以界定天才的性質。康德曾將人的理智能力界定為先天的。知性、判斷力和理性，康德都曾界定過它們的先天原則。而古典主義者們還常常從理性的角度看待天才，認為「天才是最崇高的理性」[43]。把人的理性能力看成是天才的核心，這是違反藝術創造規律的。以理性來代替直覺和想像力的主導地位，勢必窒息藝術的創造性。

在《判斷力批判》中，康德認為天才的根本心理基礎在於非凡的想像力。想像力是藝術創造的基本能力。藝術作品要想達到無雕琢痕跡、體現出獨創性的第二自然的效果，人們必須借助於想像力。「想像力（作為生產的認識機能）是強有力地從真的自然所提供給它的素材裏創造一個像似另一自然來。」[44]通過想像力，天才將看不見的東西的觀念，例如極樂世界、地獄世界、永恆界、創世等具體化，或者使經驗界裏固有的事物超越經驗的界限，在完滿的狀態中具體化，例如死、妒忌以及一切惡德，又如愛、榮譽等。在創造的過程中，天才的想像力具有著創造性和自由性等特徵。通過創造性，想像力將知性諸觀念（理性）的機能帶進了運動，以至於在一個表像裏的思想，大大地多於在這表像裏所能把握和明白理解的。通過自由性，想像力可以在與概念契合一致之外，向知性提供未被搜尋的、內容豐富的、未曾展開的資料，

[41] 阿斯穆斯《康德》，孫鼎國譯，北京大學出版社 1987 年版，第 405 頁。

[42] 克羅齊《作為表現的科學和一般語言學的美學的歷史》，王天清譯，中國社會科學出版社 1984 年版，第 115－117 頁。

[43] 卡西勒《啟蒙哲學》，顧偉銘等譯，山東人民出版社 1988 年版，第 313 頁。

[44] 《判斷力批判》上卷，宗白華譯，商務印書館 1964 年版，第 160 頁。

這種資料是知性在它的概念裏未曾顧及到的。這使得主觀的心意能力生動地活躍著。在這種想像力中，我們超越了陳腐的經驗，以及自在的自然所受的必然規律的束縛，把自然界當作藝術創造的素材。「但這素材卻被我們改造成為完全不同的東西，即優越於自然的東西。」[45]這就是藝術，這種想像力的產品「在自然裏是找不到範例的」[46]。從藝術創造的角度看，天才的心意機能「單就它自身來看，本質上僅是（想像力的）一個才能」[47]。後來，康德在《實用人類學》中，更是把天才看成想像力範圍內的特殊領域，藝術創造的特徵就包孕在想像力之中：「屬於天才本身的領域是想像力，因為它是創造性的，並且比別的能力更少受到規則的強制，卻正因此而更有獨創力。」[48]

但僅有想像力是不夠的。想像力需要知解力予以約束，才能進行藝術創造。朗吉諾斯曾認為崇高的天才需要理智的控制，才不會「盲目衝動，隨波逐流，有若無舵之舟」[49]，康德則提出以想像力與知解力的協調來作為天才的心意狀態，以此與鑒賞的判斷力相統一。更重要的是，想像力與知解力的協調，使得自由的想像力進入藝術創造的狀態之中，使得主體的先天潛能成為創造藝術品的天才。隨之，想像力的產品也符合審美理想或審美觀念。因此，他主張「鑒賞（口味）和判斷力一般是天才訓育（或管束），剪掉天才的飛翼，使它受教養和受磨煉」[50]。這裏的鑒賞和判斷力，主要是側重於知解力而言。有了它，天才所創造的藝術品才算得上是審美對象。

45　《判斷力批判》上卷，宗白華譯，商務印書館1964年版，第160頁。
46　《判斷力批判》上卷，宗白華譯，商務印書館1964年版，第161頁。
47　《判斷力批判》上卷，宗白華譯，商務印書館1964年版，第161頁。
48　《實用人類學》，鄧曉芒譯，重慶出版社1987年版，第119頁。
49　《論崇高》，《繆靈珠美學譯文集》第一卷，中國人民大學出版社1987年版，第80頁。
50　康德《判斷力批判》上卷，宗白華譯，商務印書館1964年版，第166頁。

二、天才的基本特徵

　　康德將天才的基本特徵概括為獨創性和典範性兩個方面。在
《判斷力批判》中，康德對天才及其特徵有兩處界說。其一，第
46 節中的四點界說明確將獨創性視為第一特徵：「獨創性必須是它
的第一特性。」[51]但具有獨創性的作品也許是無意義的。因此，天
才作品還必須具有典範性，這兩者相輔相成，構成了天才作品的基
本特徵。而其他方面，如認為天才是人的一種自然能力，是不可傳
授的，是對天才的內質的界定，即「體」的描述。將天才限制在美
的藝術創造的領域，則是研究本身的需要。在《實用人類學》中，
康德曾認為天才是發明的才能，而科學是發現的才能，限於「瞭解
和知道」的範圍，以此來劃分他的天才的研究範圍[52]。至於創作過
程中的非自覺性，則是藝術思維的特徵，而不只是天才的特徵。其
二，第 49 節中對天才的四點界說，主要突出地強調了其審美意義
上的一般心意狀態，即想像力與知解力的協調和合目的性原則。因
此，康德對天才的總結性的定義是：「天才就是：一個主體在他的
認識諸機能的自由運用裏表現著他的天賦才能的典範式的獨創
性。」[53]其中在認識諸機能的自由運用裏表現著天賦才能的說法，
屬於對天才的質的界定。而「典範式的獨創性」則是對天才的特徵
的描述。直到在 1798 年的《實用人類學》中，康德依然強調天才
的「典範式的獨創性」的特徵，並進一步加以闡述。[54]因此，獨創
性和典範性是康德所歸納的天才的兩大基本特徵。

---

[51] 康德《判斷力批判》上卷，宗白華譯，商務印書館 1964 年版，第 153 頁。
[52] 康德《實用人類學》，鄧曉芒譯，重慶出版社 1987 年版，第 118 頁。
[53] 康德《判斷力批判》上卷，宗白華譯，商務印書館 1964 年版，第 164 頁。
[54] 康德《實用人類學》，鄧曉芒譯，重慶出版社 1987 年版，第 120 頁。

1.獨創性

獨創性是天才的首要特性，它是一種不可重複的發明。在康德以前，愛爾維修在《精神論》（1759 年）中曾認為「天才的先決條件永遠是發明」[55]。康德則認為天才與鑒賞的根本區別，在於前者主要是創造的功能，而後者則主要是申辯的功能。康德在鮑姆嘉通的弟子梅耶爾的影響下，反對系統的模仿說。1757 年，梅耶爾在《論所有美的藝術和文學的基本原理》中，貶斥模仿的原理，認為模仿的原理太普泛化了，因為科學和道德也是自然的模仿；同時太狹窄了，因為藝術不僅模仿自然的事物，還模仿所有的事物，只是排除那些不道德的[56]。康德則明確指出：「天才是和模仿的精神完全對立著的。」[57]這種說法，意在反對古希臘傳統的模仿說。亞里斯多德曾認為藝術是對事物可能發生的必然規律的模仿，那主要是基於認知的層面。康德以此來界定學問與藝術的區別，並倡導個體創造力的發揮。

康德的獨創性觀點受到揚格和艾迪生的啟發和影響。揚格曾竭力推崇天才所創造出來的獨創性作品，認為「天才者的頭腦是肥沃而可愛的土地，可愛如樂土，肥沃如丹浦，他享有永恆的春天。那個春天裏，獨創性作品是最最美麗的花朵」[58]。但康德的獨創性又與揚格有很大差異，揚格曾把模仿分為模仿他人與模仿自然，認為天才是模仿自然，從中體現出獨創性。康德則提倡藝術要接近自然。受艾迪生的影響，康德認為美的藝術品必須被意識到它不是自然。但是，藝術又區別於手工藝和其他人工製品，需要接近於自然。「它是不受一切人為的造作的強制所束縛，因而它好像只是一自然

---

[55] 卡西勒《啟蒙哲學》，顧偉銘等譯，山東人民出版社 1988 年版，第 314 頁注。
[56] 克羅齊《作為表現的科學和一般語言學的美學的歷史》，王天清譯，中國社會科學出版社 1984 年版，第 89 頁。
[57] 康德《判斷力批判》上卷，宗白華譯，商務印書館 1964 年版，第 154 頁。
[58] 揚格《試論獨創性作品》，袁可嘉譯，人民文學出版社 1963 年版，第 4－5 頁。

的產物。」[59]天才的獨創性主要在於體現自然，而不是簡單地模仿自然，因此，康德稱藝術品為第二自然。

康德認為，獨創性與抄襲和矯揉造作是格格不入的。抄襲是一種機械的模仿，而「矯揉造作是抄襲的另一形式」[60]，即抄襲那些怪癖的特點。天才的藝術家是需要勇氣的。他們可以打破常規，不受既定的戒律約束：「在表現裏某些大膽和一些違反常規對他是適宜的，但卻不適合他人的仿效」[61]。「精神飛騰的不可模仿性」[62]不能因為小心翼翼而受到損害。而這種違反常規即使不甚恰當，也是可以理解的，只不過這種不甚恰當更是不可抄襲的，否則便是東施效顰式的矯揉造作。

但藝術畢竟不是天才的本能產品，藝術品畢竟不同於蜜蜂窩。康德認為，雖然人們也把蜜蜂合規則地造成的蜂窩稱為藝術作品，但「那是她的（本能的）天性的成品」[63]。而藝術的獨創性之中，卻體現著理性的意圖。「人們只能把通過自由而產生的成品，這就是通過一意圖，把他的諸行為築基於理性之上，喚做藝術。」[64]這種理性意圖使得藝術創造成為一種自由的活動，獨創性正體現在這種自由的活動之中。

同時，獨創性作品還應體現出一種生氣，這種生氣是從天才的心中灌注到藝術品之中的，體現了主體的獨創性，因而使作品具有獨特的精神風貌。揚格曾以植物的生長來比喻獨創性作品的創造：「獨創性作品可以說具有植物的屬性：它從天才的命根子自然地生長出來。」[65]康德則進一步從天才的字源來進行探究：「「天才 genie」

---

[59] 康德《判斷力批判》上卷，宗白華譯，商務印書館 1964 年版，第 151 頁。
[60] 康德《判斷力批判》上卷，宗白華譯，商務印書館 1964 年版，第 165 頁。
[61] 康德《判斷力批判》上卷，宗白華譯，商務印書館 1964 年版，第 165 頁。
[62] 康德《判斷力批判》上卷，宗白華譯，商務印書館 1964 年版，第 165 頁。
[63] 康德《判斷力批判》上卷，宗白華譯，商務印書館 1964 年版，第 148 頁。
[64] 康德《判斷力批判》上卷，宗白華譯，商務印書館 1964 年版，第 148 頁。
[65] 康德《判斷力批判》上卷，宗白華譯，商務印書館 1964 年版，第 148 頁。

這字可以推測是從 genius（拉丁文）引申而來的，這就是一特異的，在一個人誕生時賦予他的守護和指導的神靈，他的那些獨創性的觀念是從這裏來的。」[66]獨創性是一個人（天才）在誕生時由守護神賦予的，而天才又以此來給藝術品灌注生氣和精神。有些藝術品，雖然被期待成為美的藝術品，而且也優雅可喜、精確整齊、非常合乎規範，鑒賞時甚至也挑不出毛病來，但卻沒有精神，因而仍不能稱為優秀的藝術品。而「精神（靈魂）在審美的意義裏就是那心意賦予對象以生命的原理」[67]。

2.典範性

天才的第二個特徵是它的典範性。在康德看來，即使是有獨創性的作品，有時也可能是無意義的。「所以天才的諸作品必須同時是典範」，「它自身不是由模仿產生，而它對於別人卻須能成為評判或法則的準繩」[68]。

天才的典範作用是歷來的學者所倡導的。許多後繼者都被要求或自覺地學習先賢的優秀作品，將其奉為圭臬。賀拉斯在《詩藝》中曾勸告庇梭父子說：「你們須勤學希臘典範，日夜不輟。」[69]但賀拉斯主要立足於謹守傳統，要求後繼者模仿經典作品。康德則強調典範性作品對後來的天才的喚醒作用，以便創造出新的獨創性作品，從而使典範性作品在藝術發展中起到巨大的促進作用。

康德所說的典範性，主要包括兩個方面的內容：一是強調天才的作品對其他天才的「喚醒」和啟發作用；二是為藝術立法，成為其他作品的評判準則。

66　康德《判斷力批判》上卷，宗白華譯，商務印書館 1964 年版，第 154 頁。
67　康德《判斷力批判》上卷，宗白華譯，商務印書館 1964 年版，第 159 頁。
68　康德《判斷力批判》上卷，宗白華譯，商務印書館 1964 年版，第 153 頁。
69　賀拉斯《詩藝》，楊周翰譯，《詩學·詩藝》，人民文學出版社 1962 年版，第 151 頁。

典範性作品的「喚醒」作用有兩個特點，一是「不可模仿」，二是不能傳授。他認為天才的產品是「後繼者的範例而不是模仿的對象」，「它是對於另一天才喚醒他對於自己獨創性的感覺」[70]，從而可以從既有的規則的束縛中解放出來，藝術作品自身也可由典範的作品獲得新的藝術創作的規則。不僅如此，天才的典範性還能「對於別的優秀頭腦帶來學派」[71]。這個學派便是由那典範所喚醒，而不是模仿的結果。喚醒的第二層含義是「不可傳授」。康德認為天才的「技巧也不能傳達，而是每個人直接受之於天。因而人亡技絕，等待大自然再度賦予另一個人同樣的才能。他（這天才）僅需要一個範本的啟發，以便同樣地發揮他自己已意識到的才能」。作為一種自然稟賦，天才是不能傳授的，因為他們自己也不知道「他們的幻想豐滿而同時思想富饒的觀念是怎樣從他們的頭腦裏生出來並且集合到一起的」[72]。他們只能通過典範來喚醒其他天才，使這些天才能夠自覺意識到自己的天才素質，從而同樣地將它們運用到藝術創造的過程之中。

除了喚醒作用外，典範性還包括天才為藝術立法，成為其他藝術品的評判標準。康德認為每一藝術須以諸法則為前提，法則使作品成為可能。如果沒有先行的法則，作品便不能稱作是藝術。藝術不能為自己想出法則來，藝術的法則來自天才，而天才是體現自然才具備法則的。法則是自然通過天才（並且通過它的諸機能的協調）給予藝術的。這種法則對於創作者本人是非自覺的，「作者自己並不知曉藝術諸觀念是怎樣在他內心裏成立的，也不受他自己的控制」[73]。因此，天才的作者並不能隨意提出作品的規範，而且也不

---

[70] 康德《判斷力批判》上卷，宗白華譯，商務印書館 1964 年版，第 164－165 頁。
[71] 康德《判斷力批判》上卷，宗白華譯，商務印書館 1964 年版，第 165 頁。
[72] 康德《判斷力批判》上卷，宗白華譯，商務印書館 1964 年版，第 155 頁。
[73] 康德《判斷力批判》上卷，宗白華譯，商務印書館 1964 年版，第 153－154 頁。

能將由自然賦予的規範形式傳授給他人，以便他們創造出同樣的產品來。「而它對於別人卻須能成為評判或法則的準繩。」[74]

康德將天才的基本特徵歸納為獨創性和典範性，是很精闢的。他吸收了先賢的看法，並且將它們系統化了。但其中也有令人不滿意之處。例如，對於獨創性，康德只是界定了它自身的特徵，而忽略了主體的相應能力，即到底何種能力被稱為是獨創性能力？愛爾維修將其解釋為一種綜合能力。愛爾維修曾認為：「人沒有真正自發的、原始的發明天賦這類東西；我們稱為發明才能的任何東西都只是一種結合，只是選擇並把各種特定因素熟練地聯繫在一起。」[75]而康德則沒有對此加以界說。再如典範性的作用，康德強調了「喚醒」的特殊方式，並將藝術創造的最終根源歸結為自然，是自然通過天才為藝術立法，片面地強調了自然根源的一面，忽略了它的隨社會發展而發展的一面。實際上，天才的獨特而卓越的感悟能力，使得後繼的天才所制定的法則較之過去的天才有可能更符合自然法則。隨著社會的發展，天才對自然和對人自身的領悟也在不斷精進。因此，不同歷史時期的天才為藝術立法，反映了人們領悟能力和領悟方式的演變，並且各自體現了當時的時代精神。這些人文因素的影響，正是康德所忽略了的。

三、鑒賞中的天才

康德第一次從創作與鑒賞貫通的角度來探討天才與鑒賞的關係，把鑒賞力視為天才的基礎和必備條件，並以作品為仲介，來討論天才與鑒賞力在主體心態上的異同，最終通過作品的內在精神（靈魂、生氣）而統一於他的主觀合目的性原則。

---

[74] 康德《判斷力批判》上卷，宗白華譯，商務印書館 1964 年版，第 153 頁。
[75] 卡西勒《啟蒙哲學》，顧偉銘等譯，山東人民出版社 1988 年版，第 314 頁。

　　康德認為，鑒賞力是人們共同具備的審美能力，也是天才的基礎。作為審美對象的藝術品，要求創作者必須以普遍有效的鑒賞為基礎，才能實現創作與鑒賞的溝通。天才只能為創作提供優秀的素質，這些素質要求被加工和被訓練，就必須接受鑒賞力的培養，包括對許多作品及大自然的範本的觀摩、練習和修正，從而在運用自己的天才時，能夠符合、適應具有普遍意義的鑒賞力。因此，天才只是才氣煥發，而有鑒賞力的人所創造出的作品才會被稱為藝術品。[76]有鑒賞力的人不一定要有天才，而有天才的人，必須要具備鑒賞力，才能進入創作過程，創造出既有獨創性、又可以引起共鳴的美的藝術品。

　　鑒賞力與天才既有相互聯繫的一面，又有著各自不同的側重點。鑒賞力是評判的能力，而天才則主要是創造的能力。「評定美的對象作為美的對象要求著鑒賞力，對於美的藝術自身，產生美的藝術卻要求著天才。」[77]但創造力是人人都多少擁有的，天才與庸才之間只是量的區別，偉大的創造者便是天才。而康德認為「鑒賞卻只是一評判的而不是一創造的機能」[78]。把天才的創造機能與鑒賞嚴格區分開來，則未免有些絕對。實際上鑒賞本身也是包含著創造的。每個鑒賞者對於藝術作品的鑒賞，必須調動著自己的想像力。「一千個讀者有一千個哈姆萊特」，鑒賞本身就是一種創造，優秀的鑒賞家同樣可以在鑒賞中進行偉大的再創造。當然，創造畢竟是天才的主要功能。天才強調獨創性，而鑒賞則主要強調普遍有效性。兩者雖有一定的聯繫，但畢竟是有區別的。康德說：「在一個應該成為美術的作品上面有時見到有天才而無鑒賞，在另一作品上見到有鑒賞而缺天才。」[79]這裏，康德的鑒賞主要是指審美判斷的共通性，而天才則代表獨創性的一面。優秀的作品，其獨創性須以

---

[76] 參見康德《判斷力批判》上卷，宗白華譯，商務印書館 1964 年版，第 166 頁。

[77] 康德《判斷力批判》上卷，宗白華譯，商務印書館 1964 年版，第 157 頁。

[78] 康德《判斷力批判》上卷，宗白華譯，商務印書館 1964 年版，第 159 頁。

[79] 康德《判斷力批判》上卷，宗白華譯，商務印書館 1964 年版，第 159 頁。

共通的心意狀態為基礎，即兩者須完美地統一。從這個意義上講，天才的藝術是以鑒賞力為基礎的。

與鑒賞貫通的重要的天才能力是賦予作品以精神或靈魂。一首詩、一個故事，有時雖然很精確、整齊、深刻、優雅，乃至華麗，但常常缺乏精神。康德認為天才的心意諸能力能賦予作品以精神。「精神（靈魂）在審美的意義裏就是那心意賦予對象以生命的原理」[80]，「精神是人心中灌注生氣的原則」[81]。這種把藝術品看成生命有機體的看法，早在古希臘時代就有了。亞里斯多德就曾認為史詩的佈局與悲劇的佈局應該「有頭、有身、有尾，這樣它才能像一個完整的活東西，給我們一種它特別能給的快感」[82]；羅馬時代的普洛丁也曾在《九卷書》裏說到，雕像是藝術家把理式灌注到頑石之中，使之栩栩如生，符合藝術家的創作理想[83]。康德的獨特之處在於，他以目的論原理來研究作品的灌注生氣問題，並且把它看成是天才的心意能力的結果。根據目的論原理，康德認為，藝術如同自然，富有生命活力。藝術家在創作時，「把心意諸力合目的地推入躍動之中」[84]。這一原理把作品的內在精神看成審美理想的根本所在，而審美理想又是在想像力與知解力協調的基礎上形成的，這樣他就從目的論角度把藝術與自然貫通起來。從精神的角度把握藝術品，與鑒賞判斷所要求的「對於每個人有效的主觀的合目的性」[85]是一致的。天才的心靈活力，正是通過作品精神，在鑒賞中獲得實現的。

鑒賞與天才的統一，充分表現在想像力與知解力協調的心意狀態中。在審美的心意狀態中，鑒賞心態與天才的創作心態是相通

---

[80] 康德《判斷力批判》上卷，宗白華譯，商務印書館 1964 年版，第 159 頁。
[81] 康德《實用人類學》，鄧曉芒譯，重慶出版社 1987 年版，第 119 頁。
[82] 亞里士多德《詩學》，羅念生譯《詩學・詩藝》，人民文學出版社 1962 年版，第 82 頁。
[83] 《西方美學家論美和美感》，北京大學哲學系美學教研室編，商務印書館 1980 年版，第 59 頁。
[84] 康德《判斷力批判》上卷，宗白華譯，商務印書館 1964 年版，第 160 頁。
[85] 康德《判斷力批判》上卷，宗白華譯，商務印書館 1964 年版，第 123 頁。

的。所不同的是，在先天直覺能力的前提下（康德提到了直覺能力，卻並未作深入地研究），天才更強調想像力的一面，而鑒賞則更強調知解力的一面。兩者各自都最終形成一個協調的心意狀態。這種心意狀態，作為鑒賞力或判斷力的基礎，是以審美理想為前提的。而審美理想被康德稱為「最高的範本、鑒賞的原型」，「必須每人在自己的內心裏產生出來」[86]。它是一切審美判斷尤其是藝術鑒賞的基礎，更是創作的必備條件。

想像力與知解力的協調，是通過理性起調節作用的。在《判斷力批判》的第一版序言裏，康德認為理性有兩種功能：一是構成性功能，一是調節性功能。在藝術鑒賞和創造中，理性在想像力與知解力諸功能之間發揮著調節性功能。與鑒賞相比，康德在天才的創造中更多地強調了理性的能動作用和主導作用。他認為在天才中想像力以自然為素材，創造出另一自然來。想像力是根據理性來對自然進行改造的，從而感覺到從聯想規律中解放出來的自由。因此，主體創造出優越於自然而與自然完全不同的東西的能力。主體對創造性想像的激發和解放，正顯示了理性的光輝，是「想像力在努力達到最偉大東西裏追逐著理性的前奏」[87]。這種理性體現在想像力的表像之中，這種表像可以引發許多思想，但又沒有一種特定的思想與之契合，而且「在自然裏是找不到範例的」[88]。因此，理性與想像力等心理諸功能在形式上雖然相互約束，實質上卻是相互解放的，從中體現出創造性，同時在創造中體現了人類的意圖和目的。

康德最後的結論是：「美的藝術需要想像力、悟性（知性）、精神和鑒賞力。」並附注：「前三種機能通過第四種才獲致它們的結合。」[89]總之，康德在闡述天才時，強調了想像力與知性協調的心

---

[86] 康德《判斷力批判》上卷，宗白華譯，商務印書館 1964 年版，第 170 頁。
[87] 康德《判斷力批判》上卷，宗白華譯，商務印書館 1964 年版，第 161 頁。
[88] 康德《判斷力批判》上卷，宗白華譯，商務印書館 1964 年版，第 161 頁。
[89] 康德《判斷力批判》上卷，宗白華譯，商務印書館 1964 年版，第 166 頁注 1。

意狀態和作品的內在精神問題,更突出了鑒賞力在主體的心意狀態與作品的內在精神結合中的作用。鑒賞力是天才創作的基礎,並最終使天才所創作的作品的價值獲得了實現。

然而,康德畢竟忽略了天才與鑒賞在心意狀態上的重要區別。他把天才看成是「天生的創造機能」、「天生的心靈稟賦」[90],在具體的闡述中也常常強調天才能力的獨特之處,突出想像在藝術創造中的重要作用。在《實用人類學》中,康德還提出天才的心靈能力必須借助於想像力來協調,甚至在給別洛謝裏斯基的信中還專門提出了創造性的直覺能力問題。儘管如此,在《判斷力批判》等著作中,對於天才的獨特心理功能問題,康德卻沒有給予足夠的重視,更沒有進行系統闡述。

第三節 藝術分類

藝術分類的研究,由來已久。從柏拉圖、亞里斯多德就已萌芽,並且提出了一些對後世有相當啟發的看法。但他們所說的藝術,與今天審美意義上的藝術有著相當的區別。審美意義上的藝術分類,則是 18 世紀以後的事。隨著美學作為一門獨立學科的逐步形成,隨著對各門類藝術間的區別與聯繫的討論的進一步深化,藝術分類的條件便日趨成熟,對藝術分類問題的討論也逐漸多了起來。康德的藝術分類學說,正是在這個背景下提出來的。

系統的藝術分類,需要三個基本前提:一是美的藝術與非藝術界限的明確;二是各類不同藝術的共同審美特徵的尋求;三是藝術分類的統一原則的確立。康德的藝術分類學說之所以系統、深刻,就是因為它是建立在這三個基本前提基礎上的。

---

[90] 康德《判斷力批判》上卷,宗白華譯,商務印書館 1964 年版,第 152 頁。

一、美的藝術與非藝術的界限

藝術分類的第一個前提，是將美的藝術與科學、手工藝和其他實用技術產品區別開來。美的藝術必須有其相對的質的規定性，才能在其基礎上進一步進行分類。這一點只有到了 18 世紀以後，審美的自覺意識不斷深化，審美的系統理論逐步形成才有可能。康德對美的藝術的範疇界定，正奠定在他的前輩和同時代人探討的基礎之上，並且通過他的理論形式來吸收和包容他們的精闢見解。

古代藝術與科學和手工藝不分，是因為人們還沒有將人工創造的審美對象作為一個整體進行把握，沒有從審美的表現形態或效果上進行探討。在古希臘，柏拉圖只把詩歌當作來自靈感的藝術。至於繪畫、雕塑一類，則被視為是匠人的勞動而被輕視。詩歌是詩人非理性的迷狂狀態下的產物，匠人的勞動則是一種理性活動。「任何非理性的活動都不能稱為藝術。」[91]這樣他便將詩與其他藝術區別開來，而將作詩與宗教的情緒聯繫起來，將藝術與手工技巧聯繫起來。他按模仿的方式不同，把詩歌（韻文）分為直接敘述（如悲劇和喜劇）、間接敘述（如頌歌）和前兩種方式的混合。亞里斯多德則以種差對詩歌（韻文）分類，即模仿所用的媒介不同、所取的對象不同、所采的方式不同。兩人主要限於對文學內部的劃分。到了中世紀，藝術被劃分為自由藝術與機械藝術。「七種自由藝術是邏輯學、修辭學、語法學、算學、幾何學、天文學及音樂（包括聲學）。」[92]機械藝術主要包括提供衣食住行的藝術和航海、醫術、劇場術等，主要指技術。美的藝術中除音樂、劇場術因與數學或技術

---

[91] 柏拉圖《高吉亞斯》465 頁 A，塔塔科維茲《古代美學》，楊力等譯，中國社會科學出版社 1990 年版，第 406 頁。

[92] 塔達基維奇（即塔塔科維茲）《西方美學概念史》，褚維朔譯，學苑出版社 1990 年版，第 76 頁。

有關而被列入外，詩歌、雕塑和繪畫等均未被列入藝術範疇。到魯道夫·高克倫 1607 年出版的《哲學辭典》，仍然羅列了自由藝術（指純粹藝術，獲得真理和知識）、機械藝術（生產有用的東西）的劃分。

康德對這種主要是指非審美的藝術的劃分存而不論。他說，對於中世紀的「所謂七種自由藝術」，其中「有幾種可以列入學術，有幾種可以和手工藝相比擬」[93]，他不願談論。這反映了他對這種藝術劃分的不滿意。他本人對藝術與非藝術的劃分，是屬於審美意義上的。同時，即使自由藝術是指美的藝術，自由藝術與機械藝術的界定也不是絕對的。一切自由藝術中仍需要某些「強制性的東西」，即「機械性東西」[94]。否則藝術中的自由性，藝術作品的生機，就缺少軀體作為存在依傍，就無從獲得物化形態。因此，康德既不同意以科學技術作為藝術的基本內容，又反對狂飆突進者們反對藝術創作的技術規則的看法。這些人主張讓自由藝術從一切強制中解放出來，從勞動轉化為單純的遊戲。

到了 18 世紀，美的藝術逐步作為獨立的形態被系統研究。在《統一原則下的美的藝術》（1746 年）中，巴托將藝術分為以滿足主體需要為目的的藝術，即機械藝術；以引起快感為目的的藝術，即美的藝術，包括音樂、詩、繪畫、雕塑和舞蹈等；實用與快感相結合的藝術介乎兩者之間，有審美功能，如雄辯術和建築。其中美的藝術和實用兼審美的藝術屬於藝術範疇，而機械的藝術，則在我們今天的藝術範疇之外。巴托的這種劃分，第一次將審美意義上的藝術與科學技術和手工藝等區別開來。對此，蘇聯美學家莫·卡岡評價說：「巴德在世界美學史上首先劃出了「藝術世界」，把它從手工技藝、科學、宗教中區分出來，並以此為藝術世界內部結構的分析創造了條件」，「美的藝術」領域在世界美學思想史上第一次得到

---

[93] 康德《判斷力批判》上卷，宗白華譯，商務印書館 1964 年版，第 149 頁。
[94] 康德《判斷力批判》上卷，宗白華譯，商務印書館 1964 年版，第 149 頁。

了這樣充分的描述，把五種藝術樣式包括進來」[95]。這種思想，對於歐洲學者尤其是德國學者們產生了強烈的影響。

康德接受並發展了巴托的藝術與非藝術的劃分。在《判斷力批判》第 44 節中，康德解說了機械的藝術與審美的藝術。他認為機械的藝術「適合著一可能對象的認識，單純為了把它來實現，進行著為這目的所必要的動作」[96]。機械藝術反映了人們對可能對象的理解和把握，並且通過一定的行為使這種可能的對象得以實現。它主要指為著一特定的目的而進行的創造性的實踐活動。這種活動通過對可能完成的對象的認識，並以這種認識為依據進行創造。它的目的指向直接功利，最終服務於實際的物質需要。這實際上主要是指技術，而審美的藝術是「拿快感作它的直接的企圖」[97]。其中包括快適的藝術和美的藝術。在康德美學中，所謂快適的藝術即空間的視覺形式或時間的聽覺形式給人們所帶來的快感，也被列入美感之中。藝術的這種所謂「快適」是指一種單純的感覺，即單純以享樂為目的，「不負任何責任，不停留在一固定題目的思考和倡和裏，而只是為當前的歡娛消遣」[98]。不過快適的藝術（單純的感覺）只被視為一種淺層次的藝術。康德心目中真正的藝術，是他所說的美的藝術：「美的藝術是一種意境，它只對自身具有合目的性，並且，雖然沒有目的，仍然促進著心靈諸力的陶冶，以達到社會性的傳達作用。」[99]這種社會性的傳達，指藝術家與欣賞者、欣賞者與欣賞者之間有共鳴、可以交流的普遍有效性。它不只是一種單純的官能感覺的快樂，而是一種反省的判斷。美的判斷以反省判斷為準則，而不是通過簡單的感官刺激進行判斷。康德在《判斷力批判》第一

---

[95] 卡岡《藝術形態學》，淩繼堯等譯，三聯書店 1986 年版，第 54－55 頁。
[96] 康德《判斷力批判》上卷，宗白華譯，商務印書館 1964 年版，第 150 頁。
[97] 康德《判斷力批判》上卷，宗白華譯，商務印書館 1964 年版，第 150 頁。
[98] 康德《判斷力批判》上卷，宗白華譯，商務印書館 1964 年版，第 151 頁。
[99] 康德《判斷力批判》上卷，宗白華譯，商務印書館 1964 年版，第 151 頁。

章《美的分析》前幾節中，將感官快適、善的愉悅和審美判斷的快感區別開來，與此是前後一致的。

這樣，康德便把美的藝術從與科學技術混為一談的狀態中厘清。在巴托的影響下，康德從審美的角度對藝術進行明確界定，劃定了它與非藝術的界限，從而使得在此基礎上所進行的藝術分類成為可能，藝術分類隨之也獲得了質的飛躍。

二、藝術的共同審美特徵

對藝術進行分類，還必須有另一個前提，即各類藝術應該是一個有機整體。作為人工創造的審美對象，各類藝術必須擁有共同的基本特徵來維持其質的規定性，才能使藝術世界獲得統一性的理解。否則，各類藝術互不相干，也就沒有在「美的藝術」的名義下分類的必要了。

尋求各門藝術間的統一性，尤其是跨度較大的藝術門類之間的聯繫，從古希臘已開始有精闢的見解。西摩尼德斯（前 556－前 469 年）曾說：「畫是一種無聲的詩，而詩則是一種有聲的畫。」[100]他著重於強調詩畫兩者的一致，區別只在於傳達方式。稍後的亞里斯多德又進一步闡述了各種藝術（列舉史詩、悲劇、喜劇、酒神頌、簫樂、豎琴樂）的共同特徵，即「模仿」。西摩尼德斯的詩畫一致說和亞里斯多德的以「模仿」為統一標準的說法，對西方兩千年的藝術理論發生了深遠影響。

古羅馬的賀拉斯受西摩尼德斯和亞里斯多德的影響，將模仿媒介、對象、方式三個方面截然不同的詩與畫聯繫起來，提出「詩如畫」的命題。這個命題雖源自西氏和亞氏，但通過賀拉斯產生了更大的影響。到了近代，英國學者 J・海裏斯 1744 年發表的《論音

---

[100] 轉引萊辛《拉奧孔》，朱光潛譯，人民文學出版社 1979 年版，第 2 頁。

樂、繪畫和詩》，繼承了亞氏的模仿理論並加以展開。他「要弄清這三種藝術的共性是什麼，它們的差別何在，三種藝術哪一種最佳」。這三種藝術的共性是，它們都是擬態或模仿性的，它們的差別在於模仿的手段不同：「繪畫——用外形的描繪和色彩，音樂用聲音和運動……而詩的手段大部分是人造的。」[101]1746 年，法國批評家查理斯·巴托認為：「所有「美的藝術」都基於對自然模仿，而決定它們的差別的是，可視和可聽這兩個部分。前者是繪畫、雕刻和舞蹈的對象，後者則指音樂和詩的對象。」[102]他把對感情和激情的表達也看成是對心靈的模仿，將抒情詩也包含在模仿藝術的一般形式中（模仿心靈），目的是將模仿作為它的統一原則。這樣，從亞里斯多德直到啟蒙運動的海裏斯、巴托等人，都在強調藝術在模仿上的一致性，都是以模仿為藝術的統一原則的出發點。巴托則是維持模仿說原則的殿軍。

模仿原則從 1756 年開始，明確地受到巴托同時代的英國學者伯克的質疑。伯克在《論崇高與美兩種觀念的根源》中，主要從主體經驗的角度，否定了模仿對讚歌的重要性。他認為：「詩和修辭不像繪畫那樣在精確描繪上獲得成功，它們的任務是用情而不是模仿來感動人們，是顯示事物對表達者或別人的心靈效果，而不是呈現事物本身的清晰觀念。這就是詩和修辭最廣泛的領地，在這塊領地上它們獲得了最大的成功。」[103]

康德受伯克等人的影響，超越了以模仿說為統一原則的藝術理論，而以美為藝術的統一理想。各藝術門類，其目的都是為了體現美。與美的自然相比，美的藝術是「審美諸觀念的表現」。「這

---

[101] 海裏斯《三論：一論藝術；二論音樂、繪畫和詩；三論幸福》，倫敦 1744 年版，轉引自卡岡《藝術形態學》，第 52 頁。

[102] 巴托《統一原則下的美的藝術》，萊德 1953 年新版，轉引自卡岡《藝術形態學》，第 54 頁。

[103] 伯克《論崇高與美兩種觀念的根源》，李善慶譯《崇高與美——伯克美學論文選》，上海三聯書店 1990 年版，第 204 頁。

觀念必須通過客體的一概念所引起。」[104]而審美諸觀念乃是想像力裏的「那一表像」，從中可以產生許多思想，卻又沒有任何特定的思想。雖然這種審美觀念可以通過一個客觀的概念引發，卻又不同任何一個明確的概念契合。它超越了經驗世界裏的聯想規律，通過想像力，主體將真的自然所提供的素材「改造成為完全不同的東西」[105]。同時，藝術家所創作的藝術品不僅超越於自然，而且還把「不可見的東西的觀念，例如極樂世界，地獄世界，永恆界，創世等等來具體化；或把那些在經驗界內固然有著事例的東西，如死、忌嫉及一切惡德，又如愛，榮譽等等，由一種想像力的媒介超過了經驗的界限——這種想像力在努力達到最偉大東西裏追跡著理性的前奏——在完全性裏來具體化，這些東西在自然裏是找不到範例的」[106]。這種將觀念通過想像力加以具體化的藝術傳達反映的是想像力與知解力的自由活動，這正是一種審美的心意狀態，標誌著活動的自由和生命力的暢通。這種藝術創造固然可以以模仿為具體手段，但更重要的是體現心靈的創化。其目的仍是為了體現審美原則。在這種審美原則中，必須體現出一種觀念，這種觀念必須由每人在自己內心裏產生出來；而從自己內心裏產生出來的觀念，是各不相同的。

　　至於審美原則在各門類藝術中的具體表現，康德在闡述藝術分類的內在原則時，側重的是感性與知性的結合與和諧方式。在闡述各門類藝術的特徵時，側重的是體現審美原則的程度、感性表現形態的差異、主體視聽感覺的統一性等。審美原則的具體表現方式的不同，導致了各門藝術類型的差異。E·卡斯裏克認為：「康德的《判

---

[104] 康德《判斷力批判》上卷，宗白華譯，商務印書館 1964 年版，第 167 頁。
[105] 康德《判斷力批判》上卷，宗白華譯，商務印書館 1964 年版，第 160 頁。
[106] 康德《判斷力批判》上卷，宗白華譯，商務印書館 1964 年版，第 160－161 頁。

斷力批判》最先給予藝術的自律性一清楚可信之證據」[107]，正是從審美意義上理解的。

三、藝術分類的統一原則

在審美的原則之下，康德闡述了他的藝術原則。

在康德以前，西方一直襲用亞里斯多德的藝術分類原則，並從不同的角度加以發展。亞氏的藝術分類，乃是從模仿原則出發，認為不同的藝術乃是「模仿所用的媒介不同，所取的對象不同，所采的方式不同」[108]。這是亞氏對希臘流行的「模仿說」的具體發展。這種分類方式，從分類原則上說，是自成一體的。藝術的外在形式差異，首先取決於媒介。繪畫、詩歌、音樂，其傳達媒介是迥然有別的，而不同的傳達媒介自身的長處和限制，就決定了它們所取的對象有一定的不同。媒介自身通常又決定了模仿時所採用的方式。例如，我們不能用色彩的方式去對待音樂，儘管當代人已在兩者造境方面發現其貫通之處。亞氏的這種分類方法，是 18 世紀對藝術審美的自覺意識形成以前的第一個系統的分類原則。其間的其他學者，不是不甚科學就是可以列入亞氏系統之中，或是亞氏分類原則的延伸。亞氏分類原則的最大弱點是囿於模仿法則，而且比較外在，缺乏內在聯繫。雖然他曾在傳統的模仿樊籬之外，又增加了「完成自然所不能實現的東西」[109]，但他並沒有詳細闡述這一點，也沒有給予足夠的重視。

康德則是亞氏以後第二個確立藝術分類的系統原則的人。他將亞氏的「模仿」改變為「傳達」，當然也就可以包括非模仿藝術，包括藝術所創造的「自然所不能實現的東西」。同時，他還吸收了

---

[107] 《論藝術》，張秀亞譯，臺灣大地出版社 1983 年第三版，第 1 頁。
[108] 《詩學》，羅念生譯《詩學‧詩藝》，人民文學出版社 1988 年版，第 1 頁。
[109] 亞里士多德《物理學》，張竹明譯，商務印書館 1982 年版，第 63 頁。

杜博和孟德爾松關於自然符號和人工符號的分法，從藝術的傳達方式與日常交際方式相似的使用角度來確立分類原則。通過語言（如文字）、動作（或表情）和聲調（包括發音、姿態、抑揚），他將藝術分為三類。前者屬於人工符號，後兩者屬於自然符號。與這三種傳達樣式相對應的是語言藝術、造型藝術和感覺遊戲的藝術。其中，語言藝術包括雄辯術和詩，造型藝術包括雕刻、繪畫、建築、園藝等，而感覺遊戲藝術包括音樂和色彩藝術。康德認為，這三種傳達方式，使得思想、直觀和感覺相互結合，構成傳達者充分的表達，同時傳達給別人。通過這三類藝術，傳達者全面地佔領了感受者的各個感受領域。

同時，在具體闡述中，康德還在這種分類原則中包含著一種內在原則，即藝術中感性與知性的結合、和諧方式。感性與知性的協調是自然而然、水到渠成的，而不應是事先刻意做作的。語言的諸藝術中，雄辯術是把知性當成想像力的自由活動（屬於感性）進行，詩則相反。在造型藝術中，觀念（知性）是通過感性的真實（雕塑、建築）或感性的假像（繪畫）在感性直觀中表現出來。在優美的感覺遊戲的藝術中，感性的屬於感覺的東西占主導地位，並且借助於感性的概念（知性）的媒介，獲得外界諸對象。因此，它主要是諸感覺的自由活動（遊戲），其中依然體現了感性與知性的協調方式。正是由於他以感性與知性的關係為原則，並且從中更加強調知性，因而對各類藝術評價時，讓「詩占最高等級」。而音樂等（優美的感覺自由活動的藝術）雖然從感性的角度評價能「更豐富多樣地激動我們的心情」，「更深入內心」，但「根據理性來評定，音樂比其他的諸藝術有較少的價值」[110]。這種說法，固然與康德不太懂音樂有關（儘管康德愛好音樂，經常去參加音樂會，又處於大音樂家輩出的時代），但從根本上說，

---

[110] 康德《判斷力批判》上卷，宗白華譯，商務印書館 1964 年版，第 175 頁。

卻反映了康德對感性和知性和諧結合的方式的分類原則。也正因
為如此，康德將依存美看得高於純粹美。

康德的這種分類原則既在外在形式上反映了傳達方式的差
異，又在內在意蘊上體現了審美品味的不同。其感性與知性的和
諧統一，正是康德所論述的美的基本特徵之一。感性與知性「兩
種認識機能的結合與諧和必須好像是無意地，自由自在相會合著
的」[111]。不同的藝術門類，在感性與知性和諧統一的方式上各有所
側重。這樣，在看似表面化的形式分類原則背後，有著深刻的審美
原則作為支柱。這是一種外在形式與內在意蘊統一的原則。康德
說：「在一切的美術裏，本質的東西是成立於形式，這形式是對於
觀看和評判是合目的地，在這場合快樂同時是修養並調整著精神達
到理念，因而使它能容受許多這類快感與慰樂。」[112]所有的美的藝
術都以合目的的形式為根基。鑒賞者獲得快樂的同時獲得了修養，
並且通過快樂使精神達到理念的境界，因而主體就不只從感官獲得
快樂，並且從精神的高度獲得享受。康德藝術分類的外在原則與內
在原則，也正是在這個基礎上得到了統一。

當然，這種藝術分類也有不足之處。首先，康德曾從形式上將
美分為依存美和純粹美。他把「感覺遊戲的藝術」，即純音樂（如
無標題幻想曲，缺少歌詞的音樂）和色彩等，歸為純粹美。而康德
評價最高的藝術卻是詩，想像力自由活動的形式「把表現這概念和
一種思想豐富性結合著」[113]，知性占了上風。這就忽略了音樂形式
中的情調和深層意蘊，看不到音樂可以以其特有的模糊性獲得更強
的表現力。其次，他把繪畫視為造型藝術，而把色彩視為自由活動
的遊戲的藝術，這樣將兩者分割開來是不妥的。從形式上說，視覺
藝術的形與色往往是統一的；從內容上說，各類藝術均有偏於娛樂

---

[111] 康德《判斷力批判》上卷，宗白華譯，商務印書館 1964 年版，第 168 頁。
[112] 康德《判斷力批判》上卷，宗白華譯，商務印書館 1964 年版，第 172－173 頁。
[113] 康德《判斷力批判》上卷，宗白華譯，商務印書館 1964 年版，第 173 頁。

和偏於知性的一面，無須因此而拆散傳達方式的原則。而且康德在繪畫中所羅列的滿植花卉的壇、壁掛飾物等，實際上也與色彩相類，屬於自由活動的形式。其前後分類原則顯得不夠統一。第三，與赫爾德、施萊格爾、黑格爾的分類原則相比，康德的分類原則還缺乏歷史意識。赫爾德把藝術形態的產生發展同人的產生發展聯繫起來，從人的衣食住行入手，認為藝術的發展依次為：建築、園藝（含種植技藝）、服裝、持家、男子活計和搏鬥、語言（包括詩、雄辯術，以及造型藝術和音樂）。A.施萊格爾則因此將「表情舞蹈」放在第一位。雖然這些說法有諸多不足，但強調歷史意識依然是一種相當的突破，對後世發生了重大影響。康德和康德以前的藝術分類則鮮有歷史意識。

但總的說來，康德的藝術分類畢竟是系統的，是有著繼往開來的重大功勞的。它的系統性就在於，在明確界定了「美的藝術」的範圍之後，能夠將當時的基本藝術形式羅列起來進行分類，並且最重要的是他能力求制定一種系統的原則，使藝術分類科學化。這種分類原則，即形式劃分與感性和知性的協調內外會通，既體現了他的「形式的合目的性」的審美原則，又反映了他的二律背反的思辨原則。同時，他也並沒有過高地估計和看待自己的分類方案，他認為這只是一種「可能的分類的設計」，「只是人們所能和所應設立的許多試驗之一」[114]。後世的許多學者對藝術的分類能夠上升到相當的思辨高度，並且提出系統的原則，不能不說是受到康德藝術分類學說的激勵與鞭策。

康德還思考過其他分類方法，即二歧法地分列出表現思想的藝術與表現直觀的藝術兩類。而表現直觀的藝術又按照它們的單純形式或它們的內容（感覺）作進一步分類。不過康德認為這種分類「顯得太抽象而不那樣切合一般的諸概念」[115]，因而沒有作具體的闡述。

---

[114] 康德《判斷力批判》上卷，宗白華譯，商務印書館 1964 年版，第 167 頁注。
[115] 康德《判斷力批判》上卷，宗白華譯，商務印書館 1964 年版，第 167 頁。

四、分類原則在各門類藝術中的運用

在確立藝術分類原則的基礎上，康德對幾種基本藝術進行了分類，並將每一類藝術內部的各種藝術形式進行比較研究。歸納起來，康德主要是從三個方面對各類藝術進行進一步界說的。

1.審美的藝術與審美兼效用的藝術的區別

康德曾通過依存美和純粹美來區別美的藝術。到了藝術分類中，康德又進一步將以審美為目的與既有審美功能又有實用功能的藝術區分開來。康德以此來比較語言藝術中的詩與雄辯術。在語言藝術中，康德把詩看成是為著審美的目的的藝術，是「想像力的自由活動作為悟性的事來執行」[116]。「詩人聲稱是用觀念的遊戲來使人消遣，而結局卻是向人們的知性提供了那麼多東西，好像他的目的是為了服務於人的知性。」[117]詩人自稱只是單純的觀念的自由活動，卻能遊戲似的對知性提供養料，並通過想像力賦予諸概念以生命。他給予讀者的超過了他所承諾的。而雄辯術卻是審美兼效用的藝術，並且在很大程度上偏重於效用。「雄辯術是悟性的事作為想像力的自由活動來進行」[118]。演說家提示的是知性的事，而施行出來的卻看似觀念的遊戲，通過遊戲的形式來吸引聽眾。他通過觀念的遊戲，目的是為了強化聽眾的接受效果。他所做到的要比他所預諾的多。同時，由於偏於形式的生動性，多少損害了他所預諾的和預告的那種合目的性工作。有些狡辯的演說家甚至走向另一個極端，通過技巧、利用人類的弱點來服務於他的目的，帶有相當的欺

---

[116] 康德《判斷力批判》上卷，宗白華譯，商務印書館 1964 年版，第 168 頁。
[117] 康德《判斷力批判》第 51 節，參見宗譯本，第 168 頁。
[118] 康德《判斷力批判》上卷，宗白華譯，商務印書館 1964 年版，第 167－168 頁。

騙性，把人當作機器，誤導人們達到一種符合演說家意願的判斷，而這種判斷又是經不住冷靜思考和推敲的。

在造型藝術中，康德的分類同樣體現了審美的藝術與審美兼效用的藝術的區別。他把造型藝術分為形體藝術和繪畫兩大類。其中形體藝術包括雕塑和建築藝術。雕塑立體地表現著美的諸觀念，是美的諸觀念的單純表現，體現出審美的合目的性。顯然，雕塑是純粹的審美的藝術，是為觀賞而創作的（康德沒有提及宗教禮儀中的雕像），作為形體的表現應該是自身令人愉悅的。而建築藝術則是審美兼效用的藝術，它表現著諸物的概念，諸物只有通過藝術才可能得以表現。其形式是以一「有意的目的」為規定的基礎，即為著「有意的目的」，同時也要審美地合目的地表現它們。正因如此，寺院、宅邸、凱旋門、紀念碑等，也隸屬於建築，甚至一些傢俱，康德也將它們列入建築，因為它們從本質上是切合著某一用途的。

2.感性直觀與感性真實的區別

康德在繪畫藝術的進一步劃分中，將真正的繪畫和園林藝術通過感性直觀和感性真實這兩種不同的傳達媒介加以區分。真正的繪畫是感性直觀的，只表現形體擴張的假像，而園林藝術則是通過自然產物，按照真實來表現形體的擴張，但也只給予了利用的和用於其他目的的假像，作為在單純觀照它們的諸形式時想像力的遊戲。與繪畫的感性的直觀相比，園林藝術立體地表現它的諸形式，它既具有形體藝術真實的特點，在本質上又屬於藝術，即只是想像力在觀照中的自由遊戲。因此，在本質上與真正的繪畫是一致的。它雖與建築同屬於感性真實，又不同於建築那樣審美兼實用，而是以對象的概念和它的目的作為感性真實——自然中的素材，亦即傳達符號——集合的條件。它也不像雕塑那樣有著明確的藝術目的，它真

實地取之於自然界，在一定程度上接近於感覺遊戲的藝術。它只是在形式上屬於造型藝術，並且通過感性的真實加以表現。

3.視聽感覺的統一性

康德在感覺遊戲的藝術中，強調視聽感覺的統一性。他繼承畢達哥拉斯以來的數學比例和諧的思想，將光的振動速度（色彩）和空氣振動速度（音樂）統一起來。這樣，音樂和色彩便統一於感官的不同程度的情調（緊張）間的比例。這種生理感覺最終通過心靈的綜合而獲得統一。因此，「這兩類的感覺不應看作單純的感官的印象，而應當看作多數感覺自由活動（遊戲）裏的形式和對於這形式的評賞所產生的效果」[119]。這種思想對後世是有一定影響的。現在所提倡的節奏韻律視覺化、色彩化、色彩聽覺化的藝術方式，固然得力於現代科技而得以表現，但在藝術表現的原理上，或多或少是受到康德視聽感覺的統一性的影響的。他雖然沒有明確而系統地提出通感學說，但已在一定程度上表述了有關原理。

康德對各類藝術進一步界說的這三個方面，分別從藝術功能、傳達方式和主體感受的角度，使其分類原則具體化了。審美的藝術與審美兼效用的藝術的區別，是奠定在康德對藝術與非藝術界限確立的基礎上的；感性直觀與感性真實的區別，是奠定在不同的藝術傳達媒介（符號）的區別的基礎上的；而強調視覺的統一性又是奠定在意蘊即感性與知性協調的一致性的基礎上的。這樣，康德的藝術分類原則便自始至終地反映在藝術的分類與具體藝術門類的闡述過程之中。

總而言之，康德是第一個從審美意義上對藝術進行系統分類的人。從自身的思想體系出發，康德受巴托、伯克等先賢思想的啟發，將美的藝術作為一個獨立的形態進行界定，並且切實地尋求不同樣

---

[119] 康德《判斷力批判》上卷，宗白華譯，商務印書館 1964 年版，第 172 頁。

式的藝術的內在必然聯繫。康德以藝術傳達的媒介和方式為分類的形式依據，以感性與知性協調的審美原則作為分類的內在依據，內外統一，形成了他獨特的藝術分類原則，並且將這種原則貫穿到各具體門類的藝術的進一步解說中。雖然這個原則本身還存在一些缺點，並且隨著藝術作品形式的發展和藝術分類理論的進一步深化，其實際功用在日漸縮小，但這個分類原則在美學史上承前啟後的重要地位及其思辨方式對後人的啟迪作用是不可抹殺的。

結語

　　本書對康德的美學思想進行了考察，尤以《判斷力批判》為核心，對康德以前的美學家們的既有成果及其對康德的影響予以厘清，從中見出康德美學思想的淵源和貢獻。康德本人前批判時期和批判時期的美學思想的各自特徵和相互關係，也同樣是理清康德美學思想發展脈絡的重要因素。而將康德美學思想放在他整個哲學體系中去考察，則既可以看出其內在邏輯和精湛的見解，又可看出他的美學在其哲學體系中的地位及其思想的發展歷程，也可看出他以美學取代世俗宗教地位的意圖和他晚年對社會歷史因素的關注。

　　從總體上研究康德美學思想，對康德前批判時期的《觀察》給予應有的重視是必要的。康德前批判時期的美學思想和批判時期的美學思想構成了康德美學思想的整體，其中有一定的傳承關係。單從理論本身的貢獻來說，《觀察》不及《判斷力批判》。但用歷史的眼光看，後者在很大程度上繼承了前者，前者的探索為後者作了大量的準備，並提供了寶貴的探討經驗。不僅如此，《觀察》的貢獻並不局限於美學領域，它在康德思想發展歷程中，對康德批判哲學方法的形成，起著一定的作用。康德前批判時期的哲學思想受理性主義影響較大，而美學思想卻主要受經驗主義影響。雖然西方學者的研究結論是康德經常用沃爾夫的弟子梅耶爾的著作作教本，但我們在《觀察》中卻幾乎見不到理性主義的影響。正是由於前批判時期的美學受經驗主義的影響，才使他的思想體系在理性主義之外得以另闢蹊徑。休謨對康德獨斷論的打破，康德批判時期先驗辯證論研究方法的形成，不能不說在一定程度上與早年用經驗主義方法研

究美感有關。因此,將《觀察》放在康德思想形成的過程中去理解,
我們會更清楚地看到這部曾經給康德帶來很大聲譽的早期著作的
重要意義。

　　為了厘清康德思想的淵源和貢獻,我們對康德以前的學者的既
有成果及其對康德的影響給予了應有的重視。在方法論上,康德受
從笛卡爾到萊布尼茨─沃爾夫學派的理性派影響,以先天原則作為
知識和美的來源之一;又受經驗派的影響,主張先天原則與經驗形
態的統一,同時在休謨的影響下,康德發現了二律背反原則,康德
獨特的先驗辯證論方法便隨之形成。在審美判斷問題上,英國經驗
主義的影響較為明顯。夏夫茲別裏將審美心態看成是一種靜觀的心
態,不同於現實的征服和佔有;休謨將審美愉悅看成是情感愉悅,
原因在於「同情」的感受方式,是一種比擬方法。這些對康德關於
無利害感的分析,是有相當啟發的。在共通感問題上,康德思想尤
其受休謨和伯克的影響。他們所強調的共通感的先天素質和後天培
養,為康德所繼承。在經驗的層面上,康德明顯地繼承了英國學者
的看法,但康德又超越了他們,將無利害感和共通感追溯到其普遍
有效性的先驗根源,認為它們乃基於想像力與知解力的協調的心理
功能,並以二律背反的原則辯證地闡述了它們。

　　對於藝術特徵、天才和藝術分類三者的看法,康德也是吸取了
前人的理論,將畢達哥拉斯、柏拉圖、亞里斯多德等人的見解加以
理論化、系統化,從先驗的角度進行了辯證的闡述。

　　康德的美學思想只有被放到整個哲學體系中去思考,才能見出
其系統性。康德認為《判斷力批判》是《純粹理性批判》的一個有
機組成部分,沒有它,《純粹理性批判》是不完備的;而判斷力作
為一種認識能力,自己也需要作為純粹理性評判整體的一部分。判
斷力自身並不提供概念,只是通過運用體現先驗法則概念的心理功
能發揮協調作用。同時,《判斷力批判》在情感領域所實現的自由,
正是實踐理性的預演,美因而可以作為道德的象徵,讓我們獲得道

德上的感性直觀形態。在此基礎上，審美境界也隨著道德境界的推進深化而推進深化。也正是在此基礎上，康德克服了前批判時期將美感與知性和道德感混為一談的缺陷，從知、情、意的貫通和區別中明確地界定和闡述審美判斷。

　　早在《純粹理性批判》中，康德曾將理性所關心的內容分為思辨的和實踐的，它們結合為三個問題即：「一，我能知道的是什麼？二，我應該做的是什麼？三，我可以期望的是什麼？」[1]第一個問題是純思辨的，是《純粹理性批判》回答的問題；第二個問題是純實踐的，是《實踐理性批判》回答的問題；第三個問題既是實踐的，又是理論的，即以實踐的問題作引線，把我們引到理論問題的答案上去。這本來是通過宗教和信仰來解決的。然而康德畢竟是無神論者，舊的形而上學的三大支柱之一的上帝是他打倒的對象，這樣，理論與實踐之間的關係並沒有理順。後來，康德發現了判斷力的先天原則，開始對判斷力進行評判，於是得出結論，理論與實踐的橋樑和仲介實際上是審美而不是宗教，人們的期望是通過審美來實現的。這樣，康德便明確以審美取代原先回答這個問題的宗教，而將信仰問題正式歸入實踐理性。在《判斷力批判》出版後，康德於 1793 年又發表了《單純理性限度內的宗教》，對此作了進一步闡述。因此，以審美取代原先的宗教位置是康德美學對哲學體系的又一重要貢獻。

　　判斷力批判出現的重要契機是康德目的論的研究，通過目的論的研究，康德發現了無目的的合目的性是審美判斷的基本原則之一。康德第一次將無目的的合目的性作為審美的思維方式來理解，他的整個哲學體系的形成和完善正得益於此。所謂美學的橋樑作用，也正奠定在無目的的合目的性基礎上。

　　難能可貴的是，康德在寫《判斷力批判》時，已經突破了他的先驗辯證論的思辨方法，開始注意到社會歷史因素的影響。這種社

---

[1]　康德《純粹理性批判》，韋卓民譯，華中師範大學出版社 1991 年版，第 666 頁。

會歷史因素最初在《觀察》中有所涉及，例如，對不同民族審美判斷的差異的描述，儘管那還是零散和不系統的。由於18世紀80年代中期康德開始問津社會歷史問題，密切關注社會現實，到了1790年的《判斷力批判》，康德便突破了既定的研究方法和體系，強調主體的社會性和社交性，重視社會文明對審美的普遍有效性的影響，並從歷史的角度來研究審美判斷的民族性和時代性差異。在對崇高問題的探討中，更加反映出康德對時代精神的回應。雖然這種探討還不夠豐富和深入，但對於康德來說意義十分重大。

　　本書重在對康德美學思想的基本內容、發展線索及其歷史淵源的闡述，而對其歷史貢獻則未能作高屋建瓴的評論。至於康德美學思想對後人的積極影響和消極影響，則更需要進行專門性的研究。今後筆者在期望讀到賢達這方面研究成果的同時，對這類問題繼續進行深入的研究，為康德美學思想研究和美學基本理論研究盡綿薄之力。

主要參考書目

一、康德原著

1. *Observations on the feeling of the beautiful and sublime*, Immanuel Kant; translated by John T Goldthwait. Berkeley, Calif.: University of California Press, 1960（《對美感和崇高感的觀察》，約翰・T・貝克萊英譯，加利福尼亞大學出版社 1960 年版。）

2. 《判斷力批判》上、下卷，宗白華、韋卓民譯，商務印書館 1964 年版。

3. 《純粹理性批判》，藍公武譯，商務印書館 1982 年版；韋卓民譯，華中師範大學出版社 1991 年版。

4. 《實踐理性批判》，關文運譯，商務印書館 1960 年版。

5. *Great Books of The Western World, Vol.42（KANT）* Encyclopaedia Britannica, Inc.,Chicago. Esp. The Critique of Judgement: Translated by James Creed Meredith, Oxford University Press，1952〔《西方世界名著》42 卷，（康德）其中的三大批判英譯，特別是其中的《判斷力批判》（461－613），麥雷迪斯譯，芝加哥大學出版社 1952 年版。〕

6. 《對美感和崇高感的觀察》，曹俊峰、韓明安譯，黑龍江人民出版社 1989 年版。

7. 《實用人類學》，鄧曉芒譯，重慶出版社 1987 年版。

8. 《康德書信百封》，李秋零編譯，上海人民出版社 1992 年版。

9. 《任何一種能夠作為科學出現的未來形而上學導論》，龐景仁譯，商務印書館 1978 年版。

10. 《歷史理性批判文集》，何兆武譯，商務印書館 1990 年版。

11. 《宇宙發展史概論》，上海人民出版社 1972 年版。

12. *Träume eines Geistersehers, eräutert durch Träume der Metaphysik, Kant's gesammelte Schriften.* Akademie Textausgabe Band II Berlin 1922 IV（《以形而上學之夢來闡釋通靈者之夢》，《康德全集》第 2 卷，普魯士皇家科學院 1922 年版。）

13. *Über den Gebrauch teleologischer Principien in der Philosophie, Kant'sgesammelte Schriften.* Akademie Textausgabe Band IV Berlin 1922. （《論目的論原則及其在哲學中的運用》，《康德全集》第 4 卷，1922 年柏林德文版。）

14. *Kant's inaugural dissertation of 1770/ Translation into English with an introd.* And discussion by William J. Eckoff. New York, AMS Press, 1970. （《1770 年的就職演說〈論感性世界與知性世界的形式和原則〉》，威廉・J・艾克福述評，紐約 AMS 出版社 1970 年版。）

二、研究論著

1. 蔣孔陽《德國古典美學》，商務印書館 1980 年版。

2. 朱光潛《西方美學史》上、下卷，人民文學出版社 1980 年版（或《朱光潛文集》第四卷，上海文藝出版社 1984 年版）。

3. 鮑桑葵《美學史》，張今譯，商務印書館 1985 年版。

4. 吉爾伯特、庫恩《美學史》上、下卷，夏乾豐譯，上海譯文出版社 1989 年版。

5. 克羅齊《美學的歷史》，王天清譯，中國社會科學出版社 1984 年版。

6. 李澤厚《批判哲學的批判》（修訂本），人民出版社 1984 年版。

7. 古留加《康德傳》，賈澤林等譯，商務印書館 1992 年版。

8. 阿斯穆斯《康德》，孫鼎國譯，北京大學出版社 1987 年版。

9. 福爾倫德《康德生平》，商章孫、羅章龍譯，商務印書館 1986 年版。

10. 桑木原翼《康德與現代哲學》，余又蓀譯，商務印書館 1935 年版。

11. Mary A McCloskey: *Kant's Aesthetic,* State University of New York Press, 1987.（邁克羅斯基《康德美學》，紐約大學出版社 1987 年版。）

12. Salim Kemal: *Kant's Aesthetic Theory An Introdiction,* Macmillana Cademic and Professional LTD，1992.（凱米爾《康德的美學理論》，英國邁克米蘭公司 1992 年版。）

13. Eva Schaper: *Studies in kant's Aesthetic*, Edinburgh University Press, 1979.（薩丕爾《康德美學研究》，愛丁堡大學出版社 1979 年版。）

14. 奧夫相尼科夫《美學思想史》，吳安迪譯，陝西人民出版社 1986 年版。

15. 塔塔科維茲《古代美學》，楊力等譯，中國社會科學出版社 1990 年版。

16. 塔達基維奇（即塔塔科維茲）《西方美學概念史》，褚維朔譯，學苑出版社 1990 年版。

17. 康浦・斯密《康德〈純粹理性批判〉解義》，綽然譯，商務印書館 1961 年版。

18. 謝遐齡《康德對本體論的揚棄》，湖南教育出版社 1987 年版。

19. 安倍能成《康德實踐哲學》，于鳳梧、王宏文譯，福建人民出版社 1984 年版。

20. 鄭昕《康德學述》，商務印書館 1984 年版。

21. 陳嘉明《建構與範導》，社會科學文獻出版社 1993 年版。

22. *Hegel's critique of Kant,* edited by Stephen Priest Oxford: Clarendon Press; New York: Oxford University Press1987.（斯蒂芬・普利斯特《黑格爾對康德的批判》，牛津大學出版社 1987 年版。）

23. John H. Zammito: *The Genesis of Kant's Critique of Judgment,* the University of Chicago Press，1992.（約翰・H・紮密特《康德〈判斷力批判〉的起源》，芝加哥大學 1992 年版。）

24. 卡西爾《盧梭・康德・歌德》，劉東譯，三聯書店 1992 年版。

25. Edward Caird: *the Critical Philosophy of Immanuel Kant*, New York, the Macmilla, Co., 1889.（愛德華・凱爾德：《康德的批判哲學》，麥克米蘭圖書公司 1889 年版。）

26. Clement C. J. Webb: *Kant's Philosophy of Religion*, Oxford University Press, 1978.（C.J.威伯《康德的宗教哲學》，牛津大學出版社 1978 年版。）

三、其他參考書

1. 柏拉圖《文藝對話集》，朱光潛譯，人民文學出版社 1980 年版。

2. 柏拉圖《遊敘弗倫・蘇格拉底的申辯・克力同》，嚴群譯，商務印書館 1983 年版。

3. 亞里士多德《論靈魂》，秦典華譯，見《亞里斯多德全集》第三卷，中國人民大學出版社 1992 年版。

4. 亞里士多德《修辭學》，羅念生譯，三聯書店 1991 年版。

5. 亞里士多德、賀拉斯《詩學・詩藝》，羅念生、楊周翰譯，人民文學出版社 1988 年版。

6. 休謨《人性論》，關文運譯，商務印書館 1980 年版。

7. 休謨《人類理解研究》，關文運譯，商務印書館 1972 年版。

8. 伯克《論崇高與美》，李善慶譯，上海三聯書店 1990 年版。

9. 萊辛《拉奧孔》，朱光潛譯，人民文學出版社 1978 年版。

10. 揚格《試論獨創性作品》，袁可嘉譯，人民文學出版社 1963 年版。

11. 鮑姆嘉通《美學》，簡明、王旭曉譯，文化藝術出版社 1987 年版。

12. 黑格爾《美學》第一、二、三卷，朱光潛譯，商務印書館 1979 年、1981 年版。

13. 黑格爾《哲學史講演錄》第四卷，賀麟、王太慶譯，商務印書館 1978 年版。

14. 黑格爾《小邏輯》，商務印書館 1981 年版。

15. 海涅《論德國》，薛華等譯，商務印書館 1980 年版。

16. 伽達默爾《真理與方法》上卷，洪漢鼎譯，上海譯文出版社 1992 年版。

17. 卡西勒《啟蒙哲學》，顧偉銘等譯，山東人民出版社 1988 年版。

18. 卡岡《藝術形態學》，淩繼堯等譯，三聯書店 1986 年版。

19. 葉秀山《蘇格拉底及其哲學思想》，人民出版社 1988 年版。

20. 北京大學哲學系美學教研室《西方美學家論美和美感》，商務印書館 1980 年版。

21. 《西方美學史資料選編》上、下卷，馬奇主編，上海人民出版社 1987 年版。

22. 羅伊斯《近代哲學的精神》（上、下），樊星男譯，商務印書館 1945 年版。

23. 韋勒克《近代文學批評史》第一卷，楊豈深等譯，上海譯文出版社 1987 年版。

24. 盧梭《論人類不平等的起源和基礎》，李常山譯，商務印書館 1962 年版。

25. 盧梭《愛彌兒》上、下卷，李平漚譯，商務印書館 1983 年版。

26. *Enguiries concerning Human Understanding and concerning the principles of Morals*, edited by L.A. Selby-Bigge, revised by P.H.Nidditch, Oxford University Press，1962，（L.A.塞比－比格編《〈人類理解研究〉和〈道德原理研究〉》，牛津大學出版社 1962 年版。）

27. 叔本華《作為意志和表像的世界》，石沖白譯，楊一之校，商務印書館 1987 年版。

後記

　　本書是我的博士論文。

　　全書現有六章十六節。初稿中原有第一章第三節「前批判與批判時期美學思想的關係」和第二章第三節「美學與宗教的關係」兩節，它們在康德美學思想中無疑是非常重要的，特別是後一節，國內外學者均極少涉及。但因我研究得不夠深入等諸多原因，這次出版時未能列入，而其他部分的內容在行文過程中反映了這兩節的存在。將來有機會在進一步的深入研究後再行補上。

　　在本書出版之際，我要特別感謝我的導師蔣孔陽教授，在他的悉心指導下，在他學風的影響下，我完成了本書的寫作。

　　我還要感謝應必誠教授，在每次討論課中，他總是與蔣先生一道對我們進行教誨，並在學習和生活上給我以種種幫助。同時，朱立元教授也在諸多方面給予關照，並曾關注過本書的出版。

　　葉秀山研究員、文秉模教授、謝遐齡教授、李秋零先生等，或給予教誨，或給予鼓勵，或提供有關資料，均對本書的寫作有所幫助。曹俊峰先生也曾賜寄他的譯作《對美感和崇高感的觀察》一書。

　　葉秀山研究員、童慶炳教授、王明居教授、文秉模教授、程孟輝先生、謝遐齡教授、王岳川教授、周忠厚教授、李醒塵教授和答辯委員會成員評審了我的論文。馮契教授（答辯委員會主席）、張德林教授、邱明正研究員、吳中傑教授、朱立元教授、應必誠教授、蔣孔陽教授組成答辯委員會，對我的論文進行了評審和答辯。

　　嚴雲綬教授對於本書的出版給予了很大的幫助。嚴老師從我大學時代起就是我的老師，1987 年，他又與王明居教授和汪裕雄教

授共同促成了我重返安徽師範大學。他是我學術道路上重要的扶持者之一。

安徽人民出版社的丁懷超先生對本書的出版給予了熱情的支持。責任編輯對書稿作了精心的編排。

上述先生的教誨與幫助無疑是我不能忘懷的。

最後，我要以本書紀念我那辛勞一生的母親周國英女士。她對我的學業給予了堅定不移的支持。晚年，她未能得到足夠的盡心照顧便匆匆離開了人世。我將以終生的學術追求告慰於九泉之下的母親。

朱志榮

1997 年 5 月 10 日

再版後記

今年是康德逝世 200 週年，在汪鵬生先生和唐伽先生的支持下，我對本書作了增訂，增補了初版時因某些原因未及加入的三節。同時，這次還對照《判斷力批判》上卷原文，校改了宗白華譯文中的訛誤之處，有些地方逕直改了，有些地方則酌用了鄧曉芒的譯本和曹俊峰的譯本，均在文中一一註明。對於初版時的一些錯字、漏字，這次也盡量作了校正。儘管如此，不當之處依然在所難免，尚祈專家和廣大讀者不吝賜教。

朱志榮

2004 年 4 月 22 日

哲學宗教類　PA0043

康德美學思想研究

作　　者 / 朱志榮
責任編輯 / 孫偉迪
圖文排版 / 鄭佳雯
封面設計 / 王嵩賀

發 行 人 / 宋政坤
法律顧問 / 毛國樑　律師
出版發行 / 秀威資訊科技股份有限公司
　　　　　114 台北市內湖區瑞光路 76 巷 65 號 1 樓
　　　　　電話：+886-2-2796-3638　傳真：+886-2-2796-1377
　　　　　http://www.showwe.com.tw
劃撥帳號 / 19563868　戶名：秀威資訊科技股份有限公司
　　　　　讀者服務信箱：service@showwe.com.tw
展售門市 / 國家書店（松江門市）
　　　　　104 台北市中山區松江路 209 號 1 樓
　　　　　電話：+886-2-2518-0207　傳真：+886-2-2518-0778
網路訂購 / 秀威網路書店：http://www.bodbooks.com.tw
　　　　　國家網路書店：http://www.govbooks.com.tw

2011 年 8 月 BOD 一版
定價：300 元

國家圖書館出版品預行編目

康德美學思想研究 / 朱志榮著. -- 一版. -- 臺北市 ： 秀威
　資訊科技, 2011.08
　　面 ；　公分. -- (哲學宗教類 ; PA0043)
　BOD 版
　ISBN 978-986-221-755-9(平裝)

　1. 康德 (Kant, Immanuel, 1724-1804)　2. 學術思想　3. 美學

180.943   100008732

讀 者 回 函 卡

感謝您購買本書，為提升服務品質，請填妥以下資料，將讀者回函卡直接寄
回或傳真本公司，收到您的寶貴意見後，我們會收藏記錄及檢討，謝謝！
如您需要了解本公司最新出版書目、購書優惠或企劃活動，歡迎您上網查詢
或下載相關資料：http:// www.showwe.com.tw

您購買的書名：＿＿＿＿＿＿＿＿＿＿＿＿＿＿＿＿＿＿＿＿＿＿＿＿

出生日期：＿＿＿＿＿年＿＿＿＿＿月＿＿＿＿＿日

學歷：□高中 (含) 以下　　□大專　　□研究所 (含) 以上

職業：□製造業　□金融業　□資訊業　□軍警　□傳播業　□自由業
　　　□服務業　□公務員　□教職　　□學生　□家管　　□其它＿＿＿

購書地點：□網路書店　□實體書店　□書展　□郵購　□贈閱　□其他

您從何得知本書的消息？

　□網路書店　□實體書店　□網路搜尋　□電子報　□書訊　□雜誌

　□傳播媒體　□親友推薦　□網站推薦　□部落格　□其他＿＿＿＿＿

您對本書的評價：（請填代號　1.非常滿意　2.滿意　3.尚可　4.再改進）

　封面設計＿＿　版面編排＿＿　內容＿＿　文／譯筆＿＿　價格＿＿

讀完書後您覺得：

　□很有收穫　□有收穫　□收穫不多　□沒收穫

對我們的建議：＿＿＿＿＿＿＿＿＿＿＿＿＿＿＿＿＿＿＿＿＿＿＿

＿＿＿＿＿＿＿＿＿＿＿＿＿＿＿＿＿＿＿＿＿＿＿＿＿＿＿＿＿＿＿

＿＿＿＿＿＿＿＿＿＿＿＿＿＿＿＿＿＿＿＿＿＿＿＿＿＿＿＿＿＿＿

＿＿＿＿＿＿＿＿＿＿＿＿＿＿＿＿＿＿＿＿＿＿＿＿＿＿＿＿＿＿＿

11466
台北市內湖區瑞光路 76 巷 65 號 1 樓

秀威資訊科技股份有限公司　　　收

BOD 數位出版事業部

⋯⋯⋯⋯⋯⋯⋯⋯⋯⋯⋯⋯⋯⋯⋯⋯⋯⋯⋯⋯⋯⋯⋯⋯

（請沿線對折寄回，謝謝！）

姓　　名：＿＿＿＿＿＿＿＿　年齡：＿＿＿＿　性別：□女　□男

郵遞區號：□□□□□

地　　址：＿＿＿＿＿＿＿＿＿＿＿＿＿＿＿＿＿＿＿＿＿

聯絡電話：(日) ＿＿＿＿＿＿＿＿　(夜) ＿＿＿＿＿＿＿＿

E - m a i l：＿＿＿＿＿＿＿＿＿＿＿＿＿＿＿＿＿＿＿＿＿